죽음 그 다음의 세계

갤럽 지음/ 안길환 편저

明文堂

◀ 석가모니의 전기(傳記) 중국 돈황(敦煌)에서 발견된 견제기(絹製旗)의 일부로 석가모니의 전기를 나타내는 네 개의 그림이다. 위로부터 석가모니가 전생(前生)에서 연등불(燃燈佛)을 예배하고, 연등불로부터 장차 불타(佛陀)가 될 것이라는 예언을 듣는다. 노인·환자, 그리고 우하(右下)에 누워 있는 사자(死者)를 보고 도솔천으로 올라간다. 백상(白象)을 타고 도솔천에서 내려온 그는 잠자고 있던 마야 부인의 태(胎) 속으로 들어간다. 제일 아래 그림은 마야 부인(왼쪽)의 출유도(出遊圖)일까?

▼ 설법인불좌상(說法印佛座像) 35세에 싯다르타는 불타, 즉 크게 깨달음을 얻게 된다. 그는 녹야원(鹿野園)에 있던 5명의 비구(比丘)에게 처음으로 설법을 했다. 사르나트 출토(出土).

◀그리스도의 부활 렘브란트의 작품으로 '그리스도의 수난' 연작(連作) 중 하나이다. 1639년경 작품.

▶아우구스티누스(어거스틴)의 《하나님 나라》 삽화. 1400년경 그림. 《하나님 나라》는 어거스틴의 신앙과 역사관(歷史觀)을 기술한 작품이다.

▼ 바울상(像) 모자이크. 6세기 작품. 회개하고 기도와 전도에 힘썼던 바울은 삼층천(三層千)에 갔다 왔노라고 했다.

◀ 이슬람교도들의 순례 의식 예배를 드리기 위해 몸을 씻고(上) 사탄을 상징하는 기둥에 주운 돌멩이를 던지는 순례자들(下)

▼ 사막에서 드리는 예배 《코란》에 정해져 있는 시간이 되면 이슬람교도들은 어디에 있더라도 예배를 드린다. 광대한 공간 속에서도 한 방향(方向), 메카를 행하는 것이 구심점(求心點)이다.

◀ 유대인 강제수용소 히틀러가 정권을 장악한 다음 강제수용소가 만들어졌는데 그곳에 정치적 반대파와 유대인들을 수용하고 온갖 방법으로 학살했다. 사진은 연합군에 의해 구출된 부츠히엔 발트의 수용자들. 이들은 삶과 죽음의 사이를 몇 번씩 오고 갔으리라.

▼ 독가스 전(毒gas戰)의 피해자 1925년 제네바 의정서(議定書)에 의해 세균전용(細菌戰用) 무기 사용이 금지되었으나 오늘날에도 문제가 되고 있다. 마스타드 가스에 의해 죽음 직전의 영국 병사들이 치료를 받으러 오는 그림. 존.S.서젠트의 유채화(1918년).

역자의 머리말

인간이 이 세상에 태어난 이상, 죽음을 맞게 되는 것은 불가피한 일이다. 그러기에 누구나 죽음에 대해 관심을 가지지 않을 수 없으며, 죽은 후에는 자기가 어떻게 되는 것인지 의문을 가지게 마련이다.

죽음의 길은 정녕 개인적으로 볼 때 가본 경험이 없는 미답(未踏)의 길이다. 따라서 죽음을 맞는다는 것은 불안하기 짝이 없다. 전혀 알지 못하는 미지의 세계로 떠나는 것이기 때문이다.

그렇다면 그 죽음 뒤의 세계가 어떤 곳인지 알 길은 없을까? 이 문제는 인간 모두가 안고 있는 숙제이며, 고금(古今)이 마찬가지였고 동서(東西)가 한 가지로 궁금해하는 숙제거리이다.

요컨대 이 세상에는 한 번 죽었다가 살아난 사람도 많이 있을 것이다. 그런 사람들을 두루 만나 보고 그들의 증언을 듣는다면 어쩌면 죽음에 대한 올바른 인식이 어느 정도는 가능해질지도 모른다. 그것은 얼마나 값진 일이겠는가?

왜냐하면 누구나 한 번은 꼭 맞이해야 하는 숙명을 안고 살아가는 것이 인생인데, 그 엄청난 숙명을 전혀 모르는 상태에서 받아들인다는 것은 실로 큰 고통이기 때문이다. 그러므로 유경험자의 체험담이야말로 죽음을 맞는 자에게는 미지의 세계에 대한 안내역(案內役)이 되어 줄 것임에 틀림없다.

이런 점에 착안하여 세계적 통계학자이며 여론 조사의 권위자인 갤럽(G. H. Gallup : 1901~1984)은 죽음 직전의상태에 있었던 사람들, 즉 삶과 죽음의 경계선을 넘나들었던 사람들, 그것도 수많은 사람들을 상대로 하여 인간이 죽은 후에 맞게 되는 세계에 대해서 설문 조사를 했다. 그 책의 원제(原題)는 《Adventures in Immortality》이다.

여기서 세계적 저명 인사들이 죽음에 임박하여 마지막으로 남긴 말을 몇 가지만 소개한다.

'하나님이시여, 영원히 나를 버리지 마시오소서.'(B. 파스칼)

'내게 사다리를, 내게 사다리를…….'(고골리)

'블라인드를 내리지 마라! 나는 기분이 좋다. 나를 맞이해 줄 햇빛이 그립다.'(발렌티노)

'그것으로 충분하다.'(I. 칸트)

'제발 어둡게 해달라.'(T. 루스벨트)

'불멸의 혼이여, 만세.'(A. 지드)

'어서 불을 끄라!'(호메이니)

이들은 죽음을 맞이할 때 공통적으로 '빛'과 '밝음'을 외쳤다. 그렇다면 죽음 다음의 세계는 분명 어둠과 반대되는 빛의 세계란 말인가? 육체는 죽어서 땅에 묻혀도 영혼은 빛의 안내로 빛의 세계에 가는 것일까?

그 해답을 찾고자 노력한 책이 바로 이 《죽음, 그 다음의 세계》이다. 살아 숨쉬고 있는 우리로서는 죽음에 대한 궁금증을 이 책을 통해 찾아 볼 수 있을 것이다.

부록으로는 점차 관심을 더해 가고 있는 〈심령(心靈)의 기적〉을 수록했다.

그 내용 역시 인간의 죽음과 연관되는 불가사의한 사건들로 우리가 죽음의 문제를 인식하는 데 도움이 될 것 같아서 실어 보았다. 더구나 이 심령에 대한 문제는 이제 심령과학이라고 불릴 만큼 과학의 터전 위에서 해명해 나가고 있다. 독자들에게 참고가 되기 바라는 마음 간절하다.

끝으로 서툰 편역서(編譯書)를 상재(上梓)해 주신 명문당(明文堂) 김동구(金東求) 사장님께 감사드리며 미흡한 점에 대해서는 강호(江湖) 제현(諸賢)의 질책을 기다리겠다.

1994년
編譯者 識

차 례

부 록/심령(心靈)의 기적

1. 인간은 죽으면 어떻게 될까

누구나 마음속에 가지고 있는 의문, '죽으면 어떻게 될까?'
'삼도천(三途川)'을 보러 가다

•
•
•
•
•

1 누구나 마음속에 가지고 있는 의문 '죽으면 어떻게 될까?'

어느 시대든지 사람의 마음을 사로잡고 놓아주지 않는 것은, '인간은 죽으면 어떻게 될까? 사후(死後)의 세계는 과연 존재하는 것일까?'라는 점일 것이다.

인류의 역사가 시작된 이후 이 소박한 의문은 사람들 마음속 깊이 자리잡고 있는 최대의 수수께끼였다. 원시시대 사람들은 이 '사후의 세계'를 흔히 동굴 속의 벽화로 그리거나 토기(土器)의 장식으로 사용했다. 또 세계의 주요 종교는 모두 사후의 세계에 대해서 여러 가지 이미지를 만들어 냈다. 그리고 최근에는 사후의 세계와 관계가 있는 초자연적 현상을 과학적인 수단, 혹은 과학과 유사한 수단으로 해명하려는 경향이 있다.

문제가 죽음에 관한 것인 만큼 나는 누군가에게 독촉을 받는 듯한 생각이 들었다. 그래서 갤럽 조사에 모든 힘을 쏟아 사후의 세계에 대한 연구에 착수해 보려고 몇 년 전부터 결심했었다. 그리고 1980년 초부터 1981년 9월까지 약 1년 반에 걸쳐서 18세 이상의 미국인을 대상으로, 사후의 세계에 대한 의견조사를 했던 것이다.

우선 통계학을 기본으로 하여 샘플로 추출된 사람들에게 면접조사를 하는 데 있어서 천국(天國)에 대한 것, 지옥(地獄)에 대한 것, 사후의 세계에 대한 것 등을 질문했다. 그리고 그들로부터 얻어낸 회답을, 본인이 믿고 있는 종교, 출신지 등 개인적인 데이터와 연관지어

가며 분석했다.

특히, 이번 조사에서는 '죽음의 세계에 발을 들여놓을 뻔했다'든가 '삶과 죽음의 경계에서 헤맸다'는 경험을 가진 사람들을 중시했다. 그리고 죽음의 문을 두드렸을 때 어떤 불가사의하고 '신비적'인 체험을 했다는 사람에게는 그때의 모습을 상세히 설명토록 했다.

이것과 병행하여 철학 및 의학(醫學)의 분야에서 지도적 위치에 있는 사람을 대상으로 소규모이긴 하지만 통계학적으로 유효한 두 가지를 조사했다. 조사 결과는 참고 자료로 이 책 여러 곳에 삽입되어 있는데, 회답자의 성명은 평소와 마찬가지로 밝히지 않기로 했다.

이번 조사는 인간이 삶과 죽음의 경계를 드나든다거나 죽음의 세계에 발을 들여놓았을 때, 어떤 상태가 되는가 하는 점에 대한 의식조사로서는 가장 종합적이고 대규모적인 것이다. 조사 결과의 중요한 점은 권말에 수록하였으니 참고하기 바란다.

사후의 세계는 존재하는가?

'사후의 세계'라는 문제는 무엇 때문에 이토록 사람들의 마음을 사로잡고 있는 것일까? 역사적으로 보더라도 어느 시대든 간에 사후의 문제가 사람들의 마음을 계속 사로잡아 왔는데 그것은 왜일까?

첫째로 인간은 항상 미지(未知)의 것을 탐구하고자 하는 마음이 있기 때문일 것이다. 그러나 그것과는 달리 좋건 싫건 간에 죽음의 문제에 몰두하게 하는, 어떤 보이지 않는 힘 같은 것이 작용하고 있기 때문이다. 퓰리처상 수상작이고 《죽음의 부정(否定)》의 저자, 고(故) 어네스트 베커에 의하면 모든 공포증 및 신경증(神經症)의 밑바닥에는 죽음에 대한 공포가 있다고 한다.

죽는 순간 어떤 일이 일어날 것인가 하는 점은 분명 사람을 불안하게 만든다. 고통이 따르게 될까, 인간으로서의 특성을 잃고 마는 것일까? 그러나 그것 이상으로 죽은 후에는 과연 어떻게 될까 하는 점이 신경쓰이는 것이다. 그렇기 때문에 생기는 것이 '사후의 세계는 존재하는 것일까?'라는 의문이다.

나는 지금까지 여러 차례나 이 질문을 각계 각층의 숱한 사람들에게 던져 보았으나 그들이 해주는 대답은 언제나 대체적으로 비슷한 것들이었다. 이번 조사에서는 성인(成人)의 약 4분의 1이,

"아니다."

라고 대답하고 있다. 즉 사후의 세계는 존재하지 않는다고 생각한다는 것이다. 그런데 그보다 많은, 미국의 모든 성인(成人)의 3분의 2에 해당하는 약 1억 명이,

"그렇다."

라고 대답하고 있다. 이런 비율은 아마 어느 시대에든 변하지 않을 것이다.

2 '삼도천(三途川)'을 보러 가다

사후의 세계를 믿는 사람의 의견을 듣는 것도 나름대로 흥미 있는 일이지만 그것은 최근 사람들의 화제로 떠오르게 된 사후의 세계에 관한 이야기 가운데 다소의 참고 정도에 지나지 않는다. 조사하는 측에게 가장 흥미 깊은 것은 사선(死線)을 넘나든 적이 있다든가, 이 세상에서는 볼 수 없었던 불가사의한 세계를 엿본 적이 있었다는 사람들로서, 그런 사람들은 특별히 철저하게 조사를 했다. 따라서 이번 조사결과는 실제로 영원한 생명을 체험했다는 사람에 대한 깊은 배려의 면

접조사로 이루어진 것이다. 우리는 다시 그것을 물리학자·사회과학자·신학자 등에게 분석을 의뢰하였다.

그러나 이 조사 결과는 반드시 영원한 생명이라든가 사후의 세계가 존재함을 증명하는 것은 아니다. 이번 조사에서는 지난날의 연구를 긍정하는 듯한 결과가 나온 것도 있는가 하면, 반대로 이전의 조사 결과에 반(反)하는 새로운 사실도 발견되고 있다.

앞으로 각 장(章)에서 사후의 세계를 엿보았다는 사람들의 이야기를 상세하게 소개하도록 하겠다. 갤럽 조사에서는 뇌(腦)의 활동에 어떤 변화가 일어났기 때문에 일어나는 신비적 체험과 신(神)의 계시(啓示)란 말로 설명하는 체험 등을 특별히 구별하지는 않았다. 또 죽음에 직면했을 때 체험한 일이, 뇌파(腦波)가 완전히 정지된 이른바 뇌사(腦死) 상태에서 일어난 것인지, 아니면 육체적 기능은 정상인 채 죽음의 세계를 엿본 것인지 등에 대한 점은 깊이 알아보지 않았다.

본인의 회답으로 빈사(瀕死)였을 때 그들이 의학적으로 어떤 상태였는지를 측정할 수 있는 경우도 있다. 그러나 그 사람이 신비적인 체험을 했을 때 마침 외상(外傷) 치료를 위해 한참 수술을 받고 있었다든가, 익사(溺死) 직전이었다는 경우는 그 사람이 의학적으로 보아서 어떤 상황에 있었는지 명확하지 않은 경우가 많았다. 단, 그런 사람 중에도 당시 고열(高熱)이 있었다든가, 강력한 약물 치료를 받고 있었다든가, 마취 상태였다든가, 익사 직전이었다든가, 일산화탄소 중독에 걸려 있었다는 등의 상황에 놓여 있었음을 부연 설명해 주는 사람도 적지 않았다. 그러한 신체적 상황이라든지 외적(外的) 영향 등이 파악되면, 그 불가사의한 체험이 과학적으로 설명될 수 있는지 그렇지 않은지를 구별할 때에 도움이 된다.

이 조사의 데이터는 각 분야의 전문가에게 보이고 어떤 해석이 가능한지 의견을 들었으므로 조사와 면접은 전문가의 분석에 필요한 데이터가 충분히 수집될 수 있도록 배려했다.

이 책의 목적은 주로 사후의 세계에 발을 내딛는 순간 불가사의한 체험은 어떤 것인지, 그리고 그것이 어떤 의미를 갖느냐를 알아내는 것이다. 하지만 때로는 영원한 생명이란 것에 관해 미국에서 있었던 사건의 여러 가지 양상을 반영시키기 위한 조사와 면접의 기반에 반대되는 듯한 의론도 설정될 것이다. 그것은 천국이라든가 지옥이라는 것에 대해 미국인이 가지고 있는 이미지라든가 신념을 넓은 문화적 시야에 서서 찾아보기 위함이다. 그 밖에도 꿈이라든가 환각이라든가, 어쨌든 사후의 세계 모습을 해명하는 듯한—해명이라고까지는 할 수 없더라도 최소한 보다 깊이 생각하게 만드는 것 같은—현상에 대해서도 다루게 될 것이다.

2. 초차원 세계(超次元世界)로 가는 입구

죽기 직전의 체험을 한 미국인은 8백만 명이나 있다!
사후의 세계로 통하는 일곱 개의 길

●

●

●

●

●

① 죽기 직전의 체험을 한 미국인은 8백만 명이나 있다!

영원한 세계로 들어가는 입구, 그것은 생명의 끝이다. 즉, 죽음이라고 불리는 것인데 그 죽음이란 입구에서는 우리가 알고 싶어하는 영원한 세계의 모습을 엿볼 수는 없다.

그런데 성경(聖經)에는 일단 죽은 다음 며칠 만에 되살아난 사람의 이야기가 나온다. 그 중에서도 제일 유명한 것이 나사로의 이야기인데, 〈요한복음〉에 의하면 며칠 전에 죽어서 묘 속에 장사지내진 나사로를 예수가 되살려냈다는 것이다. 하지만 유감스럽게도 나사로는 사후의 세계에서 보고 온 바를 한 가지도 이야기해 주지 않았다. 그러므로 철학자 L. N. 안드레예프 등은 이 일을 매우 한탄하면서 다음과 같이 적고 있다.

'사후의 세계에서 어떤 일이 일어났는지 왜 이야기해 주지 않았단 말인가? 나사로는 사흘 동안이나 죽어 있었는데 말이다. 세 번씩이나 해가 뜨고 지는 동안 나사로는 줄곧 사후의 세계에 있었다. 어린이들이 뛰면서 돌아다니고, 시냇물은 졸졸 소리를 내며 흐르고, 나그네가 큰길에서 흙먼지를 일으키며 돌아다닐 때 나사로는 죽은 채로 있었던 것이다. 그 나사로가 다시 숨을 쉬게 된 것이다. 그리고 검게 그을린 유리를 통해서 보듯이, 나사로는 현실의 세계를 본 그 눈동자의 검은 부분으로 사후의 세계를 기웃거리고 있었던 것이다.'

지금에 와서 나사로에게 사후의 세계에 대해 질문할 수는 없다. 그러나 그와 비슷한 경험을 한 사람—즉, 의학적으로 보아 한 번 죽었다가 다시 살아난 사람—혹은 죽음의 세계에 발을 들여놓았던 사람은 수백만 명이나 있다. 이번 조사에서 나온 비율을 미국의 전 인구에 적용해 보면 약 2천 3백만 명이나 되는 사람이 삶과 죽음의 경계를 드나든 경험을 가지고 있으며, 그 중 약 8백만 명은 그때 어떤 불가사의한 체험을 했다는 결과가 된다.

그 밖에도 죽음을 체험하지는 않았지만, 꿈이라든가 환영(幻影) 속에서 영원의 세계를 엿보았다는 사람은 헤아릴 수 없을 만큼 많은데 그들의 이야기 역시 죽음을 체험한 사람들의 이야기와 아주 비슷하다.

2 사후의 세계로 통하는 일곱 개의 길

이번의 조사 결과를 정리해 보면 사후의 세계로 들어가는 경로는 일곱 개가 있는 것으로 생각된다. 이 경로들에 대해서는 그 어떤 해석도 성립될 수 있다. 사후의 세계로 통하는 길이라는 것은, 인간의 마음속이라든가 상상의 세계에 있는 것일 뿐이며, 실제로 현실세계라는 별도의 초자연적(超自然的) 세계로 통하는 길 따위는 아니라고 말하는 사람도 있다. 그러나 미국인의 대부분은—조사에 의하면 사후의 세계를 믿지 않는 사람의 갑절 이상의 사람들이—우리가 살고 있는 3차원의 세계 위에, 차원이 다른 또 다른 세계가 존재한다고 믿고 있다.

그리고 그런 세계에 이르는 경로 가운데 하나, 또는 복수(複數)의 경로를 통해서 그 초차원적 영역, 즉 수많은 사람들이 천국이라든가 지옥이라고 부르는, 현실세계와 중첩된 이차원(異次元)의 세계로 들어가는 것으로 생각하는 듯하다.

죽음의 공포에서 유발된 체험

제 1 경로는 사고(事故)이다.

죽음의 순간에 생기는 불가사의한 체험은 익사(溺死)하게 되었다든가 자동차 사고처럼 무서운 사고에 직면했을 때 경험하는 일이 많은 듯하다. 우리가 조사한 범위에서는 그러한 경우 모두가 의학적으로는 사망이라고 단정되지 않더라도 죽음의 공포를 맛보는 그 어떤 쇼크를 받게 된다.

예컨대, 캘리포니아의 주유소에서 근무하고 있는 33세의 남성은 다음과 같이 말하고 있다.

"나는 수영장에서 물 속에 빠졌었는데 어쩐지 이상하게 피로감이 느껴졌습니다. 그리고 누군가가 부르는 소리를 들었습니다. 나는 나 자신의 몸에서 빠져 나와 도움을 청했지요. 공중에 붕 떠 있는 것 같았는데 대단히 편안했으며 마음은 충족감으로 가득 차 있는 것을 느꼈습니다. 곁에 있던 사람들이 나를 물 속에서 꺼내어 올리는 것이 보였어요. 나 자신이 내 모습을 보고 있었던 것입니다."

이 남성은 극히 순간적인 사이에 위험과 싸웠을 뿐인데도, 곧 자신의 운명을 솔직하게 받아들이고 말았던 듯하다. 이제는 끝장이라고 생각했지만 어쩐지 편안한 기분에 사로잡혀 있었다고 한다. 그리고 마음이 육체에서 빠져 나오는 것 같은 기묘한 느낌도 맛보았다.

자동차 사고를 당했을 때, 사후의 세계를 엿보았다는 사람들도 많다. 가구(家具) 세일즈맨으로 일한다는 노스캐롤라이나의 남성은 사고를 당한 당시의 일을 다음과 같이 말하고 있다.

"나는 중학교 3학년 때 횡단보도를 건너다가 자동차에 치였습니다. 그 사고는 신문에도 보도되었는데 나는 10m나 튕겨 올라갔었지요. 어쨌든 눈앞이 캄캄해지더니 어디선가 엄숙한 어조로 '눈을 떠라!' 하고 말하는 소리가 들렸습니다.

내 눈꺼풀은 손가락으로 무리하게 비벼 올리는 듯한 느낌으로 밀어 올려졌고 양팔은 머리를 감싼 채 직각으로 포장된 도로 위에 떨어졌던 것입니다. 이것은 내가 반사적으로 그 도로에 떨어져 부딪쳐 행동을 취했던 것이 아니라, 하나님이 내 팔과 눈꺼풀을 움직이셔서 생명을 살려 내신 것이라고 생각합니다. 나는 도로에 떨어져 부딪쳐 뒹굴었지만 가벼운 상처만 입었을 뿐입니다. 만일 하나님의 도움이 없으셨더라면, 그리고 하나님이 나를 살려 주시려고 생각하지 않으셨더라면 나는 아스팔트에 머리를 받고 죽었을 것입니다."

이 남성의 경우 위험이 자기 몸에 엄습했을 때, 그가 가지고 있던 정신력이 모두 회전하고 작용하며 초인간적인 힘을 발휘하여 순간적으로 적절한 행동을 취함으로써 빈사(瀕死)까지 가는 중상(重傷)을 면하게 되었을 것이다. 혹은 이 남성이 믿고 있는 것처럼 죽음에 직면함으로써 영원한 세계의 문이 열리고, 3차원의 세계를 초월한 곳으로 통하는 길에 발길을 들여놓았던 것인지도 모른다. 그야 어쨌든 이 남성이 말하는 것처럼 자기보다 훨씬 우수한 힘이 작용했다는 감각은, 비슷한 사고를 당했던 사람들에게 공통적인 것 같다.

자동차 사고 외에도 음식물이 목구멍에 걸렸다든가, 일산화탄소 중독이라든가 그 밖의 생명에 관한 사고를 당했다는 사람들 중에는 비슷한 체험을 하고 있는 사람들이 많다. 그들은 충돌의 충격이나 갑자기 위험한 상황에 직면함으로써 어떤 일이 일어나고 별세계에 들어간 것 같은 감각이라든가 상태를 체험했던 것으로 생각된다.

출산(出産) 때 저 세상을 본 여성들

제 2 경로는 출산이다.

현대에는 출산이 그토록 위험한 것이 아니지만 그래도 상당히 많은 사람들이 출산에 의해 죽음의 세계에 발길을 들여놓았던 사실이 이번 조사에서 밝혀졌다.

다음에 소개하는 것은 우리에게 보내 준 보고의 일부이다.

켄터키에 사는 60세의 여성이 한 이야기.

"첫딸을 낳을 때 나는 죽을 뻔했습니다. 하얀 구름을 본 나는 그 속으로 들어갔습니다. 아주 온화한 마음이었는데 갑자기 의사 선생님이 내 이름을 부르는 것이었습니다. 나는 깜짝 놀라 되살아났지요."

다음은 미시간에 사는 38세의 어머니 이야기이다.

"나는 출산한 후 출혈(出血)이 너무 많아서 쇼크 상태에 빠졌는데 그때의 방 모습을 분명히 기억할 수 있습니다. 내가 진찰대 위에 누워 있는 모습까지 볼 수 있었고 소리도 들렸습니다. 마치 영혼이 몸에서 빠져 나온 다음, 위에서 내 자신을 내려다보고 있는 느낌이었습니다."

오클라호마의 32세된 주부의 이야기.

"나는 유산(流產)을 하여 심한 고통에 시달렸는데 상당히 위험한 상태였답니다. 그때 예수님이 나타나셔서 당신께서도 십자가 위에서 굉장한 고통을 견뎌내셨다고 말씀하셨습니다. 황공하게도 나는 예수님과 가까이에서 이야기를 나눌 수 있었던 것입니다."

필라델피아에 살고 있는 어느 고령의 여성 이야기.

"나는 딸을 낳은 다음 사망선고를 받았습니다. 죽어서 천국에 가려고 했을 때였는데, 침대 옆에서 가족과 친구들이 이야기를 나누며 하나님께 기도하는 소리가 들려 왔습니다.

천국은 구름과 같은 곳이었는데 그곳에 도착하자 천사들이 나에게 '갓난아기를 돌보기 위해 현실세계로 돌아갈 수 없는지 주님에게 부탁해 보라'는 것이었습니다. 그리고 나는 천사들이 손을 내밀어 만들어 준 계단으로 내려왔고 이 세상으로 돌아와서 숨을 내쉬었습니다.

가족들은 이곳 저곳에 전보를 쳤고 장의사를 불러 장례 절차를 의논하고 있었는데 나는 그 동안 줄곧 죽어 있었던 것입니다."

특히 출산이라든가, 서서히 병세가 악화되어 말기(末期) 단계를 맞이할 때처럼 본인이 육체적 시련의 시간이 가까워지고 있음을 알고 있는 경우는, 죽기 전에 공포라든가 괴로움을 당하는 것이 아닌가 하는 불안을 가지게 되지만 그것은 죽음의 순간에 실제로 체험하는 평온한 마음과는 상당한 차이가 있는 경우가 많다.

우리가 조사한 바에 의하면 예외없이 죽음 직전의 현실은 자기가 생각하고 있던 것만큼 심하지는 않았다고 말하고 있다. 분명히 죽음에 직면하여 죽음을 경험한다는 것은 살아 있는 것 이상으로 마음 편한 것일지도 모른다.

죽기 직전의 체험과 신앙의 관계

제 3 경로는 병원 안에서 수술을 받는다든가, 약 또는 마취의 영향하에 놓여져 있는 경우이다.

죽을 것같이 되었을 때 불가사의한 체험을 했다고 하는 이야기를 듣는 경우에는, 그때 마취가 되어 있지 않았다든가 혹은 약물(藥物) 치료중이 아니었다는 것을 분명하게 해둘 필요가 있다. 마취약은 이상한 정신상태를 불러일으키는 작용이 있기 때문이다. 그런데 재미있는 일은 마취가 되어 있다거나, 약물을 사용하고 있던 사람들의 이야기와 아무것도 사용하지 않았던 사람들의 이야기에는 서로 비슷한 점이 있다는 것이다.

예를 들면, 위스콘신의 어느 대학생은 다음과 같이 말하고 있다.

"수술이 끝나고 회복실에 있을 때 호흡이 멈추고 말았습니다. 의사 선생님은 이것 저것 손을 써 보았지만, 나는 내가 내 몸 속에 있지 않다는 생각이 들었습니다. 의사 선생님이 하는 말이 모두 들렸는데, 어쩐지 내가 공중에 붕 떠 있는 기분이었답니다. 내가 있던 곳은 캄캄했는데 마음은 굉장히 평온했습니다."

일리노이에서 공원(工員)으로 일하고 있다는 50세인 남성의 체험은 더욱 극적이었으며 선명한 것이었다. 그는 맹장이 터져서 병원에 옮겨졌는데 손쓸 시간이 늦어졌다며 사망이라는 진단을 내렸다. 의사는 그를 수술대에 남겨 둔 채 수술실에서 나갔는데 그는 그때의 일을 다음과 같이 이야기하고 있다.

"나는 돌아가신 어머니를 만났습니다. 어머니는 어떻게 표현할 수 없을 만큼 깨끗하고 아름다웠습니다. ……밝은 빛이 쏟아지고 있었으며 꽃이 만발해 있는 옆에 시냇물이 졸졸 흐르고 있었습니다. 어머니는 그곳에 서 있었지요. 그리고 당신께서는 굉장히 행복하다고 말씀하시는 것이었습니다.

또 어머니는 나에게 아직은 그곳에 받아들일 수 없노라고 말씀하시면서 모두(가족들)가 기다리고 있는 집으로 돌아가라고 하신 다음 시냇물 위에 놓여 있는 새하얀 다리 위에서 나에게 작별 인사를 하시는 것이었습니다. 나는 서서히 왔던 길로 되돌아왔습니다. 그리고 정신을 차렸을 때는 의사 선생님과 간호사들이 옆에 있었는데 그들은 나에게 한참 동안 죽어 있었다는 말을 들려 주더군요."

또 뉴저지에 사는 중년 주부는 위궤양으로 위를 3분의 2정도 절제하는 수술을 받았을 때, 다음과 같은 광경을 보았다고 한다. 그녀는 수술이 끝나자 곧 집중치료실(集中治療室)로 들어갔고, 그곳에서 4일 동안 지냈는데 그때의 일을 이렇게 설명하고 있다.

"첫째 날의 일 이외에는 아무것도 기억하고 있지 못합니다. 강한 바람이 불었고 나는 침대에 누운 채 언덕 위에까지 날려 갔습니다. 그곳에서 나는 사람들에게 하나님의 말씀을 전하고 피아노를 치면서 찬송가를 불렀습니다. '하나님을 찬양하라'는 찬송가였습니다.

그리고 나는 남편과 가족들에게 내 신앙과 신앙 체험을 간증했습니다. 어느 날 아름답게 빛나는 빛이 나를 비추고 있었습니다. 이 세상에 있는 모든 종류와 모든 색깔을 띠면서 빛나는 글라스 꽃과 같은 것이 보이기에 다가가 보았을 때 그것이 예수님임을 알았습니다. 빛만 보이고 얼굴은 보이지 않았지만 나는 알 수 있었습니다. 주님은 '너는 병 고침을 받았다'라고 말씀하셨습니다. 그리고 그 다음날 나는 퇴원했지요. 병원에서는 나를 가리켜 '기적의 여성'이라면서 크게 화제가 되었던 것 같습니다. 주님께서 나를 고쳐 주신 것이지요."

이 여성은 어느 기독교 단체의 멤버로 죽기 직전의 순간, 불가사의한 체험과 신앙을 연관시켜 생각한 전형적인 예라고 할 수 있겠다. 우리가 조사한 결과로 본다면 기독교와 관계되는 종교 체험을 한 사람 가운데 21%는 죽음과 관계되는 경험이 있던 사람들이다. 따라서 생사의 경계를 헤맸을 때의 설명이 어느 정도 기독교적인 색채를 띠고 있는 것은 당연한 일이다.

단, 여기서 확인해 두고 싶은 것은 그러한 기독교적 색채가 농후한 체험을 한 사람은, 응답자 가운데 극히 일부에 지나지 않는다는 사실이다. 그리고 종교적 관심이 강하다든가 교회에 다니고 있다는 것은 죽기 직전인 상태에서 불가사의한 체험을 하기 위한 필수조건도 아니고 그 아무것도 아니다. 그런 불가사의한 현상은 종교에 거의 관심이 없는 사람에게도 똑같이 일어나고 있다.

영혼이 육체에서 빠져 나가는 '유체이탈 현상(幽體離脫現象)'

제 4 경로는 병원 이외의 장소에서 있었던 위급한 질병이다.

병원 안에서 빈사 상태가 된 경우와 병원 밖에서 그런 상태가 된 경우를 구별한 것으로, 병원 밖에서는 약에 의한 영향이 없을 것으로 생각되기 때문이다.

심장(心臟) 이상을 일으켜 쓰러진 어느 고령의 여성은 다음과 같이 말하고 있다.

"가슴이 아파서 소파에 누워 있는데 정신이 흐려지는 느낌을 받았습니다. 그때 돌아가신 어머니가 나타났고 내 옆에 서서 '게일, 어서 따라오너라' 하는 것이었습니다.

어머니가 어디론가 가려고 하시기에 나는 일어서서 어머니 뒤를 따라가려고 했습니다. 그 순간 소파에서 떨어졌고 그대로 마룻바닥에 뒹굴었습니다. 어머니는 상관치도 않고 자꾸 걸어가시는데 테이블도 벽도 그냥 뚫고 빠져 나가서 어디론가 사라지고 말았습니다. 만일 그때 어머니가 나타나시지 않았더라면 나는 틀림없이 죽었을 것입니다."

또 한 사람, 캘리포니아에 사는 36세의 여성도 죽음의 세계에 발걸음을 들여놓았는데, 어머니의 부름을 받고 되살아났다고 한다. 단, 이 여성의 경우, 그녀의 어머니는 당시 생존하고 있었다. 그녀는 그때의 일을 이렇게 설명하고 있다.

"나는 중증의 폐렴을 앓고 있었습니다. 내 자신의 몸이 차츰 무거워져서 매트리스 속으로 가라앉더니 침대 스프링이 있는 곳까지 가라앉은 듯한 느낌이 들었습니다. 그리고 차가운 바람이 몸을 에워싸고 있는 것 같더군요. 그런데 나는—나라고 하기보다 내 마음은—따뜻하고 부드럽게 기분좋은 빛 가운데를, 공중에 붕 떠 있으면서 나의 모습을 보고 있었던 듯합니다.

어디에선가 어머니의 울음소리가 들려 왔습니다. 어머니의 부드러운 손이 내 뺨에 닿자 내 몸은 차가운 바람 속에서 이끌려 나왔지요. 그 순간 내 마음은 내 몸과 일체가 되었는데, 내가 정신을 차리자 나는 어머니의 얼굴을 쳐다보고 있는 것이었습니다."

또 한 사람은 캘리포니아의 소셜버커의 경우다. 그 사나이는 연쇄구균인후염(連鎖球菌咽喉炎)에 걸려 있었는데 어떤 항생물질도 효험이 없는 상태가 되었다. 그래서 그 이상 악화되지 않도록 얼음 주머니로 몸을 찜질하고 있었지만 병세는 좋아지지 않았다. 그래서 더욱 효과적인 치료를 받기 위해 의사에게 운송되었다.

"치료를 받기 위해 기다리고 있는 동안 나는 내 몸이 치료대에서 70cm 내지 1m 정도 위로 떠 있는 것 같은 느낌이 들었습니다. 그곳에는 한 줄기 빛도 없고 사람 그림자도 안 보였습니다. 의식이 돌아왔을 때는 기관절개(氣管切開) 수술을 받은 지 며칠 뒤였지요."

이처럼 영혼이 육체에서 빠져 나가는 현상은 죽는 순간이 되면 누구나 경험하는 것이 아니라 극히 일부만이 증언하고 있을 뿐이다.

이번 조사 결과로 추정해 볼 때, 그러한 유체이탈 현상을 경험한 일이 있는 사람은 2백만 명 정도가 아닐까 한다. 그러나 이 수치는 극히 소수의 샘플에서 도출한 것이므로 그다지 정확한 것은 아니다.

'위험한 상황'과 '불가사의한 현상'의 관계

제 5 경로는 어떤 범죄의 희생 대상이 되는 일이다.

어떤 범죄이든 간에 그 범죄의 희생물이 되는 것만큼 억울하고 무서운 일은 없다는 것이 일반적인 사고방식이다. 그러나 반드시 그렇다고는 할 수 없을 것 같다. 때로는 사고를 당한 사람이라든가 질병을 앓는 환자도 마찬가지로 불가사의한 체험을 하는 계기가 되는 경우가 있다.

예컨대 뉴욕의 어느 젊은 여성은 맨해튼 거리에서 강도를 당하고 가방을 빼앗겼을 때의 일을 다음과 같이 이야기하고 있다.

"뒤에서 낯선 남자가 다가오더니 나를 떠밀고 가방을 빼앗아 달아났습니다. 정말로 무서운 일이라고 생각했습니다만 그날은 하나님이 바로 내 옆에서 나를 지켜 주셨다는 느낌이 듭니다. 어쨌든 부상당하지 않았다는 것에 감사하고 싶은 마음만이 가득했습니다. 나는 가까이에 있는 교통순경에게 달려갔지요. 그런데 놀랍게도 그 교통순경 옆에는 강도가 붙잡혀 묶여 있었고, 내 가방도 다시 찾을 수 있었습니다.

그날 밤 나는 상기(上氣)되어 잠을 잘 수 없었지요. 나는 빨리 잠들게 해달라고 하나님께 기도했습니다. 불가사의한 일이 일어난 것은 바로 그때였습니다. 침대에 누워 있는데 내가 내 몸에서 빠져 나와 위에서 내 자신을 내려다보는 느낌이 드는 것입니다. 갖가지 걱정거리며 괴로웠던 일도 그리고 그날의 무서웠던 일도 모두 잊고 있었지요. 걱정거리 따위는 하나도 없는 행복스러움만이 있는 상태였습니다. 죽으면 틀림없이 이런 상태가 될 것이라고 생각했습니다. 줄곧 그 상태로 있고 싶은 생각이 들었답니다.

나는 완전히 자유이고 어디든 좋아하는 곳으로 갈 수 있다는 것입니다. 사실은 그대로 있고 싶었지만 원상태로 돌아가지 않으면 안 되겠다는 생각을 하게 되었지요. 아주 한순간 하나님의 은총을 피부로 맛보았는데 하나님은 나에게 '돌아가라'고 말씀하셨습니다."

범죄의 희생 대상이 되었던 일이 계기가 되어 이러한 체험을 한다는 것은 그다지 흔한 일이 아니며, 더구나 습격당했을 때, 본인이 어느 정도 깊은 신앙심을 가지고 있지 않았다면 불가사의한 현상은 일어나지 않았을지도 모른다. 그러나 보통은 사고(事故) 등의 경우와 마찬가지로 위험한 상황에 빠지는 것과, 불가사의한 현상과는 어떤 관계가 있을 것으로 생각된다.

사람을 노리는 범죄의 경우, 아무래도 본인으로서는 폭행을 당했다는 의식이 작용한다. 더구나 강도에게 피습당하는 것과 같은 불의의 습격을 당하면 그 순간 위험을 느껴 긴박감이 생기는데, 예컨대 그것은 자동차 사고라든가 물에 빠졌을 때, 난산(難産)했을 때, 중병을 앓고 있을 때 등과 똑같은 상태를 불러일으키는 것인지도 모른다.

숨이 끊어지는 순간에 본 광경

제 6 경로는 임종할 때이다.

사람이 임종을 맞는 때에도 불가사의한 일이 여러 가지 일어나는데, 유족이라든가 친지들이 그것을 직접 목격하는 경우가 많으므로, 그것 역시 죽음의 세계에 대해서 아는 계기가 된다.

어떤 남성은 어머니가 죽기 직전 하늘을 올려다보듯 하면서,

"이 얼마나 아름다운가."

라는 말을 하더라고 보고했다.

또 다른 경우에서는 어느 여성이 숨넘어가기 몇 분 전에 몇몇 사람이 보고 있는 앞에서 위를 쳐다보며,

"빌이 저기 있어."

하고 죽었다는 것이다. 빌이란 그 여성의 오빠로서 마침 1주일 전쯤에 죽었는데 그 여성에게는 그것을 알리지 않았던 듯하다.

사람의 임종에 입회하여, 죽어 가는 사람이 영원의 세계를 엿보고

있는 장면을 목격한 것으로 유명한 사람은 복음주의자(福音主義者)인 빌리 그레이엄이다.

그는 할머니가 숨을 거두던 날 어두운 방에서 할머니 옆에 앉아 있었는데 돌연 방안이 어떤 빛에 의해 환하게 밝아지더니, 지금까지 침대 위에서 일어나지도 못했던 할머니가 갑자기 몸을 일으키며,

"예수 그리스도께서 한쪽 손을 내밀고 계신다."

라는 말을 했다고 한다. 그리고 또 남북전쟁(南北戰爭)에서 한쪽 다리와 한쪽 눈을 잃었던 돌아가신 할아버지의 모습도 보았는데,

"그 분은 눈도 다리도 멀쩡하시더구나."

라는 말도 했다는 것이다. 그리고 나서 할머니는 숨을 거두었는데 방안은 다시 어두워졌다고 빌리 그레이엄은 이야기하고 있다.

이처럼 사람의 임종 때 입회했다가 본 것과, 실제로 자기가 죽게 되었을 때에 경험한 것 사이에는 그 어떤 관계가 있을 듯하다.

이번 조사에서 죽게 되었을 때 불가사의한 현상이 나타났다고 하는 사람의 약 반수에 해당하는 4백만 명의 미국인이 그때에 어떤 사람의 존재를 느꼈다든가, 혹은 이 세상의 것으로는 생각되지 않는 것을 경험한 것을 알 수 있었다.

그리고 사람의 임종에 입회하여 불가사의한 현상과 우연히 만난 사람 중에도 똑같은 말을 하는 사람이 많다. 물론 그들이 체험했다고 말하는 것은 단순히 자신의 원망(願望), 그 자체가 나타나는 것일 수도 있고, 혹은 현실세계에서의 수명(壽命)이 다한 다음에는 이러이러했으면 좋겠다고 생각하는 것의 투영(投影)에 지나지 않는 것인지도 모른다.

그런 의미에서 갤럽 조사의 결과는 임종 때라든가 죽는 순간의 불가사의한 체험이란 것이 천국에 대한 일반적 개념과 밀접하게 관련되어 있다는 것을 나타낸다고 할 수 있으리라.

쇼크가 마음속의 이미지를 실체화(實體化)시킨다

이번 조사에서 샘플이 되었던 사람의 반수 이상이 천국은 편안한 곳으로서 행복한 생활을 할 수가 있으며, 그곳에 있는 사람의 마음은 사랑으로 가득 차 있다고 대답했다.

또, 42%의 사람이 죽은 후에도 친구라든가 배우자와 만날 수 있다고 생각하고 있으며, 14%가 사람은 천국에 가서도 인간의 모습을 하고 있다는 믿음을 가지고 있었다. 그리고 21%의 사람이 천국에 가더라도 현실세계와 똑같이 남을 식별할 수 있다고 생각하는 것 같다.

이와 같이 일반인이 천국에 대해서 가지고 있는 이미지는 실제로 불가사의한 체험을 한 사람이 엿본 사후의 세계 모습과 거의 같다. 그럼 그 양자는 어떤 관계로 생각하면 좋겠는가? 언뜻 보기에는 실제로 사후의 세계에 발을 들여놓았던 사람이 체험했다는 것은 일반인이 천국에 대하여 가지고 있는 이미지를 증명하는 결과인 것처럼 생각될지 모르겠다.

그러나 그렇다고 해서 천국이 그런 곳이라고는 할 수 없다. 대개의 사람들은 사후의 세계에 대하여 대체적으로 비슷한 사고방식이나 이미지를 마음속 어딘가에 가지고 있기 때문에 정신적, 육체적으로 강한 충격을 받았을 때 그것이 표면화되어, 사람들이 멋대로 그려낸 이미지를 실제로 존재하는 것처럼 생각하게 되는 것인지도 모른다.

조사 결과의 분석에 협력해 준 심리학자라든가 의사 중에는, 평소에는 잠자는 상태로 되어 있는 정신적 기능이라든가 육체적 기능이 있는데, 그 사람이 어떤 위험이나 충격에 직면했을 때, 또는 생명에 영향을 주는 중상을 입었을 때에는 죽음을 좋게 받아들일 수 있도록 작동하는 것이 아니겠느냐는 사람도 있다.

만일 그렇다고 한다면 죽기 직전의 상태에서 경험하는 불가사의한 사건이라든가 이야기는 초자연적인 현상으로 이해하기보다는 오히려 심리학적인 견지에 서서 검토하는 편이 좋을 것이다.

그러나 그와 같은 결론 비슷한 것을 논의하기에 앞서, 좀더 죽음의 세계에 대한 경로로 생각되어지는 것을 알아보기로 하자.

영적(靈的) 현상과 죽는 체험의 상관성

제 7 경로는 종교적 환상, 꿈, 예감 등의 영적인 체험이다.

이것은 반드시 생명에 위험을 느끼거나 심리적으로 압박당해서 나타나는 것은 아니라는 의미에서, 지금까지 알아본 것과는 다소 다르다. 그럼에도 불구하고 사후의 세계로 통하는 길의 하나로 여기에서 거론하는 것은 다음과 같은 이유에서이다.

우선 첫째로, 죽기 직전의 상태에서 불가사의한 체험을 했노라고 대답한 사람 중에는 꿈이나 예감이 중요한 역할을 하고 있으며, 위험에 처하게 되었을 때 그런 것들이 나타났다고 하는 사람이 있다. 또 하나는 다른 갤럽 조사의 결과에서 알아낸 것인데 실로 수많은 사람들이 특별한 종교적 체험을 하고 있으며 그 체험의 특징이 죽게 되었을 때의 불가사의한 사건과 아주 비슷하다는 점이다.

예를 들자면, 텍사스에 사는 어느 중년 여성은 다음과 같이 이야기하고 있다.

"자동차로 산길을 내려가다가 커브를 돌려고 했을 때, 문득 눈을 들어 올려다보니 나무 그늘에서 무서운 스피드로 열차가 다가오는 것이 보였습니다. 나는 당황하여 브레이크를 밟으려고 했는데 이미 늦었다는 생각이 들더군요. 그리고는 나도 모르게 '어떻게 하면 좋지!'라고 외쳤습니다.

그러자 어디선가 '액셀러레이터를 밟아!'라는 소리가 분명히 들려 왔습니다. 나는 내 의지와는 반대로 그 열차에게로 돌진했습니다. 내 자동차 뒤쪽의 도어가 받기는 했지만 자동차는 고속도로 길가에 멈추었을 뿐 굴러 떨어지지는 않았습니다.

나는 눈을 뜨는 순간 자신이 하나님의 부르심을 받았다는 생각을 했습니다. 그러나 그렇지는 않았습니다. 처음에는 무슨 일이 일어났었는지 전혀 모르고 있었습니다만 아무래도 죽을 운명은 아니었음을 알았고, 이윽고는 내가 아직 살아 있으며 부상도 당하지 않았음을 알고 기쁨이 용솟음쳤습니다.

가까이에서 시종일관 지켜 보던 사람의 이야기에 의하면 만약 그 때 브레이크를 밟았더라면 틀림없이 열차와 충돌하여 자동차와 함께 낭떠러지 아래로 굴러 떨어졌을 것이라는 말이었습니다."

이 여성의 경우는 대단히 위험한 일을 당하고 죽음에 직면했었지만 큰 부상도 입지 않은 채 무사했다는 것이다. 몸이 절대절명의 상황에 놓이게 됨으로써 초자연적인 존재와 접촉을 가지게 되고 적절한 지시를 받을 수 있어서 겨우 목숨을 건진 예이다.

이와 같이 위험한 상황에 놓임으로써 초차원적(超次元的)인 커뮤니케이션이 가능해지며 목숨을 건졌다는 경우 외에, 사태가 일어나기 전의 예감에 의해서 위험을 알아차렸다는 예도 보고되어 있다.

매사추세츠의 어떤 세일즈맨은 이렇게 이야기하고 있다.

"잠자기 전에 기도하고 있는데 어떤 광경이 눈앞에 분명히 떠올랐습니다. 급한 커브를 오른쪽으로 돌려고 한 자동차가 제방(堤防)으로 돌진하는 것이었습니다. 그리고 돌연 내 눈앞에 멎으라고 하듯 손바닥이 나타나더니 가로막더군요.

그로부터 몇 달 후에 나는 어떤 사고를 목격했습니다. 그 사고로 젊은 사나이가 죽었는데 그것은 내가 이전에 보았던 그 광경과 아주 똑같았던 것입니다."

또 이전 조사에서 미국인 전체의 3분의 1 가까운 사람이 — 약 8천만 명이—종교적 체험 혹은 신비적인 체험을 하고 있음을 알게 되었다. 그리고 그 가운데 약 1천 5백만 명의 사람이 하나님과 일체화(一體化)했다는 느낌을 체험한 바 있다는 보고를 하고 있다.

물론 그런 감각은 사람에 따라서 죽은 사람이라든가 하나님과 대화할 수 있었다든지, 이 현실세계의 것이 아닌 빛을 보았다든지, 육체에서 영혼이 빠져 나갔다는 등, 갖가지 표현으로 나타나고 있다. 예컨대 어떤 사람은 이렇게 말하고 있다.

"어느 날 밤 성경을 읽다가 잠을 청했는데 영 잠이 오지 않더군요. 문득 얼굴을 들자 환상이 나타났습니다. 나는 쇠사슬로 묶여져 있어서 꼼짝할 수가 없었지요. 그때까지 없었던 불가사의한 빛이 나타나고 방안에 누군가가 있는 것 같은 생각이 들었습니다."

또 어떤 젊은 남성의 경우는 깊은 밤 침대에 들기 전, 하나님이 옆에 계신 듯한 느낌이 들었는데 침대 속에 들어간 후에도 상당히 강하게 그런 불가사의한 분위기가 계속되었고 자신의 몸이 가벼워져서 침대로부터 다소 떠올라 있는 기분이 들더란 것이다.

이런 보고를 자세히 살피고 분석해 보면 죽기 직전에 불가사의한 현상이 일어날 때의 감각과, 죽음과는 관계없이 생기는 영적(靈的) 현상이, 서로 보완하되 때에 따라서는 서로 설명해 주는 관계에 있다는 것을 알 수 있다.

지금까지 한 설명은 이제부터 하고자 하는 이야기의 서론(序論)에 지나지 않으며 지금부터 하는 이야기는 좀더 복잡하고 흥미진진한 내용들이 이어진다.

그럼 다음에는 실제로 죽기 직전인 상태에서 불가사의한 체험을 했다는 8백만 명 가까운 사람들 가운데 일부 사람들의 이야기를 모아서 사후 세계의 일에 대한 보고를 듣도록 하자.

3. 종교는 '사후의 세계'를 어떻게 다루고 있는가

불가사의한 체험과 종교관(宗敎觀)의 상호관계
인간의 '천국관(天國觀)'
삶과 죽음의 세계를 오갔던 사람들
공상문학(空想文學)과 불가사의한 체험의 유사점(類似點)

●
●
●

[1] 불가사의한 체험과 종교관(宗教觀)의 상호관계

인간은 어느 시대든지 죽으면 어떤 멋진 일이 기다리고 있을 것인지, 그 점에 대해 많은 관심을 가지고 있었다. 그리고 사후의 세계란 틀림없이 즐거울 것이라고 상상하며, 그곳에서는 멸망하는 일이 없는 본질에 바탕을 두고, 하나님 나라로부터 특별한 계시가 주어질 것을 기대하고 있기보다 주어질 것임에 틀림없다고 생각하고 있는 것이다.

그러나 천국이란 어떤 문화(文化)에 있어서도 지극히 해석하기 어려운 개념으로서, 세계의 많은 종교를 보더라도 사후의 세계에 대한 사고방식은 각양각색이다.

일반적으로 서양 사람들이 천국이라고 부르는 것은 예로부터 온 세계 사람들의 상상력을 불러일으켜 왔다. 그럼 그처럼 옛날부터 행해져 온 천국의 탐구(探求)와 이번의 죽게 되기 직전의 체험에 대한 조사와는 어떤 관계가 있는 것일까?

가까스로 생명을 연장하고 있다든가 의학적으로는 사망이란 판단을 받았건만 얼마 후에 되살아난 사람에게 어떤 일이 일어났는지를 가급적 잘 파악하려면 그 사람의 천국에 대한 종래의 사고방식이라든가 종교에 대한 견해를 다소라도 알아 두는 일이 중요하다.

그런 점을 여기서 강조해야 하는 이유에는 두 가지가 있다.

우선 그 한 가지는 죽기 직전인 상태의 이야기라는 것은 그 사람의 상상으로 만들어 낸 꿈 이야기라든가 마음속 깊숙한 곳에 잠재하고 있는 원망(願望)을 충족시키고자 하는 것에 지나지 않는다는 견해가 있다는 점이다.

과연 이 견해에 근거가 있는지를 판단하기 위해서는 일반인들이 가지고 있는 종교적 견해와, 죽기 직전의 경험이 있는 사람의 체험담에 어떤 상호관계, 혹은 상위점(相違點)이 있는지의 여부를 살펴볼 필요가 있다.

또 한 가지는 비록 죽게 되었을 때의 이야기가 모든 사람들이 잘 알고 있는 하나님의 가르침 속에서 사용되고 있는 언어로 이야기했다 하더라도, 역시 어딘가에 그 사람 자신의 초자연적인 것과 해후하는 모습이 반영되고 있다는 점이다. 왜냐하면 처음으로 경험하는 불가사의한 사건을 설명할 때에도 사람은 그때까지 사용해 오던 기존의 표현, 즉 일반적으로 알려져 있는 종교에서 사용하는 언어로 표현하고자 하기 때문이다. 따라서 현재의 일반적인 종교적 견해를 파악하고 있으면, 그 만큼 죽기 직전인 상태에서 일어난 불가사의한 사건의 본질을 올바로 파악할 수 있다고 할 수 있을 것이다.

사람이 자신의 불가사의한 체험을 설명하고자 할 때는 자신의 종교적 견해가 영향을 미치기 쉬운데 그러한 견해는 주로 다음 두 가지에서 만들어지고 있다.

한 가지는 극히 일반 사람들의 사고방식에 이미 침투되어 있는 전통적 종교의 가르침이다. 또 한 가지는 국민 여론조사 등에 나타나 있는 사후의 세계에 대한 일반적인 사고방식이다.

이 장(章)에서는 죽기 직전인 상태에서 즐거운 체험을 했다는 사람의 사고방식에 관계가 있을 것 같은 전통적인 신(神)의 가르침을 몇 가지 들어서 검토하기로 하자.

그리고 다음 장에서 그러한 종교적 견해를 다시 상세하게 검토함과 동시에 사후의 세계에 대한 일반적인 견해의 조사 결과에 대해서도 생각해 보기로 하겠다.

2 인간의 '천국관(天國觀)'

어느 시대에든 세계의 주된 종교는, 천국이라는 하나의 조물주(造物主) 혹은 복수(複數)의 신(神)이 살고 있는 특별한 장소로서 일부 선택받은 인간, 축복받은 인간만이 들어갈 수 있는 곳이란 견해를 가지고 있다. 그처럼 초월한 영적인 장소, 혹은 영적인 차원은 종교에 따라 여러 가지 이름으로 불렸으며 그 특징 또한 각양각색이다.

제우스라든가 알라에 의해 약속된 영원한 행복

고대(古代) 그리스에서는 호메로스 등의 시인(詩人)이 자연을 초월한 가장 즐거운 곳을 엘리시온이라고 이름붙였다. 엘리시온은 지구의 서쪽 끝에 있는 오케아노스강(江) 가까이에 펼쳐진 아름다운 초원이었다. 그곳에는 제우스신으로부터 사랑을 받던 메넬라오스라든가 그밖의 영웅이 죽음을 피해서 들어갈 수 있도록 허락되어, 만족스런 행복의 생활을 영원히 누릴 수 있었다.

기후는 두말할 것도 없고 태풍이나 대설(大雪)도 전혀 없으며 갖가지 맛있는 음식을 먹을 수 있었다.

그 후 그리스의 작가로서 엘리시온을 지상에 설정한 사람이 있었는데 그 사람 역시 신들에게 축복받은 자들이 산다는 점에는 변함이 없다고 했다.

이슬람교에서도 그때 그리스에서 받아들이던 것과 아주 흡사한 천국의 이미지가 그려져 있었다. 관능적(官能的)인 쾌락으로 가득 차 있고 맑은 물이 흐르는가 하면 순종하는 종들이 가득한 멋지고 훌륭한 주거(住居)가 있다. 그리고 그곳에 들어갈 수 있도록 허락받은 사람들이 원하는 갖가지 맛있는 음식이 있다고 보아 왔다.

다음에 제시하는 것은 로버트 흄의 《세계에 살아 있는 종교(The World's Living Religions)》에 실려 있는 《코란》의 한 구절이다.

진실로 신앙심이 깊은 자는 낙원(樂園)에 들어가서 주님이 주시는 것을 즐기게 될 것이다. 주님은 신앙심 깊은 자를 지옥의 괴로움에서 구원해 주시기 때문이다. '마시거나 먹을 때는 잘 씹는 것이 좋다. 너희가 지금까지 했던 것처럼……. ' 여러 줄이 나란히 있는 안락의자에 기대고 앉아서. 우리는 그들을 눈이 큰 처녀와 결혼시키고…… 과실과 고기를 원하는 대로 줄 것이다…… 낙원에는……금색 천으로 덮은 안락의자가 있으며……영원히 나이를 먹는 일이 없고 가블(goblet)이나 주전자나 컵에 와인이 넘치고 있다……. 근심걱정거리는 하나도 없고 영민함〔英智〕을 잃게 되는 일도 없다! 그들이 원하는 과일과 새고기를 원하는 만큼, 그리고 크고 빛나는 눈을 가진 진주처럼 아름다운 아가씨, 이런 것들은 모두 그들이 행해온 것에 대한 보응이다.

이슬람교에서도 사후의 세계에는 알라신(神 : 유일신)의 도움을 받은 여덟 천사와 지옥을 담당한 열아홉 천사, 그리고 대천사 가브리엘이라는 초자연적 존재가 있다고 보는 것 같다. 그 밖에 천사와 인간의 중간 존재, 즉 영적 존재인 정령(精靈)도 있다고 생각한다.

정령에는 선(善)한 정령도 있지만 그 중에는 모든 것 가운데 제일 악한 악마를 《코란》에서는 샤이탄(헤브루어의 사탄(Satan)에서 왔다)이라 부르는 것도 있다.

사람은 몇 번이고 환생(還生)하다가 열반(涅槃)에 든다

힌두교라든가 불교 등 동양의 종교는 사후의 세계가 가지고 있는 좋은 면을 좀더 막연한 개념으로 다루고 있는데 개개인의 인간은 반복해서 여러 가지 모습으로 바꾸어 가며 이 세상에 태어났다가 최후에는 제일 높은 영역에 달하여 완성되고 우주에 흡수되는 것으로 생각하고 있다.

매사추세츠 공과대학의 종교 연구가인 휴스턴 스미스는 불교에서의 사후의 세계에 있어 궁극적으로 도달하는 경지인 열반이란, '인간의 영혼에 있어 가장 숭고한 경지이며 문자 그대로 해석하면 소멸(消滅)이라는 의미'라고 말했다. 또 스미스는 그의 저서인 《인간의 종교(The Religions of Man)》에서 다음과 같이 기록하고 있다.

> 소멸이라고 해도 모두 없어지고 마는 것은 아니다. 부정적으로 말한다면 열반이란 것은 개인의 갖가지 욕망이 완전하게 소멸되고 무한한 생명을 제한하는 것이 모두 없어지는 경지이며, 긍정적으로 말한다면 무한한 생명 그 자체이다. 불타(佛陀)는 이 경지에 대한 적극적인 설명을 모두 제거하고, '이해하기 어렵고 설명하기 어려우며 상상도 할 수 없고 말로 표현할 수도 없는……' 것이라고 말하고 있다.

따라서 동양의 추상적인 개념에 있어서도, 또 영원의 세계가 가지는 좋은 면은 현실세계의 모든 긍정해야 할 점의 진수(眞髓)라고 간주되고 있는 듯하다.

북아메리카에는 축복받은 자가 사후에 가는 곳에 대한 예로부터의 사고방식이 옛날부터 변함없이 남겨져 있다. 백인의 개척자가 오기 전에 아메리카 인디언은 수렵(狩獵)의 낙원에 대해서 상당히 상세한 이미지를 가지고 있었다. 그 이상향(理想鄕)에서는 죽은 병사(兵士)라든가 위대한 사냥꾼의 영혼은 천상(天上)의 사람들과 사냥감을 쫓거나 헌팅 게임을 하는 등 마음내키는 대로 즐길 수 있다고 한다.

후에 인디언의 토지를 빼앗은 유럽인의 종교에는 사후에까지 헌팅 게임을 한다는 점은 채용하지 않았지만, 유럽의 문화적 배경 때문인지 그들이 그려낸 천국의 이미지는 굉장히 목가적(牧歌的)인 것이었다.

헤브루인이 본 7층의 천국

성경과 기독교 전통의 영향으로 유럽인의 대부분이, 천국을 하나님과 그 측근의 천사들이 사는 주거(住居), 즉 성경에 씌어져 있는 천국상(天國像)을 믿고 있었다. 그리고 개인의 종교적 신념으로, 천국은 이 세상에서 올바르게 산 사람, 구세주 예수 그리스도를 받아들인 사람, 교회 출석을 잘한 사람, 하나님으로부터 '선택받은' 사람, 혹은 이런 조건들을 몇 가지인가 갖춘 사람이 사는 곳으로 생각되어 왔다.

그러나 개인이 천국에 대해서 가지고 있는 이미지인 경우, 그것은 더욱 복잡해질 것이다. 왜냐하면 천국이란 곳은 정의(定義)에 의하면 3차원의 세계를 초월한 곳, 인간의 생각이나 언어로는 완전하게 표현할 수 없는 곳이기 때문이다. 고대(古代) 헤브루인이라든가 그 후의 율법학자들은 어떻게 해서든 정확한 정의를 내려보고자 했다. 하지만, 결국은 정의를 내리기보다 시사(示唆)를 주는 정도밖에 하지 못했다.

예를 든다면 《구약성경(舊約聖經)》이라든가 성경의 주석서 등에서는, 천국에는 창(窓)이 있다든가 하나님이 옷을 입고 있다든가, 하나님이 숨을 쉬어 금속(金屬)의 소편(小片)을 간다든가, 바람과 비를 비축해 두는 창고나 방이 있다든가, 천국은 몇 개의 기둥 위에 올려져 있다는 등, 천국에 대한 여러 가지의 기록이 있다.

더욱 흥미 깊은 것은 헤브루인 사이에서 생겨났고 기독교에 전해 오는 것으로 생각되는 천국은 몇 개의—아마도 일곱 개 정도의—층(層) 혹은 레벨로 나뉘어져 있다고 하는 사고방식이다. 그 증거로 헤브루어(語 : shamayin)라든가 그리스어(語 : ouranos)에서 천국이란 언어는 복수형으로 사용되었다. 또 《신약성경(新約聖經)》에도 천국에는 '아브라함의 품'(〈누가복음〉 제16장 22절)이라든가 '낙원(樂園)'(〈누가복음〉 제23장 43절)이라는 등 특별한 장소가 있음을 시사하는 곳이 있다.

그 중에서도 천국이 복수임을 가장 명확하게 나타내고 있는 곳은 바울이 고린도 교회에 두 번째로 보낸 〈고린도후서〉 제12장 2절에 기록되어 있는,

'그가 셋째 하늘에 이끌려 간 자(者)라.'

라는 대목이다.

이것은 유대의 백성들도 아라비아의 백성들도 천국은 모두 일곱 개가 있다는 사고방식을 인정하고 있다는 결과이다.

천국의 이미지

미국의 기독교도들과 유대교도들도 천국의 존재를 믿고 있으며 각기 천국에 대해 보다 명확한 것을 파악하려 하고 있지만, 앞에서도 말한 것처럼 하나님의 가르침이라든가 전설의 영향을 받고 있는 것은 확실하다. 따라서 이번의 조사에서도 천국에는 몇 개의 계단, 혹은 레벨이 있다고 생각하는 대답이 나온 것은 결코 이상한 일이 아니다. 그리고 체험담 속에 천국이란 종교적 언어가 나온 것도 한두 번이 아니다. 그러나 천국에 대한 미국인의 생각을 형성하고 있는 것은 그것뿐만이

아니라, 옛날부터의 종교적 견해도 영향을 주고 있다.

예컨대 이제는 많이 연구되어지고 있는 성경이라든가 잘 알려져 있는 신학(神學)의 자료 등에는, 천국은 축복받은 자가 사는 곳으로서 금(金)으로 된 길이 있으며 게르빔(그룹이라고도 한다)과 세라빔과 같은 특수한 천사가 있어서 빛을 발하고 있고 사랑으로 가득 찬 분위기이다. 그리고 지적인 것이라든가 종교적 지식을 몸에 익힐 수가 있고, 하나님으로부터 사랑받는 자와 이미 현실세계를 떠난 신앙심이 두터운 사람 사이에는 동료의식이 있다는 것이 특징으로 제시되고 있다.

또 기독교의 전설 중에는 죽어서 천국에 가면, 보통의 경우에는 불가능한 것도 해낼 수 있는, 특수한 능력을 얻게 된다는 사고방식이 있다. 예를 들면, 물체를 빠져 나갈 수 있고, 먹고 마시지 않더라도 질병에 걸리는 일 없이 살아갈 수 있으며, 하나님이 있는 곳으로부터 나오는 눈도 멀게 할 것같이 밝은 빛을 반사시킬 수 있다는 것이다.

그럼 이런 종교적 배경들을 염두에 두고 이번 조사에서 우리에게 이야기해 준 사람들의 체험담으로 넘어 가기로 하자. 그리고 그런 것들이 전통적인 사고방식과 모순되지는 않는지, 전통적 사고방식에서 영향을 받고 있는지, 아니면 다소라도 새로운 것인지 혹은 전혀 새로운 미지(未知)의 것인지를 검토해 보고 싶다.

3 삶과 죽음의 세계를 오갔던 사람들

우선 먼저 이야기해 두고 싶은 것은 응답자가 죽음에 임박했을 때 느꼈던 불가사의한 체험에 대해서 이야기할 때 신(神)의 가르침을 전하는 데 사용된 언어를 그대로 사용하는 경우가 있다는 사실이다. 예컨대 천사라든가 기독교적인 것이 아닌 것으로 생각되는, 전능자(全能者)에 대한 이야기가 반복되기도 한다.

그러나 그런 표현이 사용되고 있다고 해서 곧 그 체험이 그 사람의 신앙이라든가 종교적 배경으로 인한 영향에 지나지 않는다는 식의 기계적 판단을 해서는 안 된다. 그리고 그러한 초자연적 세계의 일을 제아무리 엄밀하게 이야기하고자 해도 보통 언어나 개념으로는 그때에 본 것, 느낀 것, 경험한 것을 그대로 언어로 표현할 수 없다는 사실을 잊어서는 안 된다.

보다 과학적으로 말한다면, 우리 인간들은 제약이 많은 3차원 세계의 주민이므로 다차원(多次元) 세계에서 일어나는 일이라든가 정경(情景)을 정확하게 묘사한다는 것은 불가능하다는 말이다. 즉, 사후의 세계라는 것은 일부 과학자가 말하는 것처럼 현실의 세계와 중첩되어 있지만, 전혀 차원이 다른 세계이므로 어떤 부분은 우리가 있는 세계와 오버랩시킬 수가 있지만, 동시에 우리네 감각으로 이해한다거나 우리네의 마음과 목소리로 커뮤니케이션할 수 있는 영역을 훨씬 초월하고 있는 세계이기도 한 것이다.

'충격'의 손을 빌려 별차원(別次元)에 들어가다

그럼 살기에 익숙해진 3차원의 세계로부터 사후의 알 수 없는 세계로 발길을 들여놓았던 사람이 그 순간 어떤 것들을 체험했는지 상세히 살펴보기로 하자.

앞 장(章)에서 본 것처럼 현실세계에서 사후의 세계로 발길을 들여놓았을 때는 반드시 육체적 혹은 정신적인 충격을 받았던 일이 계기가 되고 있다. 예를 들면 물에 빠져서 죽게 되었다든가 강도를 만나서 생명이 위태로워졌을 때 등이다. 그리고 조사에 의하면 그러한 체험을 한 사람의 35%가 그때에 다른 차원의 세계에 던져졌다고 말하고 있다.

그러나 또 다른 조사를 한 과학자의 대부분이 죽음 직전의 순간 불가사의한 사건을 통해 영원의 세계를 알 수 있다고는 생각하지 않는다고 한 말을 기록해 두어야 한다. 그리고 사후의 세계라는 존재를 믿고 있는 과학자는(미국인 전체를 볼 때 67%의 사람이 믿고 있는 것에 비하여) 17%밖에 없다. 또 천국이 있는 것을 믿는다는 과학자의 수는(미국인 전체를 볼 때 71% 정도인 데 비하여) 불과 8%에 지나지 않는다는 것이다.

조사에 협력해 준 내분비학(內分泌學)을 전공하는 어떤 학자는, 자기 자신은 사후의 세계도, 천국도 믿지 않는다고 전제한 다음 이렇게 의견을 말하고 있다.

"비록 죽게 되었다고 하더라도 희생되었다면 그 사람은 죽었던 것도 아니고 죽음의 세계에 발길을 들여놓았던 것도 아닙니다. 정신 상태가 변화되었던 것뿐이지요. 그리고 지금까지의 체험이라든가 자기 자신이 태어나서 자라난 문화에 바탕을 둔 환각(幻覺)을 보았던 것에 지나지 않습니다. 아무리 생각해 보아도 사후의 세계를 엿보았다는 것은 있을 수 없는 일입니다."

물론 과학자가 모두 이런 의견을 가지고 있는 것은 아니고—나중에 채택되었지만—이 밖에도 여러 가지의 견해가 있다. 그러나 죽게 되었을 때의 불가사의한 사건이 어떤 의미를 가지느냐를 정하는 확실한 수단과 방법이란 아무것도 없으니, 마음 한 구석에 이러한 회의적 자세를 가지고 있는 것도 중요하다고 하겠다.

'현실세계'와 '사후 세계'의 이중 국적자(二重國籍者)

죽기 직전이라든가 일시적으로 죽은 상태에서 경험했던 불가사의한 사건에, 어떤 의미가 있든지 간에 어쨌든 무엇인가 보통이 아닌 일이 일어나고, 죽음의 세계의 입구에 들어간 결과가 된 것은 분명하다.

바꾸어 말한다면, 어떤 사람이 일정한 정신상태에 쫓김으로써 3차원의 세계에서 이 세상의 시간적 법칙과 공간적 법칙이 통용되지 않는 별차원(別次元)의 세계로 들어간 것이 된다.

그러나 비록 그 사람이 현실의 세계와는 판이한 의식의 세계로 들어갔다 하더라도, 여전히 현실세계의 시간과 공간에 존재하고 있는 것이다.

그 때문에 죽음의 세계에 있는 '입구(入口)'란 말을 사용하는 것인데 그것은 문 저쪽의 통로, 혹은 넓지 않은 공간으로서, 그곳을 통하여 집 안으로 들어가기 때문이다.

따라서 그 사람은 어느 정도는 별도의 세계, 혹은 다른 의식 속에 들어가 있는 것인데 완전히 들어가 버린 것은 아니다. 그리고 그 문은 열린 채로 있으므로 그 사람이 금방 이별을 고했을 뿐인 현실세계에서 일어나고 있는 일을 보고 들을 수도 있다. 그러나 현실세계에도 속해 있기는 하지만 이미 문을 통하여 빠져 나가서 현실세계에 등을 돌리고, 미지(未知)의 세계에 대한 탐험에 전면적으로 나서려고 하므로, 미지의 세계에서 현실세계를 보고 있는 방관자처럼 되어 버린 상태이다.

'쓰러져 있는 자신'을 위에서 보고 있던 자기

그런 방관자와 같은 감각이라든가 현실세계를 한 단계 위에서 관찰한다는 느낌은, 영혼이 몸에서 빠져 나왔다는 느낌과 살아 있는 사람들 사이에서 일어나고 있는 일을 아주 맑은 마음으로 보고 있는 듯한 감각과 함께 생기는 경우가 많은 것 같다.

예를 들면, 인디애나주의 28세 된 여성은 자동차 엔진을 걸어 놓은 채, 차고 속에서 아버지와 둘이 자동차 정비를 하던중 일산화탄소 중독이 되었을 때의 이야기를 다음과 같이 해주었다. 그녀의 이야기에 의하면 그녀는 분명 의식을 잃고 있었는데, 한편으로는 자기 주변의 일을 그때까지보다 더 민감하게 그리고 정확하게 파악하고 있었다는 것이다.

그녀는 이렇게 말하고 있다.

"내가 내 힘으로 차고 문이 있는 곳으로 갔었던 것이 아니라 아버지가 나를 끌고 밖에까지 데려갔습니다. 그때에 불가사의한 현상이 시작되었지요. 1.5m 정도 위에 떠 있으면서 지면(地面)에 쓰러져 있는 나와, 내 머리를 들어서 일으키려는 아버지의 모습을 보았습니다. 어머니와, 그리고 나하고는 나이 차이가 많은 여동생(당시 16세)도 내 오른쪽에서 울고 있었습니다. 어머니는 '진! 숨을 쉬어 봐!'라고 외쳤으며 여동생도 울면서, '죽지 마! 부탁이니 죽지 말라구!'라고 말했습니다. 그로부터 한 달전쯤에 내 남편은 교통사고로 죽었답니다.

어머니는 어떻게 해서든 내가 숨을 쉬게 하기 위하여 계속 내 가슴을 세게 누르고 있었습니다. 그런 광경을 보고 있으면서, 나는 처음에는 사태를 제대로 파악하지 못했었습니다. 고통 따위는 전혀 없었고 오히려 행복한 기분이었답니다."

자신의 육체를 벗어 버리다

이처럼 그때까지 살고 있던 일상적인 현실세계와 새로운 세계 사이를 오고 가는 현상은, 죽기 직전의 상태에서 불가사의한 체험을 했다고 하는, 수많은 사람들이 경험하고 있는 것이다.

그리고 그때까지 자기가 있었던 세계가 차츰 멀어져 가고 완전히 새로운 세계에 들어가는 것인데 결국에는 다시 원래 있었던 세계로 되돌아오는 것이다.

이 인디애나주의 젊은 미망인(未亡人)에게도 그런 현상이 일어났었다. 그녀는 집안 식구들이 자신의 시체를 만지고 있는 것을 잠시 바라보고 있었는데 이윽고 그 정경(情景)에서 눈길을 떼고, 더없는 행복감에 젖으면서 다음과 같이 생각하고 있었던 것이다.

"이게 도대체 어찌된 일인지 모르겠다고 생각했습니다. 불안감도 없었고 아무 일도 없었는데 다만 부모님과 여동생이 마음에 걸렸습니다."

이윽고 그녀는 다시 3차원의 세계로 되돌아오기 시작하고 있었다.

"다음으로 의식을 되찾은 것은 어머니와 아버지 그리고 여동생의 뒤를 따라 집 옆으로 끌려가듯 하며 걸어갈 때입니다. 나는 그다지 뒤떨어지는 일 없이 세 사람을 따라갔는데—사실은 걸어서 갔던 것은 아닙니다. 나는 또 몸에서 빠져 나와 있었으니까요—이때도 기분은 좋았으며 공포도 고통도 느끼지 못했으므로 모두들 왜 깜짝 놀라고 있는 것인지 몰랐습니다.

그 다음으로 기억나는 것은 내 몸으로 되돌아온 일입니다. 내 눈으로 나를 보고 나 자신의 의지로 내 몸을 움직일 수 있는지 여부를 시험해 보았기 때문입니다. 모두들(식구들) 좀 괜찮으냐고 물었습니다. 의식은 있었지만 다소 머리가 띵 했습니다. 그리고 폐를 세정(洗淨)하기 위하여 병원의 응급실로 옮겨졌지요."

죽음 직전에 겪는 불가사의한 체험에서는 어느 시점에서 현실세계로부터 사후의 세계로 이행(移行)되는지, 혹은 사후의 세계 입구에 들어갔는지, 언제나 분명하게 알 수 있는 것은 아니다.

현실세계의 일이 여러 번 얼굴을 내미는 경우도 있으려니와, 현실세계로부터 스무드하게 3차원을 초월한 세계의 입구로 들어가는 경우도 있다.

4 공상문학(空想文學)과 불가사의한 체험의 유사점(類似點)

우리에게 보내 온 갖가지의 체험담은 어떤 의미에서 현대의 공상적인 문학과 대응하는 점이 있다. 예컨대 20세기의 옥스퍼드 학자인 찰스 윌리엄스라든가 C.S. 루이스 등의 작품이 그 대표적인 것이다.

살아 있는 사람에게는 보이지 않는 '인간들'

윌리엄스는《올 할로우스 이브(All Hallow's Eve)》라는 에세이 속에서 레스터 파니발이라는 젊은 여성을 등장시키고 있다. 레스터는 처음 몇 페이지까지는 지극히 평범한 여성으로 그려져 있는데 좀더 읽어 나가면 레스터와 그 친구들은 현실세계의 일을 관찰한다거나 때로는 현실세계와 어떤 관계를 갖게 되는데 실은 최근에 죽은 사람들임을 알 수 있게 된다.

어느 날 레스터는 생전에 자기 남편이었던 리차드가 이쪽을 향하여 걸어오는 것을 목격했다.

> 레스터는 리차드의 뒤를 따라갔다. 지금 리차드를 놓치면 안 된다. 레스터가 리차드를 따라잡으려고 했을 때 리차드는 그녀 쪽으로 두 손을 뻗었다. 레스터는 그것을 잡았다. 자기 손 안에 그의 두 손이 있는 것을 보았기 때문에 레스터는 확실히 리차드의 손을 잡았어야 하는데 그런 감각이 전혀 없는…… 리차드는 마치 유령처럼

사라지고 말았다. 그리고 리차드와 함께 있으면서…… 인간들이 내던 여러 소리—발자국 소리·목소리·벨 소리·엔진 소리·자동차 바퀴 소리 등—도 사라졌다. 그런데 레스터가 리차드에게 말을 걸자 그런 소리들은 다시 분명하게 들려오는 것이었다.

윌리엄스의 에세이에 나오는 죽은 사람들, 특히 갓 죽은 사람은 이것저것을 인식할 수도 있고 살아 있을 때와 변함없이 그 사람다움을 갖춘 육체를 가지고 있다. 그러나 살아 있는 사람과는 다른 점이 몇 가지 있다. 그것은 살아 있는 사람의 눈에는 보이지 않는다는 점, 그리고 현실세계의 생물(生物)보다 훨씬 자유롭게 이동할 수 있다는 점, 또 살아 있을 때와 죽음을 맞으려고 했을 무렵보다는 훨씬 강하며 힘도 뛰어나다는 점이다.

지상(地上)을 떠난 버스의 행선지

C.S. 루이스도 유명한 《더 그레이트 디보스(The Great Divorce)》라는 저서에서 아주 비슷한 수법을 쓰고 있다. 루이스는 첫 페이지에서, 바라보고 있는 눈을 보아도, 그리고 이야기하는 내용을 들어도 지극히 보통으로 보이는 사람 몇 명이 버스를 기다리고 있는 광경을 그리고 있다. 그들은 입을 모아서 버스가 늦게 온다며 불평을 토로하고 있는데, 그러면서도 무슨 일이나 기계적으로 하고 있다. 그러나 그것도 버스가 지상을 떠나 구름 속으로 들어갈 때까지일 뿐이다.

버스의 승객, 즉 갓 죽은 사람들은 잠시 동안은 뒤를 돌아보되 3차원의 세계를 조명할 수 있지만, 그들의 행선지는 빛이 가득 넘치는 풍요로운 땅이며 그 입구는 거대한 낭떠러지〔斷崖〕로 되어 있고 외부와 격리된 곳이다. 그들은 잠시 후 그 새로운 곳이, 천국의 한 구석에 있는 평화롭고 목가적(牧歌的)이며 아주 행복한 '천국으로 가는 중계지

(中繼地)'임을 알게 된다. 그들은 버스를 타고 그곳을 향하고 있는 사이에 어느덧 몸이 아주 커진다. 그래서 처음에는 굉장히 거대한 것으로 생각했던 낭떠러지가 이제는 불과 풀의 길이 정도밖에 안 되는 것이다.

이러한 종교적 신념이나 견해는 죽기 직전의 구체적 체험담과 비교할 때 흥미 있는 유사점을 몇 가지 볼 수 있다. 그러나 지금부터 읽어나가면 알 수 있듯이 우리가 수집한 체험적인 증언에는 종교적인 신념이라든가 견해와는 다른 독자적인 특징도 있다.

4. 죽기 직전의 체험(體驗) 분석

천국을 암시하는 10종류의 체험
육체라는 속박에서 해방된 영혼
'눈'이 없는데도 주변의 상황이 보인다
별세계(別世界)에서 들려오는 '소리'
삶과 죽음의 경계에서 만나는 '평안함'
발광(發光)하는 생명체
한순간, 과거 자신의 인생이 되살아나다
자신은 지금까지와 다른 세계에 있다
이차원(異次元)에 사는 사람들과의 만남
터널 '저쪽'을 보았다
미래가 순간적으로 보인다
'사후의 세계'는 상상의 산물인가

1 천국을 암시하는 10종류의 체험

천국의 탐구는 세계의 갖가지 종교에 의해 진행되어 왔으나, 지금까지의 것에 첨가될 만한 데이터라든가 성경(聖經) 및 신(神)의 계시에 근거한 신념에 반대되는 구체적인 데이터는 아직까지 거의 없었다. 그러나 지금 그런 것들은 변화되어 가고 있는 듯하다.

최근 죽음에 임박했을 때 불가사의한 체험을 한 사람의 이야기를 모으고 그것들을 분석하는 연구자의 수가 차츰 늘어가고 있다. 그리고 그런 사람들이 행한 연구 결과는 초차원적 세계와의 접촉을 농도 짙게 암시하고 있다. 우리의 대규모적인 조사는 그러한 연구 중에서도 가장 새로운 것임과 동시에 현실의 세계와 중첩되며 존재하는 어떤 종류의 세계에 육박하는 몇 가지 경향을 밝혀 주고 있다. 그러나 간과할 수 없는 잘못된 해석도 몇 가지 있다.

죽음의 세계를 경험한 사람을 대상으로 행한 조사에서 우리가 보통 천국이라고 부르는 것과 그 어떤 관련이 있는 기본적이고 명확한 체험으로 생각되는 것을 분류하여 10개 항목으로 나누었다. 다음에 제시하는 것은 그런 체험을 간결하게 정리해 놓은 것이다. 숫자는 체험한 사람의 인원수(數)다.

- 영혼이 육체에서 빠져 나간다. 유체이탈(幽體離脫)의 감각 — 삶과 죽음의 경계를 넘나드는 경험을 한 성인(成人) 중 9%에 해당하는 약 2백만 명

- 현실세계의 상황이든 별차원(別次元)이든 의식의 세계이든, 어떻든 간에 자기 주변에서 일어난 일을 시각적으로 잡았다—전체의 8%, 즉 2백만 명에 가까운 사람
- 현실세계의 인간인지 아니면 별차원(別次元)의 인간인지는 알 수 없지만 어쨌든 인간의 소리를 들었다—죽기 직전의 경험을 한 성인(成人)의 6%, 약 1백 40만 명
- 더없이 평화롭고 괴로움이 없는 감각—약 11% 정도 되는 2백 6십만 명
- 한 줄기 빛, 어떤 복수의 밝은 빛을 보았다—죽음에 직면했을 때 불가사의한 경험을 한 사람의 약 5%에 해당하는 40만 명 강(强)
- 아주 짧은 사이에 자신이 살아온 과거의 인생을 되돌아본다든지 다시 보는 인상을 받았다—우리가 조사한 사람들의 약 12%, 3백만 명 약(弱)
- 별세계에 있는 것 같은 특수한 감각을 경험했다—약 12%인 3백만 명 약(弱)
- 삶과 죽음의 경계를 드나들 때 이미 죽은 사람이 아닌 다른 생명체(단수, 혹은 복수)의 존재를 느꼈다—죽음에 임박했을 때 불가사의한 체험을 한 사람의 8% 가까운 60만 명 약(弱)
- 터널과 같은 것이 있었다는 느낌—약 3%인 20만 명 약(弱)
- 이제부터 일어날 일을 예지(豫知)한다—약 2%인 16만 명

우리가 조사한 죽음에 임박했을 때 마음 편안한 체험—아마도 그것을 사후 세계의 즐겁고 좋은 면의 본질을 밝히는 것으로 생각되는데—을 총체적으로 보면 어떤 흥미있는 결론을 도출할 수 있다. 그것은 비슷한 체험이라 하더라도 그것을 보편성이 있는 것으로 간주할 수

없다는 점이다.

예를 들면 빛이라든가 터널이 있었다고 하는 사람은 분명 몇 사람이 있었다. 그런 사람들의 퍼센트 단위를 구체적인 인원수로 환산하면 대단한 수가 될 것은 분명하다. 그러나 사후의 세계를 경험한 사람의 총수—혹은 죽음에 임박했을 때 가까스로, 보통 때는 생각할 수 없는 체험을 한 사람의 수—와 비교하면 터널이라든가 빛을 보고 나서 받은 충격 등은 대단한 것이 아니다.

어쨌든 간에 체험담의 내용은 실로 여러 가지여서, 다른 어떤 감각이라든가 체험과 같은 것으로 보기에 어려운 것이 많으므로, 죽음이 눈앞에 임박하면 터널이나 특수한 생명체를 본다는 것 등, 일반화된 말을 하는 것은 그다지 의미가 없다.

그럼 천국에 관계가 있는 10개 항목의 기본적 체험을 보다 쉽게 이해하기 위하여 구체적으로 실례를 들면서 각각 자세히 설명하기로 한다.

[2] 육체라는 속박에서 해방된 영혼

◇자신의 육체에서 빠져 나갔다는 감각

이 현상에 대해서는 이미 실례를 몇 가지 들어 보았는데 그 밖에도 아직 흥미있는 점들이 있다. 우선 사후의 세계를 엿보았다든가 그것과 비슷한 경험을 한 사람 중에도 자신의 육체로부터 자신이 빠져 나온 느낌을 경험한 적이 있는 사람은 그것이 아주 순간적이었다는 것을 머릿속에 넣어 두기 바란다.

자기가 자기 육체에서 빠져 나오는 현상은 대개 사후의 세계를 엿보게 되는 육체적 혹은 육체적 쇼크를 받은 직후에 생기는 것 같다. 바꾸어 말한다면 자동차에 치임과 거의 동시에 자기 자신의 육체로부터 빠져 나왔다고 느끼고 있다는 점이다.

그 위에 그 사람의 육체로부터 빠져 나왔다는 것은 아직 그 사람의 아이덴티티를 가지고 있다는 것이다. 실제로 그 사람의 의식상(意識上) 아이덴티티는 보통 붕 떠서 부유(浮遊)하고 있는 '영혼' 쪽에 있으며 육체 따위는 팽개친 것으로 생각된다.

또 육체에서 빠져 나온 영혼은 주변에서 일어나는 것을 분명히 보거나 듣는 능력을 가지고 있으며 주변에서 일어나는 일과 사람들을 위에서 보고 있는 경우가 많다. 그리고 영혼이 육체에서 떠날 때는 행복한 마음으로 가득 차 있으며 상당히 자유롭게 이동할 수 있고 현실세계의 시간과 공간에 전혀 속박되지 않는다.

현실세계로 돌아가느냐, 영혼의 세계에 머무느냐의 선택

우리는 조사하던 중 오클라호마에 사는 중년 여성이 세 번째 아기를 출산했던 때의 체험담을 들을 수 있었다. 그 여성은,

"오전 2시부터 오후 2시까지 진통이 계속되었고 다니엘이 태어나기 직전에는 '제왕절개(帝王切開)를 해줘요!'라고 소리쳤는데 의사 선생님은 '조용히 해요!'라고 말했습니다."

라고 이야기한 다음 다시 이런 이야기를 계속했다.

"그렇게 소리친 것이 부끄러워서 죽고 싶어졌습니다. 죽고 말겠다는 생각만 들더군요. 그런데 그렇게 생각하는 순간 나는 내 몸에서 빠져 나왔고, 내 육체와 방에 있는 사람들보다 1m 정도 위에 있었습니다. 의사 선생님은 '정신차리시오!'라고 말했습니다.

그때 또 누군가가 내 옆에 와서 내 가슴을 세게 때리는 것이었습

니다. '저 사람은 왜 내 가슴을 때리는 것일까?' 나는 그렇게 생각했죠. 바로 그때 다니엘이 태어났고 간호사가 다니엘을 받아서 모포에 싸는 것이었습니다. 위쪽을 올려다보니 수많은 생명체가 나를 지켜 보고 있었는데 서로 말을 주고받을 수는 없었습니다. 그래도 우리는 모두 서로의 마음을 이해하고 있었지요. 그것은 실로 멋진 일이었습니다.

나는 남편의 일이 걱정되어 방에서 나갔습니다만 문을 연 것은 아니고 공중에 붕 뜬 채 문을 뚫고 나갔지요. 그리고 복도로 달려가서 여덟 살짜리 딸과 함께 서 있는 남편에게 갔습니다. 딸과 남편이 무사한 것을 보고 나는 비로소 분만실로 돌아왔습니다.

나를 지켜 보고 있던 '생명체'들은 나에게 지금 있는 세계에 남을 것인지 아니면 다시 한 번 자신의 육체로 돌아갈 것인지 결정하라고 했습니다. 나는 그곳 세계로 가고 싶었지만 역시 현실세계에 남아 있으면서 아기가 열한 살이 될 때까지 길러야 되겠다는 생각을 했습니다.

그 순간 나는 원래의 내 몸으로 돌아왔던 것입니다. 아들 다니엘은 지금 열세 살이 되었는데, 나로서는 사후의 세계로 가기 전에 꼭 해야 할 목표가 차례로 자꾸 생기므로 어쩔 수 없군요."

이 여성의 경우 그때의 체험을 상당히 자세하게 기억하고 있는 것이 다른 사람들과 다른 점이다. 그러나 순간적으로 의식이 육체를 빠져나간 상태가 되었다든가 어디든 자유로이 갔었다는 점, 그리고 영혼이 예민한 통찰력을 가지고 있었다는 점 등, 여러 가지 점에서 다른 사람들의 이야기와 일치되고 있다.

또 그녀는 육체로부터 영혼이 빠져 나갔을 때의 일로서 또 한 가지 흥미있는 이야기를 들려주고 있다. 그것은 현실세계로 돌아갈 것인가, 아니면 영혼의 세계에 머물 것인가를 자유로이 선택할 수 있다는 점이다.

이 초차원적 세계에 머무르든가 혹은 현실세계로 돌아가든가, 그것을 선택할 수 있다는 이야기는 그녀 말고도 죽음의 세계를 드나든 적이 있는 사람의 체험담에서도 나온다.

미네소타에서 면담을 한 바 있는 어떤 젊은 간호사의 이야기에 의하면, 병원에서 약의 양을 잘못 투여하여 그것을 먹은 그녀의 남편이,

'내 몸이 점점 죽음으로 다가가는 것을 보고 있다가 의사의 손에 의하여 회생되기 직전, 원래의 세계로 돌아갈 것인지 아닌지를 선택할 수 있었던 것 같은 느낌이 있었다.'

라고 이야기했던 듯하다.

자신의 육체와 분리되어 있는 '자신'

영혼이 육체로부터 분리되는 현상 중 또 한 가지의 예(例)로서, 소개하고 싶은 것은 캘리포니아에 사는 34세 된 사업가의 이야기다. 그는 열 살 때 했던 무서운 체험의 기억을 더듬으며 다음과 같이 이야기했다.

"나는 디트로이트의 수영장에서 수영을 하고 있었습니다. 많이 지쳐 있었는데 친구의 권유로 수영장 이쪽 끝에서 저쪽 끝까지 헤엄쳐 가기로 했습니다. 그런데 헤엄을 치던중 졸려서 견딜 수 없게 되었고 온몸에서 힘이 빠져 나가는 것이었습니다.

누군가가 도움을 청하는 소리가 들려 왔습니다. 나는 나의 몸이 떠 있는 것 같은 느낌을 받았습니다. 그리고 도움을 청하고 있는 사람은 구조받은 다음에 틀림없이 부끄럽다고 생각할 것이라고 느꼈던 사실을 기억하고 있습니다.

그리고 잠시 후 나는 내가 공중에 떠 있으면서 위로부터 수영장에 있는 사람들을 내려다보고 있다는 것을 알아차렸습니다. 눈앞에는

따뜻하고 밝은 빛이 비치고 있었는데 아래에 있는 사람들 몇몇 외에는 아무도 없었습니다. 아래를 유심히 살펴보니 도움을 청했던 것은 바로 나였지 뭡니까. 나는 그 순간 등줄기에 오한을 느꼈습니다. 그 다음에 기억나는 것은 수영장 가장자리에서 누군가가 나에게 인공호흡을 시키던 일뿐입니다."

그의 경우 역시 다른 사람들의 체험담과 비교하여 장소라든가 상황은 틀리지만 중요한 특징에는 비슷한 점이 있다. 그러나 다른 사람과 틀린 것은 물에 빠진 사람이 위에서 자신의 몸을 보고 있었을 뿐만 아니라 무서움을 느끼면서도 죽음의 공포에 반응하고 있는 자신의 모습과 목소리를 들었다는 점이다.

바꾸어 말하면, 이 인물의 '자신'은 어떤 의미에서는 둘로 나눌 수 있다. 육체 속에 남아 있는 쪽은 아무래도 의식이 없는 것 같다. 왜냐하면 이 사람은 그때 자기가 몸 속에 있었다는 것을 기억하지 못하며, 몸 속에서 떨어져 나간 곳에서 관찰하고 있었을 뿐이기 때문이다. 그러나 한편으로는 이 사람 몸 속에 남아 있던 '자신'은 상당히 활동적이어서 큰 소리로 공포감을 표출할 수 있었던 것이다.

또 한쪽의 자신은 이 사람의 의식이 있는 아이덴티티와 밀접한 관련이 있는 것으로 생각된다. 왜냐하면 그가 자신의 신상에서 일어났던 것을 이야기할 때 육체로부터 떨어져 나온 자기가 진짜의 자신인 양 이야기하고 육체 속에 있었던 자기를 다른 인간인 것 같이 이야기하고 있기 때문이다.

그러나 사실은 그의 퍼스낼리티는 수영장에서 사고를 당할 때까지는 육체 속의 자기에게 있었는데 물에 빠졌기 때문에 육체에서 떠난 상태가 되었으며 최후에 소생술(蘇生術)이 실시된 때에 다시 육체 속의 자신으로 되돌아왔던 것이다.

말로는 충분히 설명할 수 없는 초자연 현상

죽음의 문턱을 드나들 때에 느낀 평온한 마음의 체험, 또는 천국과 관련이 있을 것 같은 체험의 다음 항목으로 넘어가기에 앞서 영혼이 육체로부터 빠져 나가는 현상에 대해서 또 한 가지 거론해야 할 것이 있다. 이런 체험은 대단히 불가사의하며 초자연적인 사건인 만큼 우리가 평소에 사용하고 있는 언어의 보통 범위는 그런 사건을 정확하게 설명할 수 없다는 점이다.

물론 그 사건이 어떤 것이었는지 대충은 시사할 수 있고, 그 사건의 진상이라든가 사실에 어느 정도 접근할 수 있을 것이다. 그러나 최종적으로는 보통 우리가 사용하고 있는 언어로는 충분히 표현할 수 없는 결론에 도달하게 된다.

사실, 이상한 사건을 체험한 사람만이 언어와 언어로는 표현할 수 없는 마음속의 인상(印象)을 서로 연관시켜 불가사의한 일을 정확하게 이해할 수 있게 되는 것이다.

그러한 인간의 언어를 사용하기 때문에 생기는 부적절한 표현은 종교적 문헌 속에서도 흔히 볼 수 있다. 예를 들자면 모세가 이스라엘 백성을 이끌고 이집트(애굽)를 탈출한 후 40년 동안, 시나이산(시내산)에 있었다든가, 광야를 헤매는 동안 그는 여기저기서 어떤 초자연적인 일을 체험했던 것은 확실한 것 같다. 그러나 그가 체험했던 것이 어떤 것이었는지는 성경(聖經)으로 설명하면 아무래도 초자연적인 표현을 한다거나 하느님을 인간에게 비유해서 설명해야만 한다. 그가 체험한 것의 전모를 완전히 파악하고 표현할 수 있는 언어는 없기 때문이다.

이를 보여 주는 예로서 《구약성서》 〈출애굽기〉 제33장 18절부터 23절까지를 보기 바란다.

모세가 가로되,

"원컨대 주(主)의 영광을 내게 보이소서."

여호와께서 가로되,

"내가 나의 모든 선(善)한 형상(形像)을 네 앞으로 지나게 하고 여호와의 이름을 네 앞에 반포하리라. 나는 은혜 줄 자에게 은혜를 주고, 긍휼히 여길 자에게 긍휼을 베푸느니라."

또 가라사대,

"네가 내 얼굴을 보지 못하리니 나를 보고 살 자가 없음이니라."

여호와께서 가라사대,

"보라. 내 곁에 한 곳이 있으니 너는 그 반석 위에 섰으라. 내 영광이 지날 때에 내가 너를 반석 틈에 두고 내가 지나도록 내 손으로 너를 덮었다가 손을 거두리니 네가 내 등을 볼 것이요 얼굴은 보지 못하리라."

하느님에게는 이른바 인간들이 말하는 손이라든가, 등과 얼굴이 없다는 점에 대해서는 대부분의 성경 연구가들이 동의할 것이다. 그러나 그처럼 불충분한 표현이긴 하지만 〈출애굽기〉를 쓴 사람에게 있어서 그것은 모세가 실제로 볼 수 있었을 것이라는 묘사일 뿐, 자기 자신이 본 바를 전하는 데 있어 인간의 언어라는 것이 얼마나 불충분한 것인지를 아는 사람은 모세뿐일 것이다.

그것과 마찬가지로 우리가 영혼이 육체에서 빠져 나간 상태에 대해서 이야기한다거나 의식을 가진 영혼 등의 개념에 대해서 이야기할 때 역시 실제로 일어난 것은 극히 일부에 지나지 않는다.

그럼 다음으로 사후의 세계를 엿본 사람들이 거론하고 있는 기분좋았던 체험의 두 번째 항목, 즉 초차원(超次元)의 세계를 헤매고 있던 사람이 자신의 주변에서 일어난 일을 눈으로 분명히 보았다는 체험으로 이야기를 옮겨 가기로 한다.

3 '눈'이 없는데도 주변의 상황이 보인다

◇죽음 직전에 불가사의한 일을 체험하고 있을 때, 그 주변의 상황이라든가 사건을 예민한 시각(視覺)으로 느끼고 있었다

죽음에 직면했을 때 불가사의한 일이 한참 일어날 경우, 어떤 이유로 그 감각이 강해졌다는 경우가 몇 가지 있다. 그러나 기묘한 것은 그러한 '감각'에서도 사건을 감지(感知)하는 현상이 대개, 영혼이 육체에서 떠난 상태, 즉 인체(人體)의 시각기관(視覺器官)인 눈이 떨어져 나간 상태에서도 일어난다는 사실이다.

이때 보인 것에는 그 사람의 신변 주위에서 일어나고 있는 현실세계에 관한 사건도 있다. 그러나 그것 이외에 시각으로 감지한 것은—그것을 진짜 시각이라고 할 수 있다면—그 사람이 초차원적 세계의 풍경 일부로 '보았던' 것과 직접적으로 깊은 관계를 가지고 있다.

우리는 이미 영혼이 육체로부터 떠나 공중에 떠서, 그 주변에서 일어나고 있는 일을 잠시 동안 관찰했다는 사람의 이야기를 몇 가지 보아 왔다. 그 가운데서 예컨대 본인이 누워 있던 방의 외부 모습을 포함하여 그 사람이 보았다는 것이, 나중에 그 불가사의한 사건을 목격했다는 사람의 증언에 의해 실증(實證)된 경우도 있다.

그러나 여기서 다시 한 번 말해 두고 싶은 것은 사후의 세계를 엿보았을 때 불가사의한 인지력(認知力)을 발휘한 사람의 대부분은 그런 종류의 체험을 했다고는 말하지 않는다는 점이다. 그것보다는 너무나

도 그 내용이 기묘한 까닭에 시각적으로 감지했다는 사람의 태반은 실제로 눈을 통해서 보았다기보다 일반적으로 꿈이라고 불리는 것에 가깝지 않을까 하는 생각이 든다.

꿈과 연관이 있는 초차원적(超次元的) 세계

그 예로서 텍사스주의 64세 된 주부는 사후의 세계에 발을 들여놓았었다며,

"들판을 보았어요. 그리고 꽃잎이 서로 다른 모양으로 피어 있는 꽃밭도 보았습니다."

라고 말했다. 그녀가 의식을 잃었을 때 그녀가 말한 것과 비슷한 꽃밭 따위는 없었다고 한다.

또 한 사람의 중년 여성은 대수술을 받고 의식이 반쯤 돌아왔을 때 자기가 '갖가지 종류의, 그리고 갖가지 색깔이 반짝반짝 빛나는 유리꽃'과 같은 것 위를 걷고 있는 장면을 보았다고 말했다.

그리고 또 한 사람, 어느 젊은 예술가는 다음과 같이 말하고 있다.

"나는 굉장한 중병(重病)에 걸려서 대단히 강한 약을 먹었는데 그날 밤도 통증이 심해 약을 더 먹고 잠을 잤습니다. 이윽고 몸이 차츰 가벼워지는 듯한 느낌이 들었습니다.

그런 연후에 기억나는 것은 내가 집안에 있었다는 것뿐입니다. 그 집은 문이 잔뜩 있는 집이었으며 방도 여러 개 있었습니다. 차례로 그 문을 열자 몸의 통증이 가라앉는 것이었습니다. 그리고 마침내 밖으로 통한 문을 열었는데 그곳은 대단히 아름다운 곳이었습니다. 얼굴이 선뜩했고 기분이 상쾌해졌는데, 구름은 다소 있었지만 하늘은 맑았고 녹음이 짙게 깔려 있었습니다.

한 여인이 '마음을 편하게 먹고 즐겁게 지내요'라고 말했는데 나는 빨리 이곳에 머물러야 할 것인지 아닌지의 결단을 내려야 한다

는 것을 알았습니다. 하지만 내가 만약 원래에 있던 곳으로 돌아가고 싶다는 생각을 하면 물론 돌아갈 수는 있었지만 몸을 움직여야만 했습니다. 나는 돌아가려고 했지만 몸이 마음대로 움직여지지 않더군요.

그때 나에게 남편의 모습이 보였습니다. 남편은 심하게 움직이고 있었는데, 그것은 내가 의식을 되찾도록 하기 위하여 필사적으로 내 몸을 흔들었기 때문이었습니다. 나는 지금 있는 곳과는 다른 곳으로 되돌아가기에는 이제 이것으로 충분하다는 생각을 했습니다. 남편이 내 이름을 부르는 소리가 들려왔습니다. 그래서 나는 미소짓고 있는 여러 동물의 등에 올라타고 현실세계로 돌아왔습지요. 그리고 의식을 되찾았던 것입니다.

사실은 좀더 쓰고 싶은 것이 있습니다만 조사용지의 스페이스가 부족하여 유감입니다. 하지만 만일 남편이 나를 필사적으로 일으키려고 하지 않았더라면 나는 아마도 현실세계로 돌아오지 못했을 것입니다."

물론 이 여성이 자기가 갔던 곳이라든가, 자기 주변에서 일어난 일에 대하여 지각(知覺)하고 있던 거의 모든 것, 혹은 전부가 먹은 약의 영향을 받고 있었음은 분명하다. 그러나 약이나 마약을 전혀 사용하지 않았는데도 햇빛이 쏟아지고 있는 광경이라든가 꽃, 혹은 시냇물을 보았다는 경우도 있다. 사실 약을 복용하고 있던 사람도, 복용하지 않은 사람도 똑같은 체험담을 보고하고 있음이 차츰 판명되었다. 즉 약을 복용한 경우에만 한해서 그런 것이 보였다는 특수한 체험담이라든가 회답은 그다지 많지 않았다.

물론 그런 것을 보았다는 보고 중에는 머리가 맑을 때 눈으로 지각한 것에 비하여 비몽사몽의 상태라는 특징이 있는 것도 사실이다. 그런 경우 그 사람은 아마도 일종의 수면상태에 빠지고 꿈속에서 잠재의식에 의해 묘출(描出)된 그림이라든가 풍경을 본인이 죽기 직전의 불가사의한 사건의 일부라고 잘못 해석한 것인지도 모른다.

그렇다 하더라도 우리는 지금 아주 불안정한 기반에 서서 이야기를 진행하고 있는 것이 된다. 왜냐하면 도대체 어디까지가 꿈이고 어디부터가 불가사의한 체험인지 알고 있는 사람은 아무도 없기 때문이다. 또 어떤 경우에 죽음 직전의 불가사의한 체험이라고 생각했던 것이 모두 단순한 꿈이었는지 그것도 명확하지 않다. 그리고 꿈에는 그 사람이 잠을 자는 단계라든가 깊이에 따라서 여러 가지의 종류가 있다는 것을 제시하는 의학적 연구도 있다.

넌렘 수면(睡眠)의 꿈이 시사하는 것

《더 슬립 북》의 저자인 샤리 모터 린드와 루이스 M. 서바리는 수면에 관한 연구를 한 결과, 인간은 렘 수면〔rapid-eye-movement(REM) sleep : 動睡眠(급격한 안구(眼球) 운동을 수반하는 수면으로서 비교적 깊은 수면 단계에서 일어나는 것으로 생각된다)〕 때에 흥분하기 쉽고, 드라마틱하며 움직임이 격렬한 공상적 상태가 짙은 꿈을 꾸는 것을 알아냈다고 한다.

그런데 린드와 서바리에 의하면 렘 수면 이외의 때에는, 다른 타입의 꿈을 꾸고 있으며 그것은 '꿈을 꾸는 당사자에게 무인도(無人島)를 헤매고 다닌다거나 길을 잃는다든가 공중에 떠 있는 듯한 느낌을 주는 수가 있다'는 것이다. 또 유령 같은 인물과 이야기를 나누는 일도 많다. 넌렘 수면에 들어가 있을 때에 일어난 일을 어떤 사람은 다음과 같이 말하고 있다.

"나는 길을 걸어가고 있었다기보다는 공중에 떠서 가고 있었는데 누군가가 나에게 다가오는 것이었습니다. 그것이 누구였는지 그리고 내가 어디에 있었는지 전혀 모르겠어요. 그 사람에게 나는 어디

있는지 물었던 것 같습니다. 그러자 어찌된 일인지 T.S. 엘리엇의 장시(長詩) 〈리틀 기딩(Little Gidding)〉의 한 구절을 떠올리게 되었습니다. —잘 아실 줄 압니다만—'아침의 불안한 시간, 끝없이 긴 밤이 끝날 무렵…… 연기가 나는 삼차로(三叉路)에서 한 보행자(步行者)와 만났다…… 마치 나를 가로막은 것 같았다'는 구절 말입니다."

넌렘 수면 때의 꿈은 기묘해서 음침하고 멍청해지며 또 공중에 떠 있는 것 같아서 불가사의한 세계, 혹은 나름대로 이치에 합당하기 때문에 꿈을 꾼 본인은 자기가 잠을 자고 있었어도, 꿈을 꾼 것이 아니라 눈을 똑바로 뜨고 사물에 대해서 생각하고 있었던 것으로 생각하게 한다는 특징의 세계를 보여 주는 듯하다.

잠이 깊을 때에도 얕을 때에도 일어나는 넌렘 수면의 꿈에 대한 위와 같은 설명은 죽기 직전의 불가사의한 경험을 한 사람들의 체험담을 상기시켜 준다. 이와는 반대로 보다 선명하고 이야깃거리를 갖춘 렘수면 때 꿈의 요소가 죽기 직전의 불가사의한 사건을 보여 줄 수도 있다.

그러나 죽음 직전의 불가사의한 체험과 꿈을 너무 밀접하게 연결시키는 것은 문제가 있다. 그것은 꿈의 상태는 일상생활에서 완전히 떨어져 있는 것에 비해 현실세계와 죽음 직전인 영혼의 세계 사이에는 일정한 관계가 있는 경우가 많기 때문이다. 그리고 죽음 직전의 불가사의한 체험을 설명하는 방법에는, 사람에 따라 다르기는 하지만 죽음 직전의 불가사의한 사건과 개인적인 꿈의 상태를 구별하는 지각에는 비슷한 점이 있다.

따라서 이번 조사에서는 죽음 직전의 불가사의한 사건을 결정적으로 특징지을 수 없음을 알았는데, 그런 체험을 했을 때의 감각 및 경험을 크게 나누면 10개의 범위가 있다. 그런데 꿈의 경우는 더 광범위해서 거의 무한(無限)이라고 해도 좋을 정도로 여러 가지의 것을 시각적(視覺的)으로 느끼거나 체험하거나 한다.

죽음 직전의 불가사의한 체험에 있어서는 무엇인가를 보는 것뿐만 아니라 여러 가지의 소리를 듣는 경우도 있다.

4 별세계(別世界)에서 들려오는 '소리'

◇죽음 직전인 사람의 주변에 있는 사람의 이야기 소리라든가 무엇인가 초차원적(超次元的)인 것으로부터 일어나는 소리가 들려 온다

사후의 세계를 엿본 경험을 한 사람의 의사나 집안 사람들, 혹은 침대 곁에 있던 사람들의 목소리를 듣고 그 사람들이 '……하시오'라든가, '……해요'라는 등의 명령에 어떤 형태로 반응을 나타냈었다는 이야기는 이미 몇 가지의 예에서 보았다.

예컨대 중병에 걸렸다가 사후의 세계에 갔었던 캘리포니아의 젊은 예술가가 침대 옆에서 남편이 계속 불러대자 현실세계로 돌아왔다는 경우도 있었다.

또 이와 비슷한 예로서 플로리다의 어느 젊은 여성은 이런 이야기를 하고 있다.

"열여섯 살 때의 일입니다. 나의 다리는 전염병에 감염되었는데 어머니는 그것을 모르셨습니다. 그러는 동안에 견딜 수 없는 통증이 왔고 기분이 안 좋을 수밖에요. 나는 어머니에게 이 사실을 말했습니다. 어머니는 곧 의사 선생님을 부르셨는데 그때 이미 내 몸은 경

직되어 있었고 통증도 최고조에 달했었지요.

그런 다음 의사 선생님이 주사하던 것, 동생과 어머니가 울고 있었던 것……. 그리고 분명치는 않지만 병원에 대한 기억이 납니다. 어머니가 나를 껴안고 있을 때는 통증에서 해방되어 날아갈 듯한 기분이었습니다(그것은 약기운 때문이었을 것으로 생각됩니다). 나를 부르는 어머니의 목소리가 들려왔습니다. —몇 번이고 몇 번이고 계속 불렀습니다. 나는 대답을 하고 싶지 않았지만 어머니가 하도 부르시기에 마침내 대답을 했습니다(그것은 아마 평소의 습관에 따라 한 것이겠지요). 그 순간 의식이 되돌아왔습니다. 그리고 통증도 많이 나아졌습니다. 의사 선생님은 이제 척수 천자(脊髓穿刺)는 하지 않아도 된다는 말을 했습니다. 그 후 몇 주일 만에 나는 일어날 수 있게 되었으며 완전히 좋아졌습니다."

이 여성이 옆에 있던 사람의 목소리를 들었다는 것은, 그녀가 초차원적 세계의 입구에 발을 들여놓았든가 혹은 심한 통증과 약의 영향으로 의식이 들락날락하는 상태에 있었든가 그 어느 한 쪽의 상태였음을 시사하고 있다.

그런데 우리가 살고 있는 3차원의 세계와는 전혀 관계가 없는 목소리를 들었다는 사람도 있다.

◇자신을 조종하는 처음 듣는 목소리

그 예로써 애리조나의 어느 기업 촉탁 변호사의 경우가 있다. 그는 다음과 같이 보고하고 있다.

"내가 한 달 사이에 세 번이나 폐렴에 걸려서 고생하다가 병원에서 갓 퇴원했을 때입니다. 그 무렵에는 덴버에 있었는데 몹시 춥고 어두운 밤, 직장에서 집으로 돌아오던 도중에 있었던 일입니다. 어디선가 '너는 페닉스에 가도록 되어 있어'라는 목소리가 들려 왔습니다.

누가 말하는 것일까 사방을 둘러보았지요. 마침 한 젊은이가 이쪽으로 다가오기에 나는 그 사람을 향하여 '뭐라고 했습니까?'라고 물었습니다. 그러나 그 사람은 '나는 아무 말도 하지 않았습니다'라고 대답하는 것이었습니다.

나는 어쩐지 무서워서 서둘러 아파트로 돌아왔습니다. 나는 정신이 이상해진 것이 아닌가 하는 생각을 하게 되었습니다. 가벼운 저녁 식사를 먹은 다음(의사의 지시대로) 휴식을 취하기 위해 침대로 올라갔습니다. 그리고 텔레비전의 스위치를 켰지요.

잠시 후 텔레비전의 소리가 작아지더니 이웃의 소음도 조용해지면서 방안의 불빛이 흐려지는 것이었습니다. 내가 일어나려고 했을 때 또 그 소리가 들려오는 것이었습니다.

남성의 부드러운 바리톤 소리로 '걱정할 것 없어. 결코 정신이 이상해진 것은 아니니까. 너는 페닉스에 가도록 되어 있단 말야. 그 준비를 해두도록 해. 너는 페닉스에 가기로 되어 있어'라고 말하더군요.

내 몸이 편안해지고 마음도 가라앉았는가 했더니 그로부터 2,3분 후에 방안의 불빛이 밝아졌습니다. 이웃의 소음도 다시 커졌는가 하면 텔레비전 소리도 커졌고 모든 것이 원래 그대로 돌아왔습니다.

아니, 정확하게 모든 것이 원래 그대로 된 것이 아니라 나 자신만은 이전과 달라져 있었습니다. 그로부터 8개월 후 나는 모든 것을 정리하고 큰돈도 가지지 않은 채 일자리도 마련되어 있지 않은 페닉스로 향했습니다. 그런데도 불구하고 모든 일이 잘 풀려 나갔던 것입니다."

이 남성의 체험은 지금까지 보아 왔던, 죽음 직전의 불가사의한 사건과는 다소 틀린 점이 있다.

이 남성의 경우 생명과 관계되는 중병을 앓을 때 일어난 사건이기는 하지만, 물에 빠졌다든가 자동차 사고 등에 비하면 육체적 고통이나 생명이 위기에 놓일 가능성은 적었다. 그러나 지시와 명령을 하는 위엄에 가득 찬 목소리를 들었다는 것은, 죽음 직전에 체험한 다른 사람의 경우와 공통점이 있으며, 이 변호사가 중병에서 차츰 회복될 때에 체험했다는 불가사의한 현상은 다른 사람들의 체험과 전혀 다른 것은 아니다.

이처럼 삶과 죽음의 경계를 방황하고 있을 때에 체험하는 불가사의한 사건에는 육체에서 마음이라든가 영혼이 빠져 나가는 듯한 느낌, 3차원을 초월한 곳에서 그때에 일어나는 것을 보고 있는 것 같은 감각, 그리고 들어본 적이 없는 목소리라든가 귀에 익지 않은 목소리를 들은 것 같은 현상이 있는 듯하다.

그러나 그 밖에도 아직 사후의 세계를 엿본 경험을 한 사람의 의식에 영향을 미치는 특별한 감각이 있다.

5 삶과 죽음의 경계에서 만나는 '평안함'

◇고통이 없는 평안한 기분에 지배당한다

사후의 세계에 발을 들여놓았다가 다시 현실세계로 돌아온 사람의 이야기에서 제일 많이 공통되고 있는 것은 그 체험이 실로 상쾌했다고 말하는 점이다. 분명 삶과 죽음의 경계를 헤매고 있을 때에 불가사의한 체험을 한 사람의 11% 정도가 '평정(平靜)'했다든가 '고통이 없었다'는 말을 사용하고 있다. 그리고 그러한 체험을 한 사람들에게 전반적인 인상을 물었더니, 3분의 1에 가까운 사람이 불가사의한 사건에 대하여 좋은 인상을 가지고 있으며, 즐거웠다고까지 그 느낌을 말하고 있다.

예컨대 위스콘신에 있는 어느 남성은 대수술을 받았을 때의 일을 다음과 같이 말하고 있다.

"회복실에 있었을 때 호흡이 멎고 말았습니다. 의사 선생님과 간호사들이 처치를 하고 있는 동안, 나는 내 몸 속에 있지 않다는 느낌을 받은 일을 기억하고 있습니다만 의사 선생님과 간호사들이 이야기하는 목소리는 들리더군요. 그리고 나는 자신이 공중에 떠 있는 것 같은 느낌이 들었습니다. 내가 있던 곳은 캄캄했는데 내 마음은 평온했습니다."

또 오하이오주에 사는 65세의 남성은 심장의 발작이 있었을 때의 일을,

"내게 있어 아주 멋진 체험이었기 때문에 나 자신은 되살아나고 싶지 않았었는데, 아내나 자식들을 위해 되살아났던 것입니다."

라는 말을 하고 있다.

이와 비슷한 예로서 펜실베이니아주의 32세 된, 자영업(自營業)을 하고 있는 남성은 다음과 같이 보고하고 있다.

"나는 두 가지의 병원균에 감염되어 있었으며 거기에다가 포도상구균에도 감염될 듯한 상태에서 입원하고 있었습니다. 이윽고 의식이 혼탁해졌는데 어느 순간 설명할 수 없는 콕콕 찌르는 것 같은 통증이 전신을 괴롭히고 있었음을 기억합니다. 그때 나는 곁에 있던 여자 친구에게 로사리오(묵주)를 가져다 달라고 부탁했습니다. 마치 나 자신이 곧 죽을 것을 알고 하느님의 도움을 청하려는 것 같았습니다.

나중에 들은 것이지만 나는 십자가를 쥐고 그녀의 손을 힘주어 잡은 채 정신을 잃었던 듯합니다. 그 사이는 아주 짧은 시간이었습니다만 나는 전혀 통증 따위를 느끼지 못하면서 공중에 붕 떠 있었습니다. 그 짧은 순간에 하느님은 나에게 현실세계에 남아 있으라고 말씀하셨던 것임에 틀림없습니다."

육체적 위험의 한계를 초월했을 때

이런 체험담들에 의하면 본인은 육체적 통증이 사라지고, 즐거우며 평안한 상태, 때로는 아주 멋스러운 상태 혹은 그런 차원으로 들어가서 위기를 넘겼노라고 느끼는 듯하다.

의사 중에는 인간의 몸에는 통증이나 긴장을 어느 정도까지는 받아들이지만 한계를 넘으면 그 억압을 단절하여, 고통이 없다기보다 오히려 평안한 상태를 유도하는 메커니즘이 갖춰져 있다고 생각하는 사람이 있다.

영혼이 육체로부터 떨어져 나가는 현상이 일어나는 경우에도 아마 이러한 메커니즘이 작용하여, 고통이 너무나 심해지면 의식을 가진 마음이, 그 어떤 방법에 의해 육체에서 떨어져 나감으로써, 상처입고 아픈 육체에 대해서는 별개의 존재로 관계되고 있을 것이라고 생각된다.

어떤 의학자는 그러한 고통에서 자신을 해방시키고, 감정을 병적(病的) 고양상태(高揚狀態)로 가지고 가는 힘은 뇌의 흥분기능과 관계가 있는 것이 아니겠느냐고 추측한다는 것이다.

바꾸어 말하면 격렬한 통증, 혹은 육체적으로 입은 강력한 위기가 일정한 단계에 달하면 뇌의 흥분기능이 어떤 의미에서 쇼크를 일으키고 말 것이라는 생각이다. 사람은 그처럼 꽤 기분좋은 마비상태, 혹은 육체에서 떨어져 나가는 감각에 의해서 일시적으로 심한 통증에서 도망할 수 있을지도 모른다.

6 발광(發光)하는 생명체

◇눈이 멀 것 같은 밝은 빛을 보다

삶과 죽음의 경계를 드나드는 것 같은 경험을 한 사람 가운데 빛을 보았다는 사람은 비교적 적어서, 전체의 5%에 지나지 않는다. 따라서 이런 유(類)의 현상을 어떤 사람은 그런 체험의 전형적인, 또는 표준적인 것으로 간주하기도 하는데 그렇게 간주할 수는 없다.

그러나 5%라고 하면 1백15만 명에 해당하므로 그 많은 인간이 어느 특별한 체험을 했다는 것은 역시 상당한 인원수임에는 틀림없다. 그리고 거의 모든 경우 그 빛은 불가사의한 사건 중에 상당히 중요한 부분에 해당되고 있다.

저곳에 가면 하나님이 있다!

예를 들면 아이오와주의 32세 된 주부는 다음과 같이 말하고 있다.

"나는 기관(氣管)에 사탕이 들어가서 질식할 것 같았습니다. 처음에는 숨을 쉬려 해도 쉴 수 없었는데 다음 순간 갑자기 고통도 마음의 동요도 사라지는 것이었습니다. 사방은 캄캄하고 썰렁했습니다. 그러자 누군가가 와서 내 오른쪽 팔꿈치와 두 팔을 잡더니 나를 어디론가 데리고 갔습니다. 나는 그 사람이 데리고 가는대로 걸어갔다기보다는 공중에 뜬 상태로 긴 복도를 지나갔습니다.

바람이 부는 것 같았습니다만 나로서는 그런 것을 느낄 수 없었습니다. 마침 그때 형언할 수 없을 정도로 아름답고 선명한 자줏빛으로 빛나는 빛이 보이기 시작했습니다. 그곳은 마침 복도의 모퉁이였는데 그곳을 돌아가면 하나님을 만날 수 있다는 생각을 하니 기쁘고 안타깝기 짝이 없었습니다. 결국 나는 그 모퉁이를 돌지 않았습니다. 그 전에 숨을 쉬게 되었기 때문입니다.

그러나 그대로 하나님을 뵙고 싶다는 생각과 완전한 마음의 평안, 그리고 사랑과 우정에 가득 찬 마음으로 평온했습니다. 요컨대 그것은 완전한 행복입니다(말로는 도저히 설명할 수 없습니다). 그리고 10년 전에 세상을 떠난 할아버지를 만난 듯한 기분이었습니다."

이 여성의 체험담에서 중요한 포인트가 되는 것은, 그녀가 보았다는 '형언할 수 없을 정도로 아름답고 선명한 자줏빛의 빛'이다.

그러한 빛은 '부드럽고 기분좋은 빛'으로 형용되는 수도 있으며 '반짝반짝 빛나서 눈이 멀 것 같은 빛'으로 표현되는 수도 있다. 그리고 때로는 초차원적(超次元的) 세계의 단수(單數)인 생명체, 혹은 생명체의 그룹과 연관짓는 수도 있다.

어찌하여 빛이 보이는가?

사후의 세계에 발을 들여놓은 사람이 보았다는 빛은, 과학적 입장에서도 여러 가지로 설명할 수 있다. 예를 들면 머리 부분을 강타당하거나 외부로부터 어떤 강렬한 압력을 받은 사람은 여러 가지 빛의 감각을 체험하는 경우가 있음을 일부 의학자는 보고하고 있다.

그 의학자들은, 뇌에는 사람을 흥분시킬 수 있도록 충격을 주는 기능이 있으므로 외부로부터의 타격(打擊 : 혹은 심각한 정신적 스트레스)이 그런 흥분에 처하는 정상적 기능을 일시적으로 흐트러지게 하는데, 그 결과 뇌의 일부가 뇌의 컨트롤 기능을 초월하는 흥분상태로 되는 것이 아닌가 추측하고 있다. 그런 상태가 되면 실제로는 빛이 없더라도 빛을 느낄 수 있는 것이다. 또 뇌에 어떤 발작이 생겼을 때도 눈 앞에 빛이 번쩍 퍼지며 그것이 보이는 것 같다.

이것과 관계가 있는 것이 심리학자라든가 생리학자가 공감각(共感覺)이라고 부르는 현상이다. 공감각이란 전혀 별개(別個)의 감각이 자극되었음에도 불구하고 내면적, 주관적인 특정한 감각이 생기는 것을 가리킨다.

예컨대 육체를 강타당하여 촉각이 자극을 받았는데도 그 결과 무엇인가가 보인다거나 들리는 것을 가리킨다(물론 아프다는 감각도 있으리라).

공감각의 일종으로 지금 여기서 이야기하고 있는 빛과 직접 관련이 있을 것으로 생각되는 것이 포티즘으로 불리는 것이다. 포티즘이란 전혀 별개의 것으로서 관련이 없는 것 같은 감각을 따라 생기는 감각인데 밝게 빛나는 빛을 보는 경우도 있다.

성경(聖經) 속의 극적인 '빛의 체험(體驗)'

철학자이자 종교 연구가이기도 한 윌리엄 제임스는 그의 대표적 저서인 《종교 체험의 제상(諸相 : Varieties of Religious Experience)》 속에서 수많은, 극적(劇的) 개종(改宗)의 이면에는 포티즘의 발생이 관여하고 있을 가능성이 있다고 설명하고 있다.

그 가운데 제일 유명한 것은 사도(使徒) 바울이 다메섹으로 향하던 도중에 일어난 사건의 이야기이다. 〈사도행전(使徒行傳)〉 제26장 13절에서 15절에, 바울이 아그립바왕에게 다음과 같이 말했다는 기록이 실제 있다.

'왕(王)이여, 때가 정오나 되어 길에서 보니 하늘로서 해보다 더 밝은 빛이 나와 내 동행들을 둘러 비추는지라 우리가 다 땅에 엎드러지매 내가 소리를 들으니 히브리 방언(方言)으로 이르되, 사울아,

사울아 네가 어찌하여 나를 핍박하느냐? 가시채를 뒷발질하기가 네게 고생이니라.'

이와 비슷한 일이 19세기 기독교의 리더인 찰스 피니에게도 일어났다.

"돌연 하나님의 후광(後光)이 비추더니 나를 감쌌습니다.……빛은 내 마음속에서 무엇이라고 형언할 수 없을 정도로 빛나고 있었으므로 나는 나도 모르는 사이에 그만 땅에 엎드렸습니다.……그 빛은 어디서 보아도 태양처럼 밝았습니다. 너무 밝았기 때문에 눈이 멀 것 같았습니다.……나는 그때 다메섹으로 가던 도중 바울을 거꾸러뜨린 빛이 어떤 것이었는지 피부로 느낄 수 있을 것 같았답니다. 그것은 실로 오래 비추면 도저히 견딜 수가 없는 그런 빛이었습니다."

현대의 과학자이며 신학자(神學者)이기도 한 케네스 보어는 그러한 개종(改宗) 때의 체험을 저서《베들레헴 별의 반환(返還 : The Return of the Star of Bethlehem)》속에서 포티즘의 개념과 관련시킴과 동시에《구약성경(舊約聖經)》의 근저에 흐르고 있는 시에키나(地上으로의 하나님의 臨在, 또는 하나님 臨在의 상징 : 譯者 注)와 연관시키고 있다.

이 시에키나는 사람을 압도하는 듯한 빛을 보았다는 것과 연관지어 생각하는 수가 많다. 이스라엘 백성이 애굽(이집트)을 탈출하여 광야를 헤매다니고 있을 때 밤이 되면 나타났다고 하는 불기둥도 그러하며, 하나님과 정기적으로 대화를 했던 모세가 하나님과의 대화를 끝내고 돌아왔을 때 그의 얼굴에서 발하던 빛도 그러하다(〈출애굽기〉 제34장 29절에서 35절까지를 참조할 것).

사후의 세계에 발을 들여놓았을 때 어떤 빛을 보았다는 체험은 신비주의라든가 이성(理性)으로는 이해할 수 없는 냄새가 짙다. 그러나 이런 체험들 속에는 가장 구체적이고 현실세계의 생활과 명확하게 관련이 있는 것도 있다. 그 중 한 가지가 '지금까지의 인생이 한 순간에 눈앞에 되돌아왔다'는 현상이다.

7 한순간, 과거 자신의 인생이 되살아나다

◇지금까지의 인생이 주마등(走馬燈)처럼 뇌리에 되살아나다

우리가 조사한 것 가운데 제일 많은 사람—죽기 직전의 경험을 한 사람의 약 12%, 무려 2백 80만 명의 미국인 성인(成人)—이 그런 체험을 보고했다.

메릴랜드에 사는 의사는 다음과 같은 체험을 했노라고 이야기했다.

"비에 젖은 아스팔트 길을 시속 90km의 스피드로 달리는데 갑자기 자동차가 조종이 안 되는 것입니다. 핸들 등은 전혀 사용할 수 없게 되었고 자동차는 팽이처럼 회전하는 동안에 나는 운(運)을 하늘에 맡기고 자동차 천장에 팔을 뻗어 몸을 지탱하고 있었습니다.

그런데 한 순간 동안에 지금까지 살아온 인생이 뇌리에 생생히 나타났습니다(자동차는 후진하여 제방에 부딪쳤는데 나는 큰 부상을 입지 않았습니다. 시트의 등받이로 누군가가 충격을 덜어 주었던 것입니다)."

우리가 실시한 조사에 응답해 준 의학부(醫學部) 교수로 일한다는 또 한 명의 의사는 다음과 같이 말하고 있다.

"물에 빠져서 거의 다 죽어 갈 때의 일입니다. 시간이 서서히 흐르고 있는데 지금까지 내가 살아왔던 인생의 모든 일, 친구에 대한 일, 미워했던 자의 일 따위가 천천히 기억에 되살아나는 것이었습니다. 실은 불과 2, 3분 사이에 있었던 일입니다만……."

또 한 사람, 캘리포니아의 병리학자(病理學者)는,

"젊었을 때 배에서 바다에 던져진 적이 있었는데 운좋게도 구조되었습니다. 그때 인생에서 일어난 여러 가지 일들이 눈앞에 번쩍 떠올랐었지요."

라고 말했다.

자신의 의지와는 관계없이 누군가가 필름을 돌리고 있다

이러한 체험에서 가장 흥미있는 것은, 체험자가 그 어떤 방법으로 지금까지와는 다른, 새로운 차원의 시간에 들어갔다는 느낌을 가지고 있다는 점이다. 보통 상황에서는 생각할 수 없을 정도로 여러 가지 일이 단시간에 머리를 들고 일어나기 때문이다. 그리고 과거의 생활 모습이라든가 그때의 생각이 어떤 의미에서 본인의 의지와 상관없이 떠오른다는 것이다—적어도 본인이 막을 수 없는 기세로 차츰 뇌리에 떠올랐던 것이다.

또 한 가지, 똑같은 체험담을 니크 퍼로보로스라는 사나이는 말하고 있다.

그는 수년 전에 강도짓을 하다가 오하이오 주립 교도소에서 복역했는데 머리에 총상(銃傷)을 입었기 때문에 굉장히 고통받았던 듯하다. 그가 최근에 내놓은 자서전《죽어도 값어치가 없다(Too Mean to Die)》속에서 그는 상처의 후유증으로 몸부림칠 만큼 괴로웠으며 교도소의 의사로부터도 좋아질는지 악화될는지 모른다는 말을 들었었다고 기록하고 있다.

그런데 어느 날 밤 그는 자신의 마음을 위로해 주는 존재—그는 그것이 하나님이라고 확신했다—를 느꼈다. 그러자 그때까지 살아왔던 인생의 모든 일이 차례로 눈앞에 떠올랐다고 한다.

그것은 마음속을 찍어 내는 영화 같은 것이었는데 자기 자신이 조절할 수가 없었다. 적어도 몇 시간이 흘러서 머릿속의 마지막 필름이 모두 감길 때까지는 어쩔 수가 없었노라고 말한다.

그와 같은 체험 덕택으로 퍼로보로스는 완전히 회개하고 죄수들에게 하나님의 복음(福音)을 전파하는 전도사(傳道師)가 되었다. 그가 했던 체험의 성질은 그 현상이 대단히 긴 시간을 요했다는 점을 제외하고는 다른 사람들이 중상을 입었을 때 체험했다고 하는 현상과 비슷한 점이 많다.

특히 그의 경우, 그 체험의 추억은 쓰라린 것이었지만 최종적으로는 마음에 기쁨이 충만한 아주 뜻있는 것이었다. 즉 그의 견해에 의한다면 그것은 하나님과의 만남, 아주 성스럽고 고마운 만남이었던 셈이다.

한편 다음에 만나게 되는 천국(天國)의 특징일 것으로 생각되어지는 것은 정의(定義)를 내리기가 어렵고, 다른 개념과 중복되는 점이 있다.

그러나 죽음 직전의 불가사의한 체험을 했던 사람의 12%, 약 2백 80만 명이나 되는 사람이 체험했다고 하니 그 나름대로 중요성이 있을 것으로 생각된다.

8 자신은 지금까지와 다른 세계에 있다

◇전혀 다른 세계에 있다고 하는 특별한 느낌을 가지다

한편 지금까지 검토해 온 것, 즉 영혼이 육체로부터 빠져 나가는 듯한 느낌이 있었다든가 불가사의한 빛을 보았다는 등, 죽음 직전에 맛보았다는 체험의 대부분은 이 범주에 포함된다고 말할 수 있을 것 같다. 분명 그렇게 말할 수 있다.

그러나 때로는 지금까지 예를 들어 온 것보다 더 깊이있는 감각이라든가 혹은 적어도 초자연적이고 초차원적(超次元的)인 감각도 존재한다.

그 중에는 지금까지 보아 온 요소를 몇 가지 포함하고 있는데 그런 것들을 훨씬 초월한 감각이다.

그 느낌은 지금까지 사용해 온 그 어떤 표현과도 관계가 없으므로 체험자는 이번에 한 조사의 응답자처럼 '말로는 표현하기 어렵다'고 밖에 말할 수 없을는지도 모르겠다.

버지니아에서 개업하고 있는 어느 내과의사는 이 세상 것이라고는 생각되지 않는 불가사의한 체험담을 다음과 같이 말하고 있다.

"나는 집중 치료장치 속에 넣어졌고 이제는 살아날 수 없을 것이란 생각을 하고 있었습니다. 그런 상태였을 때 나는 회색 아지랑이 속에서 이미 세상을 떠난 가족이 있는 것을 본 듯한 느낌이 들었습니다. 그 밖에 부상당해 몸이 부자유스러운 사람들도 많이 있었습니다. 그곳은 평화롭고 조용하여 사물에 대해 깊이 생각할 수 있었으며 반성시키는 분위기였습니다.

의사와 간호사들은 내가 죽음에 임박했다고 생각했는데, 그들의 말에 의하면 그런 상태가 몇 시간이나 계속되었다는 것이었습니다. 나는 내가 그런 체험을 한 연후에 나 말고도 똑같은 체험을 한 사람이 있다는 사실을 알았습니다."

그러나 그런 불가사의한 사건이라든가 불가사의한 인상(印象)에 대한 설명은 대개 이보다도 더 애매하다. 그런데 다음에 제시하는 여덟번째의 초차원적 체험은 거의 모두가 상당히 명확한 것이다. 그것은 사후의 세계에 들어갔을 때 그 어떤 특별한 단수(單數)의, 혹은 복수의 생명체가 있었다는 점이다.

9 이차원(異次元)에 사는 사람들과의 만남

◇불가사의한 사건과 우연히 만났을 때 그 어떤 특별한 단수(單數)의, 혹은 복수의 생명체 존재를 느꼈다

죽기 직전에 불가사의한 사건을 경험했다는 사람들의 8%가 이런 현상을 체험했다고 보고하고 있으며, 그 존재가 이미 세상을 떠난 집안 식구들이었다는 경우도 있는가 하면, 천사(天使)였다든가 예수 그리스도였다는 경우도 있다.

이 문제에 대해서는 좀더 뒷장(章)에서, 사후의 세계에는 천사(天使), 또는 '천국의 친구'가 있는지를 검토할 때 상세히 다루겠지만 여기서는 그러한 체험을 했다는 사람들의 이야기를 두 가지 정도 소개하기로 한다.

눈에는 보이지 않는 '무엇인가'의 배려

아이오와에 사는 76세의 어느 여성은 다음과 같이 말하고 있다.

"나는 천연두(天然痘)에 걸린데다가 몇 차례나 수술을 받고 중태에 빠져 있었습니다. 그럴 때에 통증이 사라지고 하나님과 같은 분이 두 팔로 내 몸을 감싸 안으며 새 힘과 살아가는 소망을 주신 체험을 했던 것입니다. 가족이 나를 필요로 했기 때문입니다."

또 한 사람, 메인주에서 교사로 있는 사람은 대수술을 받고 아직 마취에서 깨어나지 않았을 때 더욱 불가사의한 체험을 하고 있다.

"나는 이미 세상을 떠난 부모와 집안 식구들과 이야기하고 있었습니다. 그때의 화제는 아주 이상한 것이었습니다. 그들의 모습은 보이지 않았는데 목소리로 그들임을 알 수 있었습니다. 하지만 내가 그들의 모습을 이 눈으로 보지 않았다는 것을 분명히 인식했던 것은 그로부터 훨씬 후의 일이었습니다.

그리고 나는 코네티컷의 집에서도 세 가지의 또 다른 '무엇인가'가 있다는 것을 느낀 일이 있습니다. 눈에는 보이지 않았지만 나보다 앞서 그 집에 살고 있던 여성도 똑같은 경험을 했었다고 말했습니다. 그 여성이 여러 가지 조사를 했더니 이전에 그 집에서 몇 명인가의 젊은이가 비참하게 죽었다는 사실을 알아낸 듯합니다. 나는 그다지 동요되기 쉬운 여성은 아니며 오히려 냉정한 편에 속하는 인간이라고 생각합니다만……."

이 사람의 처음 경험, 즉 대수술을 받았을 때에 경험한 것은 사람을 초차원적 세계로 보내는, 죽음의 순간 불가사의한 체험의 전형적인 것에 가깝다. 그리고 마취의 쇼크도 환각 혹은 꿈에 어떤 영향을 주고 있을 것으로 생각되지만 현재 단계에서는 과학적 연구가 불충분하므로 그 점에 관해서는 결론다운 것이 아무것도 없다.

또 하나, 세 가지의 다른 '무엇인가' 있는 것으로 느꼈다는 현상은, 예컨대 강도에 피습당하는 등 실제로 그러한 위험에 쫓기는 것도 아닌데, 큰 부상을 당하지나 않을까 하는 위기의식을 느끼게 될 때 생기는 전조적(前兆的) 공포와 불안에 의해 일어날 가능성이 있다. 혹은, 어느 곳인가 유령의 집 이야기를 듣고 상상하며 만들어 낸 이야기인지도 모른다.

다시 한 번 강조해 두겠는데 지금의 단계에서는 우리가 입수한 보고를 있는 그대로 소개할 수밖에 없다. 그것들을 모두 평가한 다음 그 토대 위에서 그런대로 어떤 결론이라도 내리게 되는 것은 이 조사가 종결에 가까워졌을 때일 것이다.

⑩ 터널 '저쪽'을 보았다

◇터널이 있다고 하는 인식

죽음 직전의 상태에서 불가사의한 일을 경험한 사람 가운데 대부분이 터널을 보았다는 것을 중요시하기 쉬운데, 우리의 조사에서 이 일은 비교적 적은 현상임이 밝혀졌다. 사후의 세계에 발을 들여놓았던 미국인 성인(成人) 중 불과 2.5%, 약 50만 명이 이런 현상을 보고해 온 것에 불과하므로 전체적으로 본다면 소소한 의미밖에 가지지 않는다.

터널을 보았다는 보고 중에는 좋은 인상을 받았다는 사람도 있으므로, 그것은 초차원적(超次元的) 세계가 즐거운 곳임을 시사하고 있는 다른 현상과 같은 부류에 넣어야 할 것이다. 그러나 지옥(地獄)에 대한 장(章)에서 자세히 다루겠지만 터널을 보았다는 보고에는 불쾌한 인상을 받았다는 사람도 있다.

터널을 보았다고 하는 보고가 있었음을 확인하는 의미로 펜실베이니아에 있는 정신과 의사는 이런 이야기를 들려 주었다.

"이 책이 이 지역에 나돌기 전에 나는 두 명의 환자로부터 터널을 보았다는 이야기를 들었습니다."

또, 명확하고 상황 파악을 하기 쉬운 경우로 인디애나의 어느 심리학자의 예를 들어 보기로 한다.

그녀는 자동차 배기 가스를 대량으로 들이마신 다음 죽음의 세계에

발을 들여놓았다고 하는데 영혼이 육체를 빠져 나간 다음 방황하고 있을 때,

"몇 줄기의 빛이 보였습니다. 그 빛들은 어떤 점(點)에 가까워질수록 밝아져서—마치 터널 속 입구를 향하여 달려가는 것 같았습니다."

라고 이야기했다.

저쪽이란 '자궁(子宮)'인가, '사후의 세계'인가?

그 밖에도 터널이 빙글빙글 돌았다든가 일정한 움직임을 하고 있었다는 보고도 있다. 또 터널을 나왔을 때 친절한 생명체와 낙원 같은 평화롭고 목가적(牧歌的)인 풍경이 기다리고 있었다고 말하는 사람도 있다.

그러나 과학적으로 볼 때 그런 터널을 보았다는 인식은 도대체 무엇을 의미하고 있는 것일까?

그 현상에 관해서는 타당성 있는 설명이 몇 가지 있다. 예를 든다면 여러 가지 위협이라든가 생명의 위기에 대한 공포가 어머니의 자궁(子宮) 속에 있었던 때의 안심감을 상기시켜 주는 것이 아니겠느냐는 설도 있다. 그 때문에 터널을 통해 태어나기 전, 위협당하는 일이 없었던 최종적인 장소로 돌아가고자 하는 것이라고 한다.

더욱 현실적인 설명을 하는 사람도 있다.

터널 체험에서 맛볼 수 있는 빙글빙글 돈다는 감각은 반쯤 의식이 있을 때 생기는 현기증에 지나지 않는다. 그리고 사방팔방이 벽에 둘러싸인 어두운 터널 속에 있는 것처럼 느끼는 것은 완전히 의식을 잃기 전의 준비단계에 지나지 않으며 그때에 시각이라든가 청각도 정지하는 것이라고 한다(텔레비전을 끄면 화상이 서서히 사라지는 것과 같다).

그러나 가장 흥미를 끄는 것은 터널을 우주의 블랙홀이라든가 이른바 웜홀과 같은 물리(物理)와 천문학(天文學)의 개념과 연관짓는 사고방식이다. 그처럼 우주의 작은 기복(起伏)이라든가, 구멍, 또는 일그러진 곳이 현실세계와 동시에 존재하는, 또 다른 세계로 들어가는 입구(入口), 혹은 통로가 아니겠느냐는 추측은 충분히 할 수 있는데 그 전모를 아는 사람은 없다. 그러나 만일 그러한 사고방식이 부분적으로라도 올바르다는 것이 알려진다면, 사후의 세계에 발을 들여놓았을 때 터널과 만났다는 사람은, 정말로 사후의 세계로 통하는 구멍에 들어갔었다는 결과가 될지도 모른다.

종교적 사상가 중에도 이 해석을 발전시킨 사고방식을 가진 사람이 많이 있는데 과학자이자 종교가이기도 한 케네스 보어도 그 가운데 한 사람이다. 그는 천국이란 다차원적(多次元的)인 세계로 현실세계의 바로 이웃에 있으며 때로는 현실세계의 영역에까지 침범하는 것인지도 모른다는 견해를 가지고 있다. 즉 우리는 3차원의 세계에 있기 때문에 대부분은 우주를 3차원의 언어(높이, 넓이, 깊이)로 이해할 수밖에 없다. 그러나 현실세계 외에 그곳은 이 3차원의 세계를 둘러싸고 있을 뿐 아니라, 우리로서는 도저히 이해할 수 없는 것이 아주 많이 있다는 사실이다.

11 미래가 순간적으로 보인다

◇장래의 일을 예감(豫感)한다

죽기 직전인 상태에 불가사의한 사건과 마주쳤던 사람의 대부분이 새로운 차원의 시간과 감각에 적응하기 위하여 마음을 크게 넓힌다거나 그 차원에 맞추거나 하여 그 사람의 사고(思考) 패턴이 '현재'와 잘 조화되는 수가 있다. 그러한 경우 장래의 일들이 순간적으로 보이는 것이다.

그 증거로 이번 조사에 협력해 준 사람 중에도 죽기 직전의 상태에서 불가사의한 사건과 만났을 때 잠시 후에 일어날 일이라든가 장래에 일어날 일을 사전에 알았노라고 보고한 사람이 있다.

펜실베이니아에 사는 중년 여성은 어떤 패턴의 불가사의한 초차원적 모험을 여러번 체험했고 그 중 적어도 한 번은 보통 상황으로는 도저히 알 수 없는 일을 알았었다고 보고하고 있다.

"나는 두 번이나 자동차 사고로 빈사상태에 빠졌었는데 그때 그로부터 앞의 내 인생이 무서운 속도로 역행(逆行)하는 것을 보았습니다. 나는 그것을 생생하게 기억하고 있습니다.

또 체력이 약해져 있는 상태에서 급히 제왕절개(帝王切開) 수술을 받았을 때도 나 자신은 방안에 있었으면서도 주변에서 일어나고 있는 일과는 전혀 무관하게 존재한다는 느낌이 들었습니다. 무슨 일이 일어나든 전혀 신경쓰이지 않았고 무슨 일이 일어나든 대수롭지 않다는 생각이 들었습니다."

세 번째의 일이 일어난 것은 불안과 스트레스를 느끼고 있었던 때로 그 당시의 일을 그녀는 다음과 같이 이야기했다.

"나는 이전에 집안 식구를 다른 곳에서 잃은 일이 있습니다. 그때 가족들은 나에게 필사적으로 연락을 취하려고 했지만 나는 외출중이었습니다. 밖에서 돌아와 아무도 없는 집에 들어가려고 하는데 세상을 떠난 그 사람이 내 이름을 부르는 소리가 분명히 들려 왔습니다. 나는 그 사람이 집안에 있는 줄 알고 대답을 했지요. 그리고 집안을 이곳 저곳 찾아보고 있는데, 그 사람이 세상을 떠났다는 전화가 걸려 온 것입니다. 나는 등줄기가 오싹했습니다.”

예감이 든다는 것은 삶과 죽음의 경계를 헤맬 때뿐만 아니라, 강한 긴장상태에 놓였을 때도 일어난다. 그 중에는 초감각적 체험이라든가 예감은, 그때 스트레스를 느끼고 있었는지 어땠는지, 일정한 근거에 바탕을 두고 판단할 일이라고 말하는 사람도 있다. 그러나 일부 사람에게는 죽기 직전인 상태에서 불가사의한 사건이 인간의 마음을 이상한 방향으로 작용시켜 유인(誘因)되는 것 같다.

⑫ ‘사후의 세계’는 상상의 산물인가

우리의 조사 결과는 이상 열 가지 범주로 분류할 수 있다. 이 체험들을 그대로 천국과 연관시킨다는 것은 정확성이 결여되어 오해를 초래할 것이 분명하다. 왜냐하면 연구하는 이 단계에서 그런 사건들이 무엇을 의미하고 있는지 확증을 가지고 단언한다는 것은 불가능하기 때문이다. 그러나 이 장(章)의 첫머리에서 말한 것처럼 천국의 묘사와 비슷한 점은 있다.

예컨대 《신약성경(新約聖經)》에 나오는 그리스도가 ‘부활(復活)한 육체’의 묘사라든가 사도(使徒) 바울이 ‘믿는 자는 죽은 다음 부활하여 하늘나라에 들어간다’고 한 것이라든가, 보다 완전한 정신적 이해와 지식에 대한 묘사를 예로 들어도 좋다. 이런 묘사들과 사후의 세계를 엿본 사람들이 보고하고 있는, ‘정신력이 강해지고 몸은 더욱 자유로이 이동할 수 있게 되었다’는 이야기와는 아주 유사점이 있다.

사후의 세계를 엿보았다는 사람은 머릿속에서 공상상(空想上)의 불가사의한 체험을 한 것뿐으로서 실제로 초자연적인 세계를 보았던 것은 아니었을까?

바꾸어 말한다면 그러한 체험은 그 사람이 사후의 세계에 대하여 가지고 있는 신념이라든가 선입관(先入觀)을 반영한 상상의 저장고(貯藏庫)를 열었던 것뿐으로서 일부 사람이 천국이라 부르고 있는 초우주(超宇宙)를 실제로 탐험한 것은 아니라는 말인가?

이런 의문들을 보다 깊이 추구하기 위하여 다음으로 전형적인 미국인의 천국에 대한 사고방식을 간단히 살펴보고 그것들이 사후의 세계를 엿본 사람들이 체험했다고 보고한 것과 어느 정도나 비슷한 것인지 검토하기로 하겠다.

5. 사후의 세계와 '천국(天國)'의 관련성

'천국'을 믿는 사람, 믿지 않는 사람

'천국의 이미지'론(論)

'사후의 세계'와 '천국'의 미묘한 엇갈림

1 '천국'을 믿는 사람, 믿지 않는 사람

인간의 마음이란 우리가 생각하고 있는 것 이상으로 터무니없는 것을 상상할 수 있다. 그리고 초현실적인 불가사의한 사건과 만난 체험담의 대부분이 단순한 상상 속의 것인지도 모를 일이다. 그러한 현상은 강력한 내면적(內面的) 욕망이라든가 원망(怨望)을 어떻게든 만족시키고자 하는 심리적인 힘이 작용해서 생기는 것인지도 모른다. 혹은 일시적으로 착란상태가 된다든가 정신이 이상해지기 때문에 일어나는 것인지도 모른다. 아니면 육체적·정신적으로 큰 통증으로 인해 생기는 것일까? 또는 단지 허풍을 떨고 싶어하는 성격이 겉으로 드러난 것인지도 모른다.

그럼 앞 상(章)에서 다루었던 죽기 직전의 상태에서 천국과 같은 곳에 갔다는 체험은 그런 말들로 설명할 수 있는 것일까? 즉 완전한 상상에 의해서 만들어 낸 것으로 간주할 수 있을까? 아니면 그런 체험들은 실제적인 관찰이라든가 그런 것과는 다른 객관적인 사실에 바탕을 둔 가능성이 있는 것일까?

이런 의문들에 대한 해답을 내기에 앞서 우선 이번 조사에 응답을 보내 준 사람들이 마음속으로 어떤 것을 생각하고 있는지 그 점에 눈길을 돌려 보기로 하자. 그렇게 하면 사후의 세계에 발을 들여놓았을 때의 체험이, 수백만 명이나 되는 사람의 상상을 투영(投影)하고 있는데 지나지 않는 것인지를 보다 정확히 판단할 수 있을 것이리라.

우리는 미국인이 사후의 세계에 대해 어떤 생각과 자세를 가지고 있는지 파악하기 위해 전국적인 규모로 조사를 했다. 조사 결과에서 일괄적으로 나타났고, 단 아마도 유사(有史) 이전부터 거의 모든 인간이 가지고 있었던 것으로 생각되는 것은 천국은 존재한다는 신념이다.

우리는 1952년, 1965년, 1980년의 갤럽 조사에서 미국 국민에게,

"당신은 현실세계에서 올바르게 산 사람이 받아들여지고 영원히 보상받는 천국이 존재한다고 생각합니까?"

라는 질문을 했었다.

3회 모두 10명 중 7명이, '예'라고 대답했는데 종교심이 강했던 옛날에 그렇게 대답한 사람의 수가 많았던 것은 당연한 일이다.

그러나 천국의 존재를 믿는 미국인이 전 인구의 약 70%라는 비율은 이 30년 동안 변함이 없지만 그 사고방식에는 학력·성별(性別)·종교·살고 있는 지역 등에 따라 다소 차이가 있다.

우선 첫째로 여성 가운데 천국을 믿고 있는 사람은 75%로 남성의 66%보다 많다. 이처럼 여성이 신앙심이 강하다는 경향은 이 조사에서도 시종일관 나타나고 있는데, 이 사실을 염두에 둔다는 것은 중요한 일이다. 특히 이 조사가 여성의 체험담에 크게 의존하고 있다는 것은 더 말할 나위도 없다.

또 천국에 대한 생각은 지역에 따라서도 상당한 차이가 있다. 동북부라든가 극서부(極西部) 지방에 살고 있는 사람 중에는 천국을 믿는 사람이 그다지 많지 않으므로 불가사의한 체험도 그 지역 특유의 것인 경우가 많다. 천국을 믿는다는 사람은 동부에서 61%, 서부에서는 58%인데 비하여 중부에서는 76%, 그리고 남부에서는 86%라는 믿기 어려운 숫자에 달하고 있다. 그리고 최남부(最南部)에서는 무려 89%에까지 이른다.

또 천국을 믿는 사람의 비율은 학력에 따라 그 경향이 다르다. 대학교육을 받은 사람으로서 천국의 존재를 믿는 사람은 10명 가운데 6명

인데, 중학교를 나왔을 뿐인 사람은 77%가 믿고 있음을 알아냈다.

학력에 따라서는 상당한 차이가 있었지만 젊은이와 나이든 사람 사이에는 그다지 큰 차이가 없었다. 일반적으로 나이를 먹을수록 천국문을 생각하며 그 존재를 믿으려고 하는 것으로 생각하는지도 모르겠다. 그런데 실제로는 천국을 믿고 있다고 대답한 사람의 비율이 제일 많은 것은—75% 이상—18세로부터 24세인 젊은이로 밝혀졌다.

그리고 또 한 가지, 이것은 예상했던 일이지만 개인적으로 종교적인 체험을 한 사람일수록 천국에 대한 믿음이 강한 듯하다. 감동적인 종교 체험을 했던 사람 가운데 86%나 되는 사람이 천국을 믿고 있다는 대답을 한 데 반하여 그런 체험이 없는 사람은 64%에 머무르고 있다.

그런데 우리는 이번 조사에서 종교의 최전선(最戰線)에 의외적인 움직임이 있다는 것을 발견했다. 그것은 로마 카톨릭교도 사이에서 천국을 믿고 있는 사람의 수가 이 30년 사이에 계속 감소되어 가고 있다는 사실이다.

제 1 회째인 1952년의 조사에서 천국을 믿고 있느냐는 질문에 믿는다고 대답한 사람은 전체 카톨릭교도 중에서 83%나 되었는데, 현재 그 수는 73%로 줄어들었다. 그에 비하여 프로테스탄트(신교도)의 천국에 대한 신념은 일정하여, 1952년에는 75%가 믿는다고 말했는데 1980년의 조사에서도 75%가 '믿는다'고 대답했다.

로마 카톨릭교에서 사후의 세계에 대한 믿음이 이 몇 년 사이에 약해졌다고 하는 점, 그리고 프로테스탄트에서는 그 신념이 강해졌다고 하는 점에 대해서는 나중에 다시 검토하기로 하자.

프로테스탄트에서 그와 같은 경향이 보이는 이유 중 하나에는 아마도 'born-again(譯者注 : 그리스도에 심취한 결과 정신적인 경험을 얻는 것) 운동', 혹은 '복음주의(福音主義) 운동'이 있기 때문으로 생각된다. 성경(聖經)의 권위와 전통적 교의(敎義)를 중시한 이 운동은 과거 20년 사이에 프로테스탄트에 큰 영향을 주고 있다.

지금부터 소개하는 것은 천국을 믿는다는 사람의 중요한 특징이다. 그럼 그 내용을 자세히 설명하도록 한다.

20차원의 세계

우선 먼저 천국은 어디에 있는 것일까?

당연히 예상하는 것처럼 대부분의 사람은 '위쪽'이라든가 '하늘 저 먼 곳'에 있다고 말한다. 좀더 한정한다면 천국은 현실세계 밖에 있다고 생각하는 듯하다. 예를 들면 조지아주에 사는 65세의 여성은 이렇게 말하고 있다.

"훨씬 저쪽 먼 곳입니다. 보통 천국이라고 하면 '위'에 있다고 생각하는데 하늘 저 먼 곳에 있겠지요. 하지만 그것은 우리가 살고 있는 곳과 같은 물질적인 세계도 아니며 다른 혹성(惑星)에 있는 것도 아니라고 생각합니다."

우리가 이 문제에 대하여 몇 번씩 이야기했던바 학식이 있는 사람의 재미있는 의견이 나왔다. 예컨대 애리조나의 어떤 여성은 천국이란 곳은 '다른 차원'이라고 대답하고 있다. 또 뉴욕의 39세된 비즈니스맨은 다음과 같이 말하고 있다.

"천국이란 곳은 지구상(地球上)의 것과는 완전히 다른 종류의 것이라는 느낌이 듭니다. 천국에는 현실세계에 비해 훨씬 많은 차원(次元)이 있는 게 아닐까요. 현실세계에서는 우리들은 3차원에서 살고 있습니다. 그러나 천국에서는 20차원이 될지도 모릅니다. 그렇게 되면 우리의 의식은 상당히 크고 넓어지겠지요."

이러한 생각에 대해서 듣는다면, 삶과 죽음의 경계를 드나든 체험을 한 사람들로부터 날아온 보고라든가 설명을 연상하게 되는데 동시에 그 체험들의 갖가지 해석을 상기시킨다.

예를 들면 앞에서도 설명했지만 과학자이자 신학자인 케네스 보어는 그의 저서 속에서 천국은 현실세계에 병행되고 중첩되어 존재하는 다차원적 세계가 아니겠느냐고 말하고 있다. 즉 천국과 그 주민들은 따로 우리 3차원 세계에 일부는 존재하지만 사후의 세계 전체는 3차원의 세계를 훨씬 초월한 넓이를 가지고 있을 것이라는 말이다.

보어는 이런 생각을 설명하기 위하여 19세기에 에드워드 애버트가 쓴 《플래틀랜드(Flatland)》라는 책을 인용하고 있다.

그 이야기는 플래틀랜드에 살고 있는 사람들은 폭과 깊이 등 두 가지 차원밖에 가지고 있지 않으며 높이라는 차원은 가지고 있지 않다고 설정(設定)되어 있다. 따라서 그 속으로 우리와 같은 3차원의 생물(生物)이 들어가면 인간의 몸을 원통형(圓筒形)으로 가로로 잘라놓은 것으로밖에 보이지 않는다. 마치 수영장에서 수중(水中) 안경을 쓰고 눈의 위치까지 물 속에서 자맥질했을 때와 아주 흡사하다. 그렇게 하면 물 위도 아래도 볼 수가 없고 수면(水面) 위의 눈 위치에 있는 것밖에 볼 수 없는데 플래틀랜드 사람들의 눈에는 어떻게 보일지 이해가 될 것이다.

또 어느 디자이너는 이렇게 말하고 있다.

"천국은 어느 의미에서 자신의 마음속에 있다고 생각합니다. 천국이란 영적(靈的)인 세계이므로 영적 차원과 물질적 차원을 비교할 수는 없을 것입니다. 그리고 어느 일정한 장소인 차원으로부터 다른 차원으로 옮겨진다는 것도 생각할 수 없습니다.

왜냐하면 양자(兩者)는 따로 융합하고 만날 수가 있기 때문입니다. 만일 내가 천국에 가면 자기 자신이 지금 천국에 있다는 것도, 천국은 언제나 자기 마음속에 있다는 것도 자연히 알고 있게 될지도 모릅니다."

천국의 대기실

이와 같이 천국은 어디에 있느냐는 점에 대하여 여러 가지로 추측하는 것은 분명 호기심을 불러일으키겠지만 실제로 체험한 것은 아니므로, 사람들이 믿고 있는 것만을 화제로 삼을 수밖에 없는 한 결국 해명이 불가능한 신비라는 결론에 도달하게 되고 말 것이다.

따라서 '천국은 어디에 있는가'라는 등의 추상적인 것은 그다지 심각하게 생각하지 않는 편이 좋을 것이다. 혹은 우리가 한 조사의 응답에도 있는 것처럼 '적어도 브루클린은 아니겠지요'라든가 '현실세계의 개념으로는 알 수 없습니다.' 등으로 대답하면 아마도 틀림없을 것이다.

천국이 어디에 있느냐는 점에 대해서는 일치된 의견이라든가 확실한 견해는 없지만 천국에 언제 맞아들여지느냐는 것에 대해서는 대체적으로 의견이 일치되고 있다. 인간은 죽는 그 순간보다 다소 늦어지는 수는 있지만 어쨌든 죽으면 천국으로 간다고 믿는 사람이 많다.

그리고 그런 사람은 최종적으로 하나님의 초차원적 세계에 당도하기에 앞서 이른바 천국으로 통하는 입구에 대기실과 같은 곳이 있는 게 아니냐는 생각을 하고 있다. 그 중에는 예수가 함께 십자가에 달린 죄수에게,

'오늘 네가 나와 함께 낙원에 있으리라'(〈누가복음〉 제23장 43절)

라고 약속하고 있는 점을 들어 그 대기실과 같은 장소를 낙원이라고 부르는 사람도 있다. 또 그곳을 연옥(煉獄)이라고 말하는 사람도 있다.

이러한 사고방식은 죽기 직전의 상태에서 불가사의한 체험을 했던 사람의 보고와 아주 비슷하다.

2 '천국의 이미지'론(論)

지극히 평범한 미국인은 천국을 어떤 곳으로 생각하고 있을까? 우리는 일반적인 미국인의 의견을 대표하는 것으로 생각되는 사람에게, 사후의 세계는 현실세계와 어떻게 다를 것이라 생각하는가. 사후의 세계라든가 천국에 대한 자신의 생각을 특정한 언어로 표현할 수 있다고 생각하는가 등등, 천국의 특색에 대한 질문을 몇 가지 했었다.

다음에 소개하는 것은 사람들이 사후의 세계는 현실세계와 어떻게 다른 것인지 그 느끼고 있는 바를 나타내는 대표적 견해이다.

- 사후의 세계는 현실세계보다 좋다. 무어라고 말할 수 없는 세계이다.
- 귀찮은 일이라든가 난처한 일은 전혀 없다. "시련도 고난도…… 걱정거리와 심로(心勞)는 모두 사라지고 말 것입니다. 언제나 어떤 일로 신경을 쓴다는 것은 정말로 싫은 일입니다."
- 질병도 고통도 전혀 없다.
- 사후의 세계란 물질적인 세계가 아니라 영적(靈的)인 세계이다. "완전히 영적으로서…… 물리적(物理的)인 제한이 없고…… 3차원의 세계에서 경험하는 것 같은 일도 없을 것입니다."
- 사후의 세계는 평화롭다. "현실세계에서는 실로 시끄럽고 복잡한 생활을 하고 있습니다만 사후의 세계에서는 훨씬 평화롭게 지낼 수 있을 것입니다."

• 사후의 세계는 행복하고 즐거우며 슬픈 일 따위는 없다.

또 조사한 다른 곳에서 천국의 특징을 잘 나타낼 수 있는 것은 어떤 것이냐고 물었더니 반수 이상의 사람들이 다음과 같은 내용을 꼽았다.

• 천국은 평화롭다.
• 천국에 들어간 사람은 행복하게 된다.
• 천국에 들어간 사람은 하나님 혹은 예수 그리스도 옆에 있을 수 있다.
• 천국에서는 사람들이 애정으로 뭉쳐 있다.
• 하나님의 사랑을 중심으로 한 세계이다.

행복·평화·사랑, 그리고 하나님 혹은 그리스도의 존재…… 천국에는 이러한 특성이 구석구석까지 펼쳐져 있는 것이리라. 우리가 공기를 호흡하는 것과 같은 감각으로 천국의 주민은 사랑을 흡수하기도 하고 토해 내기도 하는 것이다.

그러나 이것은 어디까지나 일반 사람들이 그려낸 천국의 상상도 중에 극히 일부에 지나지 않는다. 우리가 했던 조사의 모든 응답자 중 적어도 4분의 1은 사후의 세계가 가지는 특징으로 다음과 같은 점을 들고 있다.

• 신체의 장애가 치유된다.
• 천국에 들어가면 정신적으로 성장한다.
• 친구와 집안 식구, 배우자와 만날 수 있다.
• 영원히 살 수 있다.

• 유머가 있다.

천국의 상상도

그럼 지금부터 미국인의 마음속에 있는 천국의 상상도를 구체적으로 보충 설명해 나가기로 하자.

천국에는 환자라든가 몸에 장애가 있는 사람은 한 사람도 없다. 모두 오체(五體)가 건강하여 만족하고 있는 것이라 생각된다. 그리고 살아 있을 때의 친구라든가 집안 식구들과 우정이 계속되며 때로는 현실세계에 있었을 무렵의 개인적인 인간관계가 영원히 계속되는 경우도 있을 것이다.

단 응답자의 25%나 되는 사람이 천국에는 유머가 있을 것으로 생각한다고 말했다. 그것이 어떤 것인지는 분명히 설명하는 사람은 거의 없고, 설명하고자 하지도 않지만, 아마도 조지 번즈가 〈오오! 하나님이시여!(Oh, God)〉이란 영화에서 그려낸 재미있는 희극으로 천국의 모습을 상상하고 있는 것이다.

천국에 들어가면 정신적으로 성장할 것으로 생각하고 있는 사람은 미국인 성인(成人)의 3분의 1 이상에 해당하는 약 5천만 명에 이르고 있다.

또 상당히 많은 사람이 사후의 세계는 여러 가지 활동이나 행동을 할 수 있는 장소, 혹은 차원일 것으로 생각하고 있는 것 같다. 즉 텍사스주의 어느 여성이,

"천국에서는 모두가 둥글게 둘러앉아서 하프를 켜고 노래를 부르고 있을 뿐이라고는 생각지 않습니다."

라고 이야기한 것처럼 그 이상의 것이 있다는 것이다.

좀더 정확하게 말한다면 응답자의 5분의 1이 다음과 같이 대답하고 있다.

- 천국에 있는 사람은 지각(知覺)이 발달된다.
- 천국에 있는 사람에게는 여러 가지 해야 할 일이 있다.
- 천국에 있는 사람은 다른 사람의 청에 따라 힘을 빌려 준다.
- 천국에 들어가도 현실세계에 있었던 때와 마찬가지로 그 사람을 분별할 수 있다.
- 천국에는 천사(天使)가 있다.

따라서 천국에는 항상 변화하고 성장하며 남에게 봉사하는 형태로 상호간에 영향을 끼치는 주민이 있다는 결과가 된다. 그리고 그 주민들은 지상(地上)에 있었던 때와 동일인(同一人)임을 분별할 수가 있는데 교우(交友) 범위는 지상에 있던 때보다 넓어져서 하늘 전체에까지 미치게 된다.

이상이 '전형적인' 미국인의 눈을 통해 본 천국의 모습인데 이것은 아직도 천국을 먼 곳에서 바라본 것에 지나지 않는다. 천국이 대체적으로 어떤 곳인지 생각하며 알고는 있지만 하나하나의 특징에 대해서는 어떠한가? 여기서 다시 한 번 상기해 두어야 할 일은 지금 여기서는 어디까지나 사람들이 천국이란 이러저러한 곳이라고 믿고 있는 것을 문제로 제기하고 있는 것이며 실제로 사후의 세계를 체험했던 것은 문제로 제기하고 있지 않다는 점이다.

우리가 체험담을 들은 사람 가운데 몇 사람인가는, 천국은 에덴동산과 같은 곳이었다고 말하고 있다. 일리노이주에 사는 어떤 여성은 다음과 같이 말하고 있다.

"내가 생각하고 또 그려내고 있는 천국의 그림은 더할 나위 없이 좋은 세계로서 앞 못 보는 사람은 보이게 되고 다리가 부자유스러운 사람은 걸을 수 있게 되는 것입니다. 그곳에는 나무들이 무성하게 나 있으며 환경오염과 같은 것은 전혀 없을 뿐만 아니라 물도 맑고…… 에덴동산이 가지고 있는 특징을 몇 가지쯤 갖추고 있습니다."

또 중서부의 어느 여성도 천국의 정경에 대해 처음에는 옛날식 천국의 이미지를 말하고 있었는데 이야기가 진척됨에 따라서 그것은 차츰 상당히 변해 가는 것이었다.

"천국에는 영원한 행복이 있으며 옛날의 '친구라든가 사랑하는 집안 식구들과도 그 인연을 되찾게 됩니다. 그곳에서는 사람들이 지상 세계에서와는 다른 복장을 하고 있는 것이라 생각합니다…… 아마도 로브를 걸치고 있겠지요. 하지만 천국에는 나무가 나 있지 않을 것입니다. 천국은 이 지상과는 아주 판이하게 다른 곳이 아닐까요? 그렇게 생각하면 여러 가지 이미지가 떠오릅니다. 나는 천국이란 곳은 맑고 태양이 찬란하게 비추는 곳일 거라고 생각합니다. 그리고 새하얀 뭉게구름 같은 것이 떠 있을 것임에 틀림없습니다. 그러나 거치른 자연으로부터 위협당하는 일은 전혀 없을 것이므로 몸을 보호하기 위한 주택은 필요치 않겠지요."

'이 세계는 천국의 불완전한 복제판이다'

우리에게 보내 준 천국에 대한 생각 가운데에는 대단히 구체적이고 상세한 것도 있었는데, 실제로 가서 본 것이 아닌가 생각될 정도였다. 남서부에 사는 어떤 목사(牧師) 부인은 다음과 같이 말하고 있다.

"천국의 한복판에는 시냇물이 흐르고 있습니다. 금(金)으로 된 꿀과 과실을 맺는 나무와 갖가지 식물(植物)이 나 있는 뜰도 있습니다. 그리고 보석으로 만든 벽과 다분히 마을과 같은 것도 있을 것으로 생각합니다. 성경(聖經)에는 우리가 살 집에 대해서 여러 가지로 기록하고 있는데 그곳에는 풍부한 물도 있다고 했습니다…… 다분히 그것은 예수 그리스도가 우리에게 주겠노라고 말씀하신 '생명수(生

命水)일 것으로' 생각됩니다."

최남부(最南部)에 사는 어떤 나이 많은 여성은 천국이란 인간의 만년(晩年)을 완전하게 만족시켜 주는 곳으로 생각하는 듯하다. 그녀는 다음과 같이 말하고 있다.

"천국이란 곳은 우리가 은퇴한 다음에 가는 영원의 은신처입니다. 하나님이 지구를 만드셨을 때 갖가지의 것을 천국과 비슷하게 만드신 것이겠지요. 틀리는 것이 있다면 천국에는 죄악이란 것이 없다는 점입니다. 하나님이 이 지구를 그렇게 만들고 싶어하신 것처럼 천국은 모든 것이 더 말할 나위 없으리만큼 좋은 세계입니다. 나무도 그리고 동물도 천국에 어울리는 것들로 모두가 지상의 세계와 비슷하기는 하지만 천국에 있는 것들이 훨씬 아름다울 것입니다. 나는 지상의 세계는 천국의 복제판과 같은 것이라고 생각합니다. 하기야 불완전하고 부정확한 복제판이긴 하지만……."

천국의 물질적 환경은 완전하여 환경의 오염에 반대하는 사람들이 꿈꾸고 있는 것 같은 상태일 것으로 생각하는 사람은 이 밖에도 또 있다. 중서부에 사는 여성은 천국에는 동물이 있을 것이라 믿고 있다며 다음과 같이 말하고 있다.

"아담과 이브가 죄를 범했을 때에 천지만물이 붕괴되고 그때부터 이 세상에 '사망'이란 것이 생겼던 것입니다. 그때까지는 식물과 동물 등 모든 생명들이 영원한 생명을 가지고 있었습니다. 죽는 일이 없었던 것입니다. 그런데 인간이 하나님을 배반했기 때문에 돌연 지상의 세계에 죽음이란 것이 생겨난 것이지요. 그러므로 우리의 죄를 용서받고 천국에 들어가면 모든 것—사자도 개도 그리고 곤충도—이 부활한다는 것이 내 생각입니다. 그리고는 두번 다시 죽지 않겠지요."

여기서 우리는 그녀에게,

"그렇다면 동물도 영혼을 가지고 있다는 의미입니까?"

라고 물었다.

그녀는 다음과 같이 대답했다.

"아닙니다. 그런 의미는 아닙니다. 왜냐하면 동물은 다시 사는 것을 선택할 수는 없다고 생각하기 때문입니다. 내가 말하고 싶은 것은, 인간이 죽게 된 것이 원래 하나님의 뜻은 아니었던 것처럼 동물이 죽게 된 것도 하나님의 뜻이 아니었다는 점입니다. 그러므로 죄를 완전히 용서받게 되면 동물은 부활하며 다시 죽지 않을 것입니다. 그리고 하나님은 새로운 에덴동산의 일부에서 다시 동물을 창조하시겠지요. 그러나 어쩌면 천국은 C.S. 루이스가 그린 것처럼 동물도 입을 열고 말할 수 있는 나르니아 왕국과 같은 곳인지도 모릅니다. 그것은 아무도 모르는 것입니다."

그녀의 깊고 오묘한 천국의 이미지에 마음이 끌려 우리는 다시, 천국에서는 그렇게 해서 부활한 인간이 부활한 동물을 잡아먹느냐고 물었다.

그러자 그녀는,

"천만의 말씀입니다. 성경에는 천국 잔치에 대한 기록이 있습니다만, 최초의 에덴동산에서는 인간이 동물을 잡아먹지 않았습니다. 채식주의(菜食主義)였던 것입니다. 하나님이 인간에게 동물을 잡아먹도록 허락하신 것은 '노아의 홍수' 이후의 일입니다. 그러므로 천국에는 동물을 죽일 필요가 없을 만큼 맛있는 음식물로 가득 차 있을 것입니다."

라고 대답하는 것이었다.

또 뉴저지주의 어떤 젊은 남성은 한마디로 천국은 이 세상을 완전한 상태로 만들어 놓은 곳이라며 다음과 같이 말하고 있다.

"천국의 모든 것은 이 세상의 가장 아름다운 것의 특질(特質)을 갖추고 있을 것입니다. 인간은 하나님의 모습을 본떠서 만든 것이라는 생각이 듭니다. 그리고 더 나아가서 이 세상은 어느 의미에서는 천국과 비슷하게 만들어진 것이라고 말하고 싶습니다. 그러므로 이 세상에 피어 있는 아름다운 꽃은 천국의 완전한 꽃을 모방하고 있는 셈이지요. 또 현실세계의 공사(工事)와 관리(管理)가 완벽한 최후의 도로(道路)는 사후의 세계에 있다고 성경에 기록되어 있는 '황금의 도로'를 모방하고 있는 것입니다."

시간과 물건에 속박당하지 않는 세계

이처럼 천국에 대한 설명은 대개 우리의 현실에 있는 것과 관계되는 언어라든가 개념으로 표현하고 있기 때문에 아무래도 현실세계를 생각케 하는데 그 중에는 물질적인 것을 훨씬 초월한 이미지를 가지고 있는 사람도 있다.

예컨대 뉴잉글랜드의 35세 된 여성은 이렇게 말하고 있다.

"나는 천국에는 커다란 하늘 문이 있다고는 생각지 않습니다. 천국에는 어떤 것이 있고 어떻게 생겼다고 하는 점에는 흥미가 없습니다.…… 천국에서 보고 듣는 것은 우리가 현재 있는 이 세상 것과는 완전히 다르므로 인간의 언어로 표현한다는 것은 불가능하다고 생각합니다.

예를 들면 우선 우리가 살고 있는 세계의 시간적 개념에 속박당하는 일은 없을 것입니다. 우리가 사는 세계에서는 사람들은 언제나 시간에 쫓기고 있는데 천국에서는 그런 일이 없을 것입니다. 하고 싶다고 생각하는 것, 할 수 있으면 좋겠다고 생각하는 것, 모두를 하더라도 남아돌아 갈 만큼 많은 시간이 있겠지요. 그리고 천국에는 주로 현실세계에서 정신적인 존재로 생각하던 것과 만나게 되리라고 생각합니다. 따라서 천국은 자기가 그곳에 저택을 가지고 있기 때문에 당신은 그 이웃에 저택을 마련하라는 등의 의미인 물질적 장소는 아닐 것입니다.

그렇지는 않고 누군가와 함께 있고 싶다는 생각만 해도, 혹은 그렇게 하고자 하려고 마음먹기만 해도 그 사람과 함께 있을 수 있게 됩니다. 그것은 가고 싶다는 생각을 하면 공간을 초월하여 어디에나 자유로이 이동할 수 있는 능력과 같은 것은 아닙니다. 왜냐하면 천국은 원래 현실세계에서 생각하는 것처럼 물질적인 곳이 아니기 때문이죠. 천국의 지극히 자유로운 상태의 일부가 되어, 자기가 알고 싶다고 생각하는 것을 알게 되고 관계를 맺고 싶다고 생각하는 사람과 관계를 맺을 수 있게 될 것입니다. 물질보다는 영(靈)의 세계니까요."

천국에는 연령이라는 개념은 없다

그녀가 말한대로 초차원적(超次元的) 세계가 어떤 것인지를 표현하는 데 적절한 언어나 지식이 없으면 그것을 인간의 말로 바꾼다는 것은 어렵다. 또 한 사람 똑같은 견해를 가진, 플로리다에 사는 남성의 천국에 대한 이색적 이야기를 들어 보기로 하자.

"우리가 천국에서는 어떻게 보일지를 생각할 때 현실세계에 있는 것과는 아주 다른 이미지가 떠오릅니다. 예컨대 어렸을 때에 죽어서 하나님 앞에 간 어린이는 사후의 세계에서 우리가 그 아이와 만날 때도 역시 어린이의 모습 그대로일까요?

나는 그렇게 생각지 않습니다. 그 어린이의 영혼은, 만약 그 아이가 어른이 될 때까지 살았다고 한다면, 그렇게 되었으리라고 생각될 만큼 성장해 있지 않을까요? 그러나 만약 죽은 사람이 자기의 자녀라고 한다면 사후의 세계에서 만났을 때도 우리는 틀림없이 그 아이를 알아 보게 될 것입니다. 우리는 모두 각각 다른 시점에서 완성된 여러 가지 면을 갖춘 퍼스낼리티를 가지고 있는 것인데 현실 세계에 있을 때는 과거에 완성된 부분, 혹은 지금으로부터 꽃필 부분의 실마리밖에 보이지 않을 것입니다.

그러나 천국에서는 모두 정신이 프리즘처럼 되어 있어서 모든 면(面)이라든가 각(角)이 완전한 아름다움을 갖추고 있음을 한눈에 보아 알 수 있게 될 것입니다. 그러므로 만약 자신의 자녀가 어렸을 때에 죽었다고 하면 천국에서도 역시 죽을 당시의 모습인 채로 자녀와 만날 수도 있고 그 어린이가 좀더 오래 살았더라면 이렇게 성장했을 것으로 생각되는 상태, 그리고 난 다분히 천국에서 그렇게 되었을 것이라 생각되는 상태도 볼 수 있을 것으로 생각합니다."

우리가 한 조사에서는 전체의 11%가 천국에서는 죽었을 때의 연령인 채로 있을 것이라 생각한다고 대답하고 있었는데 이 플로리다의 남성은 그렇지 않았다.

그의 견해에 의하면 인간은 천국에 가면 죽었을 때의 연령과 똑같은 연령으로 있지만 동시에 그 사람이 이미 먹어 온 연령으로도, 그리고 앞으로 먹어야 할 나이로도, 어느 연령으로든 존재할 수 있다는 것이다.

3 '사후의 세계'와 '천국'의 미묘한 엇갈림

이상이 미국인의 천국에 대한 주된 생각이다. 그럼 죽기 직전의 상태에서 체험했다는 불가사의한 것을 고려해 볼 때, 이런 것들은 어떻게 해석하면 좋을까?

'사후의 세계' 분석에 불가결한 두 가지 시점(視点)

우선 첫째로 이런 것들을 죽기 직전의 상태에서 했다는 불가사의한 체험과 비교 검토해 보자.

사후의 세계를 엿본 경험을 한 사람 중에는 영혼이 육체에서 빠져나가는 유체이탈(幽體離脫)의 현상을 체험했다는 사람이 있다. 일반 사람의 천국에 대한 생각에는 그러한 것은 없지만, 천국에 있는 사람은 현실세계의 인간과 흡사한 '몸'을 가지고 있다는 뉘앙스의 가정을 하고 있다.

사후의 세계에 발을 들여놓은 체험을 한 사람은 눈도 잘 보이고 귀도 잘 들린다고 말하고 있는데, 일반 사람들의 천국에 대한 생각도 그런 점에서는 일치하고 있다. 또 사후의 세계에 발을 들여놓았다는 사람 중에는 평화롭고 고통이 없다는 느낌을 맛보았다고 하는 사람이 있는데 우리가 의견을 들은 일반사람 중에도 천국에 대하여 그렇게 생각하는 사람이 많았다.

그리고 삶과 죽음의 경계를 드나들 때에 '빛'이라든가 '밝은 빛'을 보았다는 사람이 있는데 일반 사람들이 사후의 세계에 대해서 생각하는 것 중에는 '빛'은 거의 모든 사람의 입에서 나올 정도였다. 자신이 그때까지 살아온 인생을 순식간에 되돌아보았다는 것은 삶과 죽음의 경계를 드나든 체험을 한 사람 가운데 많은 사람에게서 공통적으로 보이는 현상으로 일반 사람들은 천국에 대한 생각을 할 때 어느 누구도 그런 말은 하지 않았다.

삶과 죽음의 경계를 드나든 체험을 한 사람 중에는 어딘가 별세계에 있는 것 같은 생각이 들었다는 사람도 있었다. 이것은 일반 사람들이 천국에 대해 가지고 있는 '전혀 다른' 사람에게 위화감(違和感)을 주는 면에 대해서 가지고 있는 마음과 통하는 점이 있다. 또 죽기 직전의 상태에서 불가사의한 체험을 한 사람의 보고에, 사후의 세계에는 여러 생명체가 존재하고 있었다는 이야기가 있는데 일반 사람 중에도 천국에는 여러 타입의 주민들이 있을 것으로 생각하는 사람이 있다.

그런데 죽기 직전인 상태에서 불가사의한 체험을 한 사람 중에는 터널과 같은 것 속으로 들어갔다든가, 터널 같은 것을 보았다는 사람이 있었지만 일반 사람들의 천국에 대한 생각 중에는 그런 것이 전혀 없었다(그러나 다음 장에서 보면 알 수 있듯이 지옥에 대한 생각에서는 터널의 이야기가 나온다).

끝으로 죽기 직전의 상태에서 불가사의한 체험을 했을 때 장래의 일이 예감되었다는 사람도 몇 명인가 있었다. 그런 유(類)의 초자연적인 일은 일반 사람들의 천국에 대한 생각에는 포함되지 않았지만 천국에서는 지각력이 강해진다든가 현실세계에서는 부분적으로밖에 이해할 수 없었던 것이 천국에서는 완전히 이해할 수 있다는 확신을 가지고 있는 듯하다.

이처럼 죽기 직전인 상태에서 불가사의한 체험을 한 보고와, 일반 사람들이 천국에 대해서 생각하고 있는 것을 비교하면 어떤 결론을 얻을 수 있을까?

한 가지는 천국에 대한 일반적인 생각은 반드시 죽기 직전의 상태에서 했다는 불가사의한 체험의 보고와 엇갈리는 것은 아니라는 점이다. 경우에 따라서는 어떤 사람이 천국에 대해서 생각하고 있는 것과 다른 사람이 실제로 체험한 것이 일치되는 수도 있다.

그것에 비해 일반 사람이 생각하고 있는 것과 일부 사람이 죽기 직전인 상태에서 체험했다는 것이 일치하지 않는 경우도 있다. 즉, 삶과 죽음의 경계를 드나들었다든가 그것과 가까운 스트레스를 받는 상황에 놓였던 사람은 보통사람이 천국에 대해서 생각하고 있는 것과 언제나 엇갈리는 것은 아니지만 일반적인 천국의 이미지에서 다소 떨어진 신비적 체험을 하는 일이 흔히 있다는 점이다.

이처럼 유사점이라든가 상위점이 어떤 의미를 갖는 것으로 보아야 하는지 아닌지를 결정하는 데는, 그것이 다음 두 가지의 견해 즉,

① 천국이나 하나님의 존재를 실증하는 것이라고 칭하는 견해.
② 실제로는 그렇지 않는데 실현한 것처럼 생각하는 일종의 원망(願望)의 실현, 혹은 심상(心像)의 투영(投影)이라고 하는 견해.

와 어떤 관련이 있는지를 생각해 보면 된다.

초차원적 체험은 '원망(願望)의 투영'에 의해 일어날까?

몇 년 전에 종교가들이 천국에 대한 사고방식이 사람들 사이에 이토록 침투되어 있는 것은 천국이 존재한다는 일종의 증거라고 주장했던 일이 있다. 그 주장은 다음과 같이 전개되었다.

> 사람은 누구나 원망이라든가 욕구를 가지고 있는데 무엇인가를 강하게 바라는 것은 그 욕구의 대상이 어딘가에 반드시 존재하고 있다고 생각할 수 있다. 물질적인 세계에서는 사물을 실증하는 일이 가능하므로 이 원칙을 증명하는 증거는 많이 있다. 예를 들어 인간에게 식욕이 있다는 것은 식물(食物)이 있다는 것을 의미하며 갈증을 느낀다는 것은 물이 있다는 것을, 성욕(性欲)이 있는 것은 성적(性的) 결합이 있다는 것을 의미하고 있다. 이와 마찬가지로 우리가 정신적인 욕구라든가 외경(畏敬)의 마음, 정신적인 개념을 가지는 것은 하나님이라든가 천국, 그리고 그 밖의 정신적인 영역 면이라고 할 수 있는 것이 있다는 것을 의미하는 것으로 생각된다.
>
> 우리는 물질적인 세계를 초월한 곳에 정신적 세계가 있다는 것을 본능적으로 느끼고 받아들이며 굳게 믿기도 한다. 동시에 그것이 어떤 것인지를 이해하고 하나님의 존재와 같은 궁극적인 문제에 대

해 확실한 것을 알고 싶어한다. 따라서 우리가 마음속 깊이에 그러한 욕구라든가 감각을 가지고 있다는 것은 그런 정신적 대상이 있다는 것의 증명이다.

이런 유(類)의 주장은 현재로서는 중세(中世) 신학자들이 느꼈던 것만큼 그 중요성을 인정하지는 않는다. 그러나 현대의 종교 사상가라든가 철학자 중에도 정신적인 차원에 대한 일반적 생각은 하나님에 대해 조금이라도 이해하는 데에 도움이 되어야 한다고 하는 일반적인 견해를 가지고 있는 사람이 있다.

예를 들면 로마 카톨릭의 자유주의적인 신학자 헌스 쿵은 그의 저서 《하나님은 존재하는가?(Does God Exist?)》 속에서 다음과 같이 말하고 있다.

하나님을 믿는 마음은 사람이 태어나면서부터 가지고 있는 것이다. 현실은 나라고 하는 존재보다 우선한다. 내가 자신을 현실로부터 끊어 버리지 않고 내 앞에 현실이 펼쳐져 있는 것처럼 현실에 대해 전면적으로 마음의 문을 열면, 그 대본(大本)이며 제일 깊은 곳에서 그것을 지탱하고 있는 궁극적 목표인 하나님을 참되게 받아들일 수 있는 법이다…… .

쿵은 일상생활이라든가 자연 속에서 하나님의 계시를 보고 하나님의 존재를 믿게 되는 경우가 있다고 강조한다. 그는 그때, 즉 1975년에 행한 갤럽 조사를 하나님의 실재(實在)를 믿고 마음이 널리 일반적으로 침투하고 있음을 '분명히 나타내는 것'으로 취급하고 있다. 그 조사에서는 미국인의 94%가 하나님을 믿는다고 대답했었다.

대부분의 사람이 하나님이라든가 천국의 존재를 증명하는 것이라고 하는 이 주장을 인정한다면 우리가 한 조사에서 분명히 밝혀진 일반인의 생각, 지극히 일부가 여기서 소개하고 있는 죽음 직전의 상태에서 한 불가사의한 체험의 타당성을 강화하는 데 사용될 가능성이 있다.

일반 사람들의 생각을 초월하는 듯한, 혹은 일반 사람들의 생각에는 포함되어 있지 않은 것 같은, 죽기 직전의 상태에서 했다는 불가사의한 체험은 해명되어지지 않은 채로 있다. 그러나 그것은 직접 접촉한 사람만이 알 수 있는 초자연적인 것의 측면을 반영하고 있는 것이리라.

우리의 데이터는 이러한 하나님의 존재를 증명한다는 입장에서의 접근과는 반대 방향으로 이용될 수도 있다. 즉, 죽음 직전의 상태에서 한 불가사의한 체험은 자신의 원망를 충족시키고자 한 것, 혹은 그 사람의 마음에만 존재하는 개념이라든가 심상(心像)을 투영한 것이라는 해석이다. 바꾸어 말하면 우리가 조사한 일반 사람들의 생각은 삶과 죽음의 경계를 드나들었을 때에 무엇인가 특별한 체험을 했다고(착각한 것일지언정) 생각하는 사람의 마음에 그 어떤 형태로 투영되고 있다는 사실이다.

그러나 이런 견해들은 어느 것이든 확실하고 결정적인 설명을 해주지는 못한다. 일반 사람들의 천국에 대한 생각에 대해 말할 수 있는 것은 기껏해야 죽기 직전의 상태에서 했다는 불가사의한 체험과 흥미깊은 유사점이 있다는 것 정도이다. 그러나 사후의 세계를 엿보았을 때에 어떤 일이 일어났는지를 좀더 깊이 이해하기 위해서는 죽음의 세계에 대해 다시 한 번 상세하게 검토할 필요가 있다.

6. 죽음 직전에 맛보는 공포·불쾌감

'사후의 세계'의 또 한 가지 면(面)
죽음 직전의 상태에서의 불쾌한 체험
초차원(超次元) 세계의 제1단계

●

●

●

●

1 '사후의 세계'의 또 한 가지 면(面)

'사후의 세계'란 말은 즐겁고 유쾌하며 멋진 초차원적(超次元的) 세계라는 의미로 '천국'이라든가 '낙원(樂園)'과 똑같이 사용되는 경우가 많다. 즉, 인간은 죽으면 자동적으로 하나님 또는 궁극적인 존재, 또는 생명을 만들어 내는 모체(母體)와 합체(合體)가 된다는 것이다. 대개의 사람은 그런 상태에서 계속 존재하는 것 이외에는 생각하지 않는다.

그러나 어떤 근거가 있어서 그러는지는 알 수 없지만 지상(地上)에 선(善)과 악(惡)이 있는 것처럼 사후의 세계에도 그다지 바람직하지 못한 면이 있지 않겠느냐고 생각하는 사람도 많이 있다.

그럼 사람들은 땅 밑, 지옥, 영원한 죽음, 혹은 하나님과 헤어지는 것에 대해, 즉 지옥에 대해서는 어떤 생각들을 하고 있을까?

당신은 지옥의 존재를 믿고 있는가?

예상했던 일이지만 사람들은 지옥에 대해서는 그다지 관심을 가지고 있지 않다. 이런 점에서 미국이나 혹은 다른 나라에서도 천국이 있다는 것보다 지옥이 있다는 것을 믿는 사람은 아주 적다는 것을 알 수 있다. 우리는 1952년, 1965년, 그리고 1980년에 미국의 성인을 대상으로 한 조사에서 다음과 같은 질문을 했다.

"인생을 악하게 살았고 그것을 회개하지 않은 채 죽은 사람이 가는 곳으로서 영원히 나올 수 없는 지옥이 있다고 믿습니까."

결과는 대체적으로 일정했다. 1952년에는 58%, 그리고 1980년에는 53%가 '믿는다'고 대답하고 있다. 이 숫자들은 어떤 다른 조사 때, 거의 일관하여 10명 중 7명이 천국을 믿고 있다고 대답한 것에 비교하면 훨씬 낮은 퍼센티지이다.

이번에 한 조사에서 한 가지 흥미있는 점을 발견했는데 그것은 지옥을 믿고 있는 사람과 믿지 않는 사람의 배경에 깔린 내용이다. 남부에는 지옥이 있다고 믿는 사람이 많아서 72%나 지옥의 존재를 굳게 믿고 있었다. 이 숫자는 최남부(最南部)로 내려갈수록 더욱 많아져서 82%나 되는 사람이 지옥은 있다고 대답했다. 그런데 서부에서는 지옥을 믿고 있는 사람의 비율이 전체의 41%로 지옥의 존재를 믿는 사람은 그런대로 많다.

천국을 믿는 사람의 경우와 마찬가지로 학력이 높은 사람일수록 지옥의 존재를 믿지 않는 것 같다. 지옥을 믿는 사람의 비율은 대학교 졸업자인 경우 47%인데 비해 중학교 졸업자는 63%로 훨씬 높다. 또 카톨릭 교도(48%)보다 프로테스탄트(61%) 쪽이 지옥을 믿고 있는 사람이 많다.

지옥의 존재를 믿지 않는 사람의 비율은, 다른 나라의 상황을 보더라도 더욱 흥미를 끌고 있음이 판명되었다.

우리는 1968년, 미국과 동시에 다른 8개국 사람들에게도,

"지옥이 있는 것을 믿습니까?"

라는 질문을 했다. 이 중,

"믿고 있습니다."

라고 대답한 사람은 미국인이 65%, 그리스인 62%, 서독(당시) 사람 25%, 영국 사람 23%, 프랑스인이 22%였다.

"믿지 않습니다."

라고 대답한 사람은 미국인 29%, 그리스인 25%, 서독(당시) 사람

62%, 영국 사람 58%, 프랑스인 70%였다. 그리고,

"모르겠습니다."

라고 대답한 사람은 미국인 6%, 그리스인 13%, 서독(당시) 사람 13%, 영국 사람 19%, 프랑스인 8%였다.

미국에서 '믿는다'고 대답한 사람이 65%란 숫자에 오른 것은, 다른 해에 비하여 높은 편이지만, 그것은 아마 그 1968년도에는 다른 해만큼 질문에 조건을 붙이지 않았기 때문이 아닌가 한다. 그렇더라도 그리스 등 다른 나라들 모두 지옥이 있다고 믿는 사람의 비율이 미국보다 훨씬 낮은 결과가 나왔다.

이런 나라들에서 대부분의 사람이 지옥의 존재를 믿지 않는 경향은 이 나라들의 중요 종교인 기독교의 전통적 교의(敎義)와는 상반되고 있다. 두말할 것도 없이 《신약성경(新約聖經)》에서는 예수 그리스도가,

'거기서 울며 이를 갊이 있으리라.' (〈마태복음〉 제8장 12절)

라고 말했던 것처럼 지옥이 존재한다는 명확한 입장을 취하고 있다.

지옥이 있다는 것을 믿는 사람보다 천국이 있다는 것을 믿는 사람이 왜 더 많으냐에 대해서는 몇 가지 이유를 들 수 있다. 우리의 질문에 응답한 것 중 특히 흥미를 끄는 것은,

'지옥이란 죽음과 마찬가지이기 때문에 사람들은 그것에 대해 생각하지 않으려 하고 있다.'

는 의견이었다. 그 밖에 다음과 같은 생각도 있었다.

"하나님은 원래 선(善)하시며 사랑이시기 때문입니다. 그런 하나님이 비록 죄를 지은 인간일지라도 영원한 징벌을 주시리라고는 도저히 상상할 수 없습니다."

어떤 해석을 하든지 간에 이른바 기독교국의 대다수 국민들은 전

통적인 교의(敎義)에서 멀리 떨어진 것을 선택하고 있는 것이다. 그리고 또 흥미있는 것으로 지옥이 있다는 것을 믿지 않는 사람이 많다는 경향은, 죽기 직전인 상태에서 불가사의한 체험을 한 사람들의 조사에서 더욱 단적으로 나타나 있다는 점이다.

'사후의 세계'와 천국의 관련성을 인정한 사람은 29%밖에 없다!

우선 첫째로 미국의 일반 사람들 중 53%가 지옥이 있다는 것을 믿고 있는데 비하여, 불가사의한 체험을 한 사람은 46%밖에 믿고 있지 않다. 이것은 아마도 대부분의 사람들에게 있어 죽기 직전의 상태에서 했던 불가사의한 체험이 마음 편안한 것이었기 때문에, 사후의 세계가 무시무시한 상황이 기다리고 있을 것이라는 생각을 갖고 있지 않는 까닭일 것이다.

이것을 증명이라도 하듯, 죽기 직전인 상태에서 불가사의한 체험을 했던 사람을 대상으로 조사한 결과 지옥에 있는 것 같은 느낌이었다, 혹은 몹시 괴로웠다고 응답한 사람은 1%도 채 안 되었다. 또 다른 죽기 직전의 상태를 체험했다는 사람들의 조사에서도 지옥과 같은 체험에 대해서는 그다지 다루고 있지 않다는 점으로 미루어 볼 때 지옥이란 사후의 세계에서는 그렇게 중요한 위치를 점하지 않는다고 결론짓는 연구가도 있다. 그러나 우리가 한 조사나 면접에서 그점을 상세히 검토한 결과 사태는 좀더 복잡하다는 것을 알았다.

예를 든다면 죽기 직전의 상태를 경험한 사람을 대상으로 한 조사에 의하면 미국인을 대상으로 한 조사에서는 미국인 중 전체 성인의 15%에 해당하는 2천 3백만 명이 사후의 세계에 발을 들여놓았었다고 말하고 있다. 그러나 그때에 마음이 편안한 느낌을 경험했다는 사람은 그 가운데 30%를 조금 상회할 뿐이다. 그 밖의 사람은 그저 사고의 두려움이라든가 질병의 괴로움, 혹은 기타 불쾌한 인상에 대해서 이야기하고 있다.

그리고 상당히 자세한 질문을 포함시킨 추적 조사에서,

"당신은 정말로 사후의 세계 혹은 천국을 엿보았다고 느낍니까?"

라고 물었다.

그러자 18%의 사람이,

"분명히 그렇게 느끼고 있습니다."

라고 대답함으로써 천국 혹은 사후의 세계를 엿보았노라고 말했다. 그리고 또 11%의 사람이,

"예, 다분히……."

라고 대답했다. 따라서, 긍정적으로 대답한 사람을 합계해 보면 29%가 된다. 그런데 28%의 사람은 천국 혹은 사후의 세계를 보지는 못했다고 분명히 말하고 있다. 그리고 17%의 사람이 모른다는 대답을 하고 있으며 나머지 26%는 대답하지 않았다.

즉, 사후의 세계에 발을 들여놓았다는 사람들 중에서도 그때의 체험을 천국에 관계되는 것으로 간주하고 있는 사람은 3분의 1 이하밖에 안 된다.

그리고 천국의 영역과 어떤 접촉을 가졌었다고 확신하고 있는 듯한 사람은 단지 18%에 지나지 않는다.

"당신은 하나님 혹은 예수 그리스도 옆에 갔었다고 생각합니까?"

라는 질문에 대해서도 똑같은 결과가 나왔다.

"분명히 그랬었다고 생각합니다."

라고 대답한 사람이 21%,

"예, 다분히……."

라고 대답한 사람이 8%,

"아니오."

라고 대답한 사람이 25%,

"모르겠습니다."

라고 대답한 사람이 15%, 그리고 아무 대답도 하지 않은 사람이 31%였다.

이러한 응답들을 통해 몇 가지의 결론을 낼 수가 있다.

우선 첫째로 천국을 보았다든가 하나님과 곧 만났었다는 등의 말을 할 때는 굉장히 신중했다는 점이다. 사실 이 조사에서 나타난 두드러지는 특징 중 하나는 정확한 대답을 얻어 냈다는 점이다. 틀에 잡혀 있는 탁상공론적인 대답은 그다지 없었다. 거의 모든 사람들이 자기 신상에서 일어났던 일들을 정확하게 설명하고자 했으며, 거기에 제시되어 있는 갖가지 사실에서 그것을 알아차린 사람에게 결론을 내줄 것을 바라고 있는 것 같았다. 즉 그들에게는 특별한 의도는 없었다는 점이다.

그렇기는 했지만 상당히 많은 사람들이 천국을 체험했던 일은 없었다든가, 아무런 대답도 하지 않은 것은 어떻게 해석해야 할 것인가?

물론 하나님이라든가 천국의 존재를 느끼지 않았다고 해서, 그것이 그 사람이 지옥을 체험했다는 것이 되는 것은 아니다. 그러나 그런 대답을 보면 대부분의 사람들이 마음 편하지도 않았거니와 불쾌하지도 않은 중간적 체험을 했다든가 혹은 불쾌한 체험을 하고 있으며, 그 때문에 하나님과 천국과 같은 차원이 존재하는 것을 인정하지 않는 것으로 생각된다.

어쨌든 그들은 자기네들의 체험을 긍정적으로 해석하려고 하지는 않는다.

이점에 대해서 좀더 깊이 이해하기 위하여 불쾌한 요소를 포함한 체험담을 상세히 분석해 보고 그런 것들이 이번 조사에 있어 어떤 의미가 있는지 알아보기로 하자.

2 죽음 직전의 상태에서의 불쾌한 체험

우리에게 보내 온 어느 보고 가운데 메릴랜드에 사는 30세의 투자가(投資家)는 다음과 같이 말하고 있다.

"나는 4시간 반에 걸쳐 수술을 받았습니다. 마취를 했었으므로 나는 이제 죽은 것이라고 생각했습니다. 나는 속임수에 넘어가서 죽는 것이라고도 생각했었지요. 나를 본 일이 없는 몇몇 사람과 싸우고 있는 느낌이 들었습니다만 죽음을 피하기 위해 온갖 지혜를 다 짜내야겠다는 느낌도 들었습니다. 그들과 하던 싸움은 한참 동안 계속되었는데 그것은 꿈과 같은 것이어서 몇 시간 걸렸던 것으로 생각됩니다만 실제로는 불과 몇 분이었는지도 모릅니다.

나는 한동안 호흡을 하지 않았던 것 같은데 기묘한 색깔과 빛과 모양이 머릿속에 나타났던 것을 기억하고 있습니다. 얼마 후 나는 고통에서 해방되었고 정신이 돌아왔을 때는 병원 회복실에 있었지요. 나중에 들은 말에 의하면 나는 한 차례 수술대 위에서 호흡이 멎었다가 다시 숨을 쉬었다는 것입니다. 마취되어 있는 상태이긴 했지만 내 호흡이 멎었었던 것도 그리고 죽기 직전의 상태라는 것도 알고 있었습니다."

죽음의 늪에서 도망치기 위한 최선의 싸움

이 체험은 분명 상당히 불쾌한 것이었으며 이 남성 자신도 그것을 분명히 인식하고 있다. 그리고 천국 혹은 하나님을 보았느냐는 질문

에는 분명,

"아니오."

라고 대답하고 있다.

사후의 세계에 발을 들여놓았을 때 이 남성이 맛본 감각에 대해서는 몇 가지의 해석을 내릴 수 있다.

우선 제일 먼저 생각할 수 있는 것은 모르는 사람들이 자신을 에워싸고 있었다고 했는데 그것은 수술을 담당했던 의사와 간호사들을 몽롱한 상태에서 보았기 때문에 그렇게 생각되었던 것이 아니었겠느냐는 해석이다. 그리고 기묘한 색깔이라든가 형태가 나타났다고 하는 것은 호흡이 정지되었으므로 뇌(腦)에 보내질 산소가 결핍되었기 때문이라고 생각된다.

이런 해석의 문제점을 몽롱하고 의식이 반쯤밖에 없었던 상태를 전제로 하고 있는데 이 남성은 자신을 속여 죽음으로 끌어 가려고 하는 것과 싸웠던 일을 어느 정도 분명하게 상기하고 있다는 점이다. 그는 죽음에서 벗어 나기 위해 냉정하게 열심히 싸웠으며 지혜를 짜내었다고 한다.

좀더 합리적인 것은 그는 자신이 죽음의 늪에 서 있다는 것을 깨달았던 것이 아닌가 하는 해석이다. 그가 만났던 사악(邪惡)한 것은 어떤 의지와 인격을 가지고 있었기 때문에 죽음의 늪에서 도망치려면 자신이 가지고 있는 내면적 힘을 결집시켜 싸우지 않으면 안 된다는 것을 그가 본능적으로 찰지(察知)하고 있었을 것이라는 사고방식이다.

이처럼 죽음이라는 것은 사람을 끌어들이는 힘을 가지고 있는 것이며 살아남기 위해서는 그것과 싸워서 이겨야 한다는 인식은 어느 의미에서는 원시적이다. 예컨대 태고의 옛날부터 추운 지방에서는 심한 눈보라 속을 걸어갈 때 졸음이 오더라도 몸에서 힘이 빠져 나가는 느낌이라든가 편안히 자고 싶은 유혹과는 단호하게 싸우지 않으면 안 된다고 생각해 왔다. 왜냐하면 그것은 얼어 죽을 때 최초로 나타나는 징후이기 때문이다.

사도 바울은 이전 일을,

'멸망받을 원수 사망이니라'. (〈고린도 전서〉 제15장 26절)

라고 솔직히 기록하고 있다. 그리고 죽음과 파멸의 왕인 사탄은 성경(聖經) 여기저기에 '온 세상을 속이는 것'으로 묘사되어 있는데 재미있는 것은 이 말이 메릴랜드의 투자가가 말한 '속임당하고 있는 감각'과 일치되고 있다는 점이다.

얼굴 없는 '등장인물'들이 의미하는 것

그럼 또 한 사람 양폐렴(兩肺炎)에 걸렸었다는 일리노이주의 중년 주부 이야기를 소개하겠다.

"나는 열이 40도나 올라갔던 적이 있습니다. 그것은 7년 전쯤에 바로 이 내 집에서 했던 체험입니다. 최초의 3일간은 고열(高熱) 때문에 거의 잠만 자고 있었습니다. 남편이 침대 시트를 갈아 줄 때 한 번 눈을 떴을 뿐입니다.

그 이외에는 줄곧 어떤 거대한 동물과 같은 것이 야구 방망이를 가지고 따라다니는 꿈을 꾸었습니다. 그리고 나는 아주 새파란 물 속에 있었는데 밖으로 나가자 큰 백대리석(白大理石)과 같은 바위가 있었습니다. 바위 꼭대기에서는 밝은 빛이 빛나고 있었는데 바위 가까이로 감에 따라 하얀 로브와 같은 옷을 입은 사람의 모습이 보였습니다. 그러나 그 사람이 남성인지 여성인지는 알 수 없었습니다.……그 사람에게는 얼굴이 없었기 때문입니다."

이 여성은 이 체험이 천국이라든가 하나님과 관계가 있는지 없는지에 대해 알 수 없다고 말했다. 그러나 야구 방망이를 가진 거대한 동물이 따라왔다는 것을 포함하여 전체의 느낌으로 판단할 때 결코 즐겁거나 유쾌한 것은 아니었던 듯하다. 밝은 빛과 바위 위의 사람이란 선(善)도 아니고 악(惡)도 아닌 중간적 인상을 받는다. 그러나 로브를 입은 생명체, 얼굴이 없는 그 생명체는 불쾌한 체험의 전형적 특징이다.

이것과 비슷한 경우로서 20대 전반의 어느 학생은 다음과 같이 말하고 있다.

"우리는 크리스마스를 보내기 위해 노스 다코타에 가는중이었습니다. 내 약혼자도 그녀의 언니도 동행했는데 약혼자의 언니가 운전하고 있었습니다. 그런데 자동차가 얼음 위로 올라갔고 제방을 들이받은 것입니다. 나와 내 약혼자는 차 밖으로 튕겨 나왔는데 그녀는 늑골이 부러졌지만 기적적으로 목숨은 구할 수 있었습니다. 그러나 그녀의 언니는 세상을 버리고 말았지요.

나는 자동차가 옆으로 미끄러지기 시작했을 때 앞의 조수석에서 잠을 자고 있었습니다. 처형이 될 약혼자의 언니가 큰 소리로 외쳤을 때도 나는 아직 잠에서 완전이 깨어나지 못했었답니다. 이윽고 나는 깜짝 놀라서 눈을 떴는데 나중에 생각하니 그때는 아주 이완된 기분이었다고 생각됩니다. 시트 깊숙이 앉은 채 몸이 굳어진다거나 손을 휘젓는 일은 없었습니다. 자신의 몸을 지키는 자세를 취하지 않은 상태에서 부딪쳤던 것입니다.

나는 그 후 48시간 동안 의식을 잃고 있었으므로 사고 당시 머리에 강한 충격을 받았을 것입니다. 그 사이에 나는 예수 그리스도가 갔었다는 협곡(峽谷)에 가서 그 주변을 걸었던 일을 기억하고 있습니다. 그러나 그 전날 밤 그녀와 약혼했던 것은 상기(想起)할 수 없었습니다. 6m 정도되는 위의 길을 올려다보니 빛나는 빛이 잔뜩 보였음을 기억하고 있습니다.

그리고 제일 먼저 생각했던 것은 '나는 죽는 것이다. 이것이 죽음임에 틀림없다'고 하는 것이었습니다. 그러나 결코 행복하다는 생각은 들지 않았습니다. 전혀 아무것도 없다는 느낌이었습니다. 마치 내가 바다 위에 떠 있는 원형질(原形質)의 하나에 지나지 않는다는 느낌이었습니다. 그리고 '어쩌면 나는 길을 잃어버렸을지도 몰라. 틀림없이 천국에는 갈 수 없을 것이다'라고 생각했던 것입니다."

그 후 그는 병원에 옮겨졌던 일을 다음과 같이 말하고 있다.

"모두가 희미하게 보였고 내 주변에서 몇 명의 사람이 움직이고 있는 것도 보였는데 그 표정은 전혀 알 수 없었습니다. 그저 모습만이 보일 뿐이었습니다. 그때까지도 내가 죽었다고 생각했던 것입니다."

아무것도 없다—공백감(空白感)의 기억

또 한 사람, 죽기 직전인 상태에서 했던 불가사의한 체험을 아주 불쾌한 느낌이었다고 보고한 오하이오주의 중년 여성의 이야기를 소개하기로 하겠다. 그녀는,

"천식(喘息)의 발작으로 6시간 정도 의식이 없었는데 이윽고 누군가(하나님임에 틀림없다고 했다)에게서 '너는 지금 죽어야 할 때다'라는 이야기를 들었습니다. 내 자신이 그렇게 되어서야 비로소 모두가 왜 그토록 죽음을 두려워하고 있는지 알았던 것입니다."

라고 말했다.

이 여성은 자신에게 메시지를 전해 준 초자연적 존재는 하나님일 것으로 믿고 있지만 그 내용은 결코 기분좋은 것이 아니었다고 했다. 너는 이제 죽어야 한다는 말을 듣고 안심할 수 없었으며 기쁨보다도 공포가 먼저 다가왔던 것이다.

또 일리노이주에 사는 지긋한 나이의 남성은 큰 사고를 당한 다음

다소 불유쾌한 육체적 감각이 수반되는 일종의 공백감을 맛보았다며 다음과 같이 고백하고 있다.

"나는 3분 동안 죽어 있었습니다. 그 죽음은 혀 끝에서 시작되었고 이어서 호흡이 멎었습니다. 마지막으로 있었던 일이 기억나는 것은 인후(咽喉)가 마비되었던 일입니다. 괴롭지도 않았고 기분이 나쁘지도 않았습니다. 그저 아무렇지도 않고 아무것도 없는 그런 상태였습니다."

이것이 과연 일반적으로 사용되고 있는 의미로서의 지옥인지 아닌지를 판단하기는 어렵다. 고통으로 인하여 이를 간다든가 몸이 타 버리는 불꽃을 체험했던 것은 아니기 때문이다. 그러나 동시에 이 남성의 체험이 천국과 관련이 있었던 것을 시사하는 것은 아무것도 없다. 따라서 이 남성은 중간쯤을 체험한 것이기는 하지만 굳이 말한다면 불쾌한 느낌의 색채를 띤 영역에 들어갔었던 것같이 생각된다. 그러므로 만약 그것이 초자연적 영역이었다고 하면 아마도 불쾌한 느낌의 차원 쪽 입구를 체험한 것인지도 모른다.

복막염(腹膜炎)으로 죽기 직전의 상태에 있던 남성이 보았던 것

이처럼 다소 불쾌한 느낌의 뉘앙스를 가진 보고는 이 밖에도 또 있다.

맹장염(盲腸炎) 수술을 늦게서야 했다는 오하이오주의 35세 된 남성은 다음과 같이 말하고 있다.

"맹장이 썩어서 복막염을 일으켰습니다. 독소(毒素)가 온몸에 퍼졌는데 뇌까지 위험했었는지도 모릅니다. 침대에서 일어나자 로브를 입은 사람이 보였습니다. 그 사람에게는 얼굴이 없었습니다만 별로 무섭지는 않았고 오히려 이야기를 들어서 짐작하고 있던 수호천사(守護天使)와 비슷했습니다. 나는 얼굴을 돌려 안 보려고 했지만 있었던 것은 확실합니다.

다음 날도 그 사람은 나타났습니다. 나는 통증을 가라앉히기 위해 강력한 진통제를 사용하고 있었지요. 그때는 불과 몇 초 동안만 나타났을 뿐이었습니다. 그로부터 9일 뒤에 수술을 받았는데 그 후에 다시 상태가 나빠져서(맹장 자른 부분이 꼬여서) 침대에 누운 채 뢴트겐 사진을 찍으러 갔었지요.

나는 내가 캄캄하고 아무것도 없는 공간 속에 있다는 느낌이 들었습니다. 보이는 것은 두 개의 평행봉(平行棒)을 꼭 붙잡고 있는 자신의 손뿐이었습니다. 만약 손을 놓으면 생명을 잃는다는 것만은 알고 있었습니다. '삶'을 단단히 붙잡지 않으면 안 된다는 것을 느끼고 있었다는 말입니다. 나는 조금도 이상하다고 생각하지 않으면서도 손을 놓으면 죽고 말 것이라고 생각했던 것입니다. 평행봉에 매달려 있는 것이 괴롭다고 느낀 것은 아주 순간적이었을 뿐입니다."

이 남성은 메소디스트파의 신자(信者)였는데 이 체험을 했을 때 아마도 천국 혹은 사후의 세계를 엿보았던 것으로 생각된다. 그러나 자신이 하나님이나 예수 그리스도에게 가까이 갔다는 느낌은 없었다고 이야기하고 있다.

그의 체험은 결국 평안하고 즐거웠던 것보다는 불쾌한 느낌이었던 것 같다. 왜냐하면 그가 수호천사일지도 모른다고 생각했던 얼굴 없는 생명체는 아무리 호의적으로 보더라도 중립적 존재였기 때문이다.

그 생명체는 그가 평행봉과 같은 것으로 느꼈던 '삶'에 필사적으로 매달려 있을 때도 아무런 도움도 주지 않았다. 그러므로 이 남성은 자신의 힘으로 '삶'에 단단히 매달려 있지 않으면 안 되었던 것이다.

따라서 이 생명체의 행동은 다른 사람이 만났었다고 하는 생명체, 즉 어드바이스를 해준다거나 격려해 주는 생명체와는 매우 다른 것이었다.

죽기 직전에 찾아온 공포감·혼란 그리고 망설임

또 죽기 직전의 상태에서 했던 불쾌한 체험 때 강력한 공포를 느끼는 일도 있다. 예컨대 미시시피주에서 슈퍼마켓의 판매원으로 있던 젊은 여성은 다음과 같이 말하고 있다.

"일을 하고 있는데 돌연 기분이 나빠져서 고함을 질렀는데, 그 즉시로 호흡이 멎어 버린 것입니다. 그리고 완전히 숨쉴 수 없게 되었지요. 이제 죽는구나 하는 생각이 들었습니다. 의식이 사라지는가 했는데…… 나는 주님이 나에게 무슨 말씀을 하고 계심을 알았습니다. 주님은 무엇인가 나에게 지시하셨습니다. 그러나 아직 내가 부름을 받을 때는 아니었습니다.

주변 사람들은 서둘러 나를 병원으로 옮겼습니다. 병원으로 옮겨질 때의 일은 기억하고 있지 못합니다. 그러나 곧 죽을 것이라는 것은 느끼고 있었습니다. 그 순간 주변 사람들은 모두 내가 죽은 것으로 생각했습니다. 금방 사후의 세계로 들어가기 직전이있는데 주님이 나를 어둠 속에서 구출해 주셨던 것입니다. 만약 주님이 도와주시지 않았더라면 숨이 끊어진 채로 있었을 것이니 나는 주님께 감사드립니다. 숨이 멎었을 때 내 마음 속에서는 '하나님이시여, 제발 도와주시옵소서!'라는 원망(願望)뿐이었습니다. 정말로 죽을 것이라는 생각이 들더군요."

이런 공포심말고도 혼란 속에 빠진다거나 이찌할 바를 모르는 경우도 있는 듯하다. 캘리포니아에서 회계사(會計士) 일을 하고 있는 나이 지긋한 남성은 제삼자로서의 체험을 다음과 같이 이야기하고 있다.

"나는 어머니의 일로 불가사의한 체험을 했습니다. 어머니는 돌아가시기 며칠 전부터 혼수상태였는데, 눈동자도 움직이지 않았고 눈에 손을 대도 아무런 반사작용도 없었습니다. 그런데 숨을 거둔 후에는 내가 보아도 분명히 알 수 있을 정도로 변해 있었습니다. 어머니는 마치 '도대체 내가 어떻게 된 것이냐?'라는 말을 하고 있는 것 같았습니다. 그것은 틀림없이 당황하는 표정이었습니다. 얼굴에 그런 표정이 나타날 정도로 어떤 일이 일어난 것입니다."

이 남성은 그 체험에 의해서, 어머니가 천국을 엿보았을 가능성이 있다고는 생각하고 있지 않았으며, 하나님이나 예수 그리스도 가까이에 부름을 받았다는 생각도 하지 않았다고 말했다. 그러나 그의 어머니가 무엇인가를 보았던 것은 분명하다. 그것은 도대체 무엇이었을까?

대부분의 과학자는 이 어머니라든가 그 밖의 사람들이 삶과 죽음의 경계를 드나들 때 보았던 것은, 환각(幻覺) 혹은 과학적으로 설명할 수 있는 현상이라고 말한다.

③ 초차원(超次元) 세계의 제1단계

이번에 조사했던 죽기 직전의 상태에서 느낀 불쾌한 감정의 체험담을 정리하면 다음과 같은 특징이 있다.

- 특징이 없는 그리고 때로는 소름이 끼치는 얼굴이 보였다.
- 다만 그곳에 있을 뿐으로서, 아무런 도움도 안 되는 것 같은 생명체가 있었다.
- 불유쾌한 느낌—특히 기분적으로 혹은 정신적으로 불안한 느낌

이 있었다.

- 불가사의한 체험을 하고 기분이 혼란했다.
- 속임을 당하고 있다는 느낌이 있었다.
- 사람이 죽은 결과 찾아오는 것에 대한 공포를 느꼈다.

죽기 직전의 상태에서 한 체험의 대부분이 유쾌하든가 불쾌하다는 것 중 그 어느 쪽도 아닌 이야기, 혹은 불쾌한 느낌이었다는 이야기를 하는데 그것은 지옥을 체험했다는 것이라는 말인가?

분명 그들의 회답 중 대부분이—이번 조사에서 죽기 직전의 상태에서 불가사의한 체험을 했다고 보고한 사람의 10명 중 6명 이상이—사고라든가 질병 등에 대하여 신비적인 요소를 포함시키지 않고 묘사할 뿐이다. 그리고 비록 불쾌한 느낌의 묘사와 해석을 할 때도 그다지 격렬한 증오감이 아니었던 경우도 많았으며 때에 따라서 불쾌한 감정의 요인과 유쾌한 감정의 요인이 혼합되어 있던 일도 있다.

침묵하는 '사후(死後)'

그러한 묘사는 영원히 용서받을 수 없고 고문당하는 곳으로서의 지옥(地獄) 이미지와는 합치되지 않을지도 모른다. 그러나 동시에 그런 것들은 종교적인 지옥의 개념과 반드시 모순되는 것은 아니다.

예를 들면 《신약성경(新約聖經)》에는,

'사탄과 그를 따르는 자, 그리고 신앙을 가지지 않는 자는 모두 종말(終末), 즉 인류 역사가 끝날 때에 불과 유황(硫黃)의 못에 던져진다.' (〈요한 계시록〉 제20장 7절~15절)

라고 기록되어 있다. 그러나 성경에는 죽은 후 최후의 심판을 받을 때까지의 사이에 일어날 일에 대해서는 그다지 분명한 기록이 없다.

사도 바울은 자주 그리스도를 따르는 자는 최후의 심판을 받을 때까지 '잠자고 있다'고 말했으며 죽은 후 최후의 심판 때까지의 상태를 '꿈꾸지 않고 잠자는 때'라고 말하는 사람도 있다. 인류의 역사가 끝나는 것을 기다리고 있는 사자(死者)는 마지막 부활(復活) 때까지 의식이 없든가 혹은 사후의 세계가 어떤 것인지 모른 채 있는 것인지도 모른다.

또 그리스도가 자신과 함께 십자가에 못박힌 강도를 향해 한 말,

> '내가 진실로 네게 이르노니 오늘 네가 나와 함께 낙원에 있으리라.'(〈누가복음〉 제23장 43절)

는 구절을 인용하면서 사람은 죽으면 곧 천국(혹은 지옥)에 가게 된다고 주장하는 사람도 많다.

옛날부터 있었던 일이지만 기독교 신학자와 성경학자들 사이에서는 사람이 죽으면 그 직후 어떤 일이 일어나는지에 대하여 견해가 일치되어 있지 않다. 그 점이 죽기 직전인 상태에서 불가사의한 체험을 했다는 보고에 분명치 않은 것이 많은 원인 중 하나이다. 그러나 사후의 세계를 엿본다는 것은 사후 세계의 좋은 면뿐만 아니라 싫은 면도 볼 수 있을 것이다. 만약 그러하다면 죽음 직전의 상태에서 불가사의한 체험을 한 사람의 이야기는 사후 세계의 싫은 면이 어떤 것인지를 알게 되는 어떤 단서가 된다.

지옥을 '공허한 도시'로 표현한 루이스 박사

그런 사고방식에 입각하여 이번에 한 조사에서 알아낸 것을 죽음 직후에 체험하는 사후 세계에 있어 소름이 끼칠 것 같은 싫은 면에 대해 일부 종교사상가라든가 철학자가 정리한 것과 비교해 보도록 하자.

예컨대 C.S. 루이스는 저서《더 그레이트 디보스》속에서 지옥을 공허한 도시로 보고 있으며 언뜻 보기에는 기가 꺾이고 싫증이 나지만 그렇다고 해서 반드시 무서운 고문이 행해지는 곳은 아니라고 묘사하

고 있다.

그런데 그 도시에 살고 있던 사람들이—혹은 이전에 살고 있던 사람들이—언제나 싸움을 하고 있을 뿐 아무래도 사이좋게 지낼 수 없다는 사실이 밝혀지면 그곳이 정신적으로 황폐해진 곳임을 알 수 있게 된다. 등장인물 중 한 사람이 얘기하고 있는 것처럼,

"누군가가 들어오면 곧 어디엔가 정착하지만 1주일도 지나기 전에 누군가와 멋대로 싸움을 하게 되고 다른 곳으로 옮기게 된다."

는 것이다. 그러므로 그 도시는 집을 버리고 어떤 자의 곁에서 도망쳐 온 사람들 때문에 점점 인구가 불어난다.

또 한 사람의 등장인물은 반사회적(反社會的)으로 위축된 지옥을 다음과 같은 말로 설명하고 있다.

"지옥은 그 전체라 하더라도 지상(地上)의 자갈 한 개보다 작으며 참된 세계인 '천국'의 원자(原子) 한 개보다도 아주 작다.

저곳에 있는 나비를 보라. 가령 저 나비가 지옥을 완전히 먹어치워도 지옥은 너무 작으므로 나비에게는 아무런 해(害)도 없고, 아무 맛도 느낄 수 없을 것이다.…… 지옥에 떨어진 영혼은 거의 무(無)에 가까울 정도로 오그라져 있으며 자기 껍질 속에 틀어박혀 있다.

귀머거리에게 음향(音響)을 들려 줄 때처럼 탕탕 소리를 분명 반복해서 전해 주지만 그들은 그것을 수신(受信)할 수 없다. 그들은 주먹을 불끈 쥐고 이를 악물며 눈을 굳게 감고 있다. 처음에는 자신의 의지로 그렇게 하는데 나중에는 무엇을 주더라도 그것을 받기 위해 손을 펴지 못하고 먹고 싶어도 입을 열지 못하며 무엇을 보려 해도 눈이 떠지지 않게 되고 마는 것이다."

즉, 지옥이란 곳은 싫은 그곳에 영원히 들어가야 하는 불행한 사람들에게 아주 몰래 다가오는 것이다. 처음에는 특별히 이렇다 할 일이 없지만 다소 싫은 느낌을 받으며 어떤 일이 일어났는지 인식하지 못하

는 동안에 차츰 나쁜 상태로 되어 가는 것이다. 기독교의 지옥에 대한 견해에서 분명한 것은, 지옥이란 하나님으로부터 멀어진 상태인데, 그것은 루이스가 최종적으로 간파한 견해이기도 하다.

천국의 대극(對極)으로서의 '지옥'

이번에 우리가 행한, 일반적 미국인의 사후 세계에 대한 생각에 관한 조사에서 지옥은 있다고 믿는 사람이, 하나님으로부터 영원히 멀어져 있다는 것은 어떤 것으로 생각하느냐는 것에 대해서도 흥미 깊은 이야기를 하고 있다.

애리조나주의 어떤 여성은 지옥에 가는 사람은 죽으면 곧,

"나무 뿌리가 뒤엉켜 있고 마귀와 비열한 자들이 웅성대고 있는 터널에 들어갈 것으로 생각합니다."

라고 말하고 있다. 그리고 죽음에 임박했을 때 불쾌하고 불가사의한 체험을 했던 사람과 비슷한 이야기에도 터널이라든가 동굴에 관한 것들이 등장한다. 따라서 천국과 같은 사후의 세계를 체험했다는 사람을 이야기에 자주 등장한 터널의 개념은 긍정적으로도 사용되는 것인지도 모르겠다.

또 뉴욕의 어느 비즈니스맨은 지옥에 대해 다음과 같이 말하고 있다. 그것은 죽기 직전의 상태인 때 불가사의한 체험을 했던 사람의 이야기와 상당히 흡사하다.

"지옥이란 곳은 천국과는 반대의 세계라고 생각합니다. 천국처럼 빛을 느낄 수 없고 대단히 캄캄하겠지요. 그리고 그곳에 가는 사람의 퍼스낼리티는 언제나 나쁜 쪽으로 나쁜 쪽으로 타락해 가겠지요. '성장(成長)'이라고 하는 것은 하나님과 천국에 속한 개념인데 비해 지옥을 나타내고 있는 것은 '파멸(破滅)'이란 언어입니다.

또 지옥에는 동료의식이란 것이 없겠지요. '친구가 많기 때문에

지옥에 가더라도 상관없다'고 말하는 사람이 있는데 나는 그렇지 않을 것으로 생각합니다. 지옥에 있는 사람은 모두 대단히 고독할 것으로 생각됩니다. 불 못〔池〕 속에 있고 그 주변에는 숱한 사람들이 있는 것이 아니라 각자가 모두 홀로 있습니다. 그리고 지옥에 들어가는 사람들은 자신의 내면(內面)을 드러내게 되므로 언제나 도저히 어떻게 할 수 없는 감정과 절망감과 싸우지 않을 수 없게 되겠지요."

사후의 세계에 발을 들여놓고 불쾌한 인상을 받았던 사람의 이야기도 예수 그리스도라든가 그 밖의 사람이 《신약성경(新約聖經)》 속에서 말한 것, 예를 든다면 〈마태복음〉 제18장 8절의 '영원한 불'이다. 그것과 비슷한 무서운 지옥의 특징에 대해서는 말하지 않는 경우가 있다. 그러나 그와 동시에 성실히 살아간 사람이라면 단 일순간도 맛보려고 하지 않는 불쾌한 감각이 있다는 것도 이번 조사에서 부상(浮上)되었다.

그리고 사후의 세계에 대하여 독창적인 추측을 한 C.S. 루이스와 찰스 윌리엄스 등이 주장한 하나님이 없는 곳의 무서움은 죽은 다음에 서서히 더해진다라고 하는 생각이 올바르다고 한다면 우리는 여기에서 소개한 몇 가지의 죽음에 임박했을 때의 불가사의한 체험 속에 사후의 불쾌한 초차원적 세계의 제1단계를 실제로 본 것이 된다.

그러나 지금까지의 종교에 의한 가르침에서도 그리고 죽기 직전인 상태에서 한 체험의 보고에서도 사후의 세계는 단지 즐거운 곳이라든가 즐겁지 않은 곳이라든가, 어디에 있다든가, 어떤 차원에 있다는 것뿐만 아니라, 한층 더 여러 가지의 요소가 있을 것으로 생각된다. 그리고 천국에도 지옥에도 그에 어울리는 주민들이 있다는 것도 추측할 수 있겠다.

7. 사후(死後) 세계의 지배자

'사후의 세계'에서 사는 생명체
천사와 마귀의 수수께끼를 풀어 본다

1 '사후의 세계'에서 사는 생명체

현실세계에서는 어느 특정한 지역의 특징은 그곳에 살고 있는 사람들의 성질에 의해 결정되는데, 영원한 세계를 엿보았다는 사람의 초차원적(超次元的) 세계의 이야기에 대해서도 같은 말을 할 수 있을 듯하다. 만약 이런 이야기들이 실제로 영원한 세계를 암시하고 있다면 사후의 세계에는 상상할 수 없을 정도로 다양한 생명체가 있다는 말이 된다.

영원의 초차원적 세계와 같은 것을 엿보았다는 사람이 있다는 이야기를 들을 때 우선 제일 먼저 머리에 떠오르는 것은,

'도대체 누가, 혹은 무엇이 그 세계를 지배하고 있을까?'

라는 점이리라.

우리에게 보내진 체험담 중에는 전체를 지배하고 인간에게 명령을 내리거나 어드바이스를 하는 등의 권력을 가진 특정한 존재라든가, 생명체 혹은 그런 생명체 그룹이 있다고 하는 것도 있다. 사후의 세계에 발을 들여놓았었다는 사람이 그러한 생명체의 일을, 흔히 알려진 종교 용어를 사용하며 설명하고 하는 일이 있는데 그것은 아마 말로 표현하기 어려운 것을 정확하게 전달할 수 있을 것 같은, 유일한 용어이기 때문일 것이다.

그럼 그러한 언어를 가급적 이해하고 불가사의한 사건의 핵심에 가까이 가기 위해 여러 종교에서 '사후의 세계'를 정의(定義)하는 데 사용하고 있는 범주를 간단히 살펴보기로 한다.

거의 모든 종교에서는 사후의 세계에는 인간의 상상을 초월하고 초자연적인 생명체가 살고 있다고 본다. 예를 들면 이슬람교에서는 이미 보았던 것처럼 유일신(唯一神)인 알라가 있는데 그 주변에 천사(天使)와 그리고 천사보다는 힘과 권위가 한 단계 아래인 정령(精靈)이 있다고 생각한다.

그러한 초인적(超人的) 생명체는 인간처럼 행동하고 인간이 하는 일에 반드시 개입했던 그리스 신(神)들과 마찬가지로 외견(外見)으로는 인간과 구별할 수 없는 경우가 있다. 이와 마찬가지로 소돔의 롯을 찾아와서 그 도시가 파괴되기 전에 가족을 데리고 피하도록 경고했던 두 사람의 천사도 하나님 나라에 속해 있지만 인간과 비슷했다고 묘사되어 있다.

그런데 《구약성경(舊約聖經)》의 게르빔과 세라빔 같은 천사는 그렇지가 않으며 어쩐지 다른 모습일 것이란 느낌이 든다. 예컨대 게르빔(그룹)은 선지자(先知者) 에스겔에 의하면 네 개의 얼굴을 가지고 몸에 네 개의 날개와 바퀴가 달려 있다고 했다. 그리고 에덴동산에 있는 생명나무로 통하는 길가에 서서 그곳을 지키는 일과 하나님의 보좌를 지탱하는 일이 이 게르빔의 역할이었다고 한다.

우리가 면접한, 죽기 직전 상태에서 불가사의한 체험을 했다는 사람 중에도 기묘한 생명체를 보았다든가 그런 것과 관련이 있었다고 말하는 사람이 있다. 그 생명체들은 하나님과 같은 레벨에 있는 것이라고 받아들이는 사람도 있는가 하면 하나님보다 한 단계 아래로서 하나님을 돕고 있는 레벨(천사의 제일이라고 하는 사람도 있을는지 모르겠다)일 것이라고 하는 사람도 있다. 또한 악령(惡靈) 혹은 마귀의 일종이라고 하는 자도 있다. 그럼 여기서 그들이 실제로 어떤 체험을 했었는지를 알기 위하여 그들의 체험담에 귀를 기울여 보기로 하자. 그런 다음 초자연적 생명체에 대한 예로부터의 사고방식과 현대의 지식 쌍

방을 재조명해 가면서 그것을 어떻게 해석하면 좋은지 검토해 보기로 하자.

천사의 팔로 만들어진 천국으로 가는 계단(階段)

펜실베이니아에 살고 있는 한 간호사의 이야기는 우리에게 보내진 체험담 가운데 가장 긴 것의 하나였는데 그것은 다음과 같은 것이었다.

"내가 불가사의한 체험을 했던 것은 17세 때의 일로서 딸을 출산한 지 1주일쯤 후의 일이었습니다. 집에서 해산을 했기 때문에 굉장한 난산이었는데 의사 선생님도 상당히 고생을 했으며 겸자(鉗子)를 사용하여 겨우 아기를 꺼냈다고 합니다. 그 후 나는 상태가 안좋게 되어 병원으로 옮겨졌습니다.

입원한 지 사흘째 되던 날 의사 선생님은 수술을 하겠다고 말했는데 남편은 수술에 동의하지 않았을 뿐 아니라 아직 침대에서 일어나지도 못하는 나를 집으로 데려가려 했습니다. 일요일 오후의 일입니다. 남편은 택시를 부르더니 나를 아기처럼 안고 택시에 태웠습니다.

집에 도착하자 웬일인지 힘이 용솟음쳤습니다. 나는 차에서 내렸고 아파트 3층에 있는 내 집까지 걸어서 올라갔습니다. 그리고 내 마음에 들도록 침대를 다시 배치하고 옷을 벗은 다음 침대 위에 올라갔습니다. 아주 상쾌한 기분이었습니다. 그런 기분은 그 이전에도 그리고 그 이후에도 느껴 본 일이 없습니다.

가족들도 이웃 사람들도 내가 기적적으로 호전된 것을 보고 놀라워하며 집으로 모여왔습니다. 그런데 바로 그때 누군가가 나에게 말을 하는데 '너는 이제 죽을 것이니 남편과 가족에게 그런 사실을 알리라'는 것이었습니다.

그래서 나는 사람들 모두를 방안으로 불러들인 다음 남편의 손을 잡고 '나는 이제 하나님을 뵈러 가야겠으니 당신들도 하나님과 만날 준비를 해두지 않으면 안 됩니다'라고 말했던 것입니다.

마음은 침착한 상태였고 고통도 전혀 느낄 수 없었습니다. 세 시간 전, 병원에서 나올 때는 심한 통증으로 고생했었는데, 일종의 혼수상태에 빠져든 것 같은 느낌이었습니다. 그러나 그런 상태에서도 모든 것을 눈으로 볼 수 있었습니다.

천국으로부터 천사가 내려오더니 그들 모두가 손을 내밀어 천국에 가는 계단을 만들어 주는 것 같았습니다. 천국으로 통하는 그 계단을 올라가자 집의 상태를 손에 잡히듯 알 수 있었습니다. 가족들과 이웃 사람들은 울고 있었으며 남편은 침대 옆에서 무릎을 꿇고 아기를 위해 아내의 생명을 구해 달라는 기도를 하고 있었습니다.

그래도 나는 천사들의 팔로 만들어진 계단을 올라갔고 천국에 도달했습니다. 천국의 문 앞에는 짙은 안개가 끼여 있었는데 한 천사가 '이 안개는 그대가 돌아오기를 바라는 가족들의 기도입니다. 주님께 아기를 기를 수 있도록 살던 세계로 돌아가게 해주실지 어떤지 여쭈어 보는 게 어떻겠습니까?'라고 말하는 게 아니겠습니까?

안개 속을 더듬어 나아가자 역시 안개에 싸여 있는 보좌에 앉아 있는 분이 보였습니다. 내가 '주여, 바라옵건대 저를 원래 살던 세계로 돌려보내 주소서. 그리하여 갓난아기를 기르도록 해주시기 바랍니다'라고 말했더니 그분은 아무 말도 하지 않았지만 내 손을 잡고 빙그르 돌리더니 뒤로 향하게 하고 계단을 내려가라고 말씀하셨습니다.

집에서는 내가 너무 오랫동안 의식불명인 채로 있었기 때문에 장의사를 수배하고 친척들에게 전보칠 준비를 하고 있었습니다. 그런 때에 내 의식이 돌아왔으니 온 집안 식구들은 하루 종일 크게 소동을 떨었습니다. 그것은 열일곱 살 때의 일이었습니다. 지금 나는 70의 나이가 되었습니다. 아들 하나밖에 두지 못했지만 손자가 다섯이나 있고 그들은 모두 장성했으며 증손자도 셋이나 있습니다."

실로 불가사의한 이 이야기는 이런 유(類)의 체험담 중 전형적인 것으로서 후세에 길이길이 전해질 것이다. 단 한 가지 다른 사람들이 죽음 직전의 상태에서 체험했다고 하는 불가사의한 사건과 다른 점은 이 여성이 회복되려고 했을 때 갑자기 상태가 나빠졌다는 점이다. 그러나 그녀가 '되돌아왔을 때' 가족들은 그녀가 완전히 죽었다고 생각했었다는 점이라든가, 그녀의 의식이 없어졌을 때에(일시적으로 죽은 상태가 되었을 때에) 주변 사람들이 울었다든가 슬퍼했었다는 점으로 볼 때 그것은 분명 사실이었던 듯하다.

이 이야기에 나오는 초차원적 생명체는 아주 구체적으로 그려져 있다.

우선 첫째로 형태는 없었으나 어떤 목소리가 그녀에게 이제 죽을 것임을 전해 주고 있다. 그리고 손을 내밀어 천국으로 올라가는 계단을 직접 만들어 준 인간 모습을 한 천사들이 여럿 있었다. 다음으로 상황을 설명한다든가 어드바이스를 해주는 등 스포크스맨의 역할을 해준 천사장(天使長)이 있었다. 그리고 마지막에 그녀가 주(主)라고 불렀고, 그녀는 이 세상에 되돌려 보내기로 결정을 내렸던 하나님과 같은 존재가 있었다.

이 지배자와 같았던 '주(主)'는 죽음 직전의 상태를 경험한 사람들의 이야기 속에서는 대개 고귀한 모습을 하고 있는 것 같다.

중졸(中卒) 학력인 어느 여성은 돌연 늑막염(肋膜炎)에 걸려서 호흡곤란에 빠졌고 빈사상태가 되었을 때의 일을 다음과 같이 이야기하고 있다.

"나는 그 자리에서 쓰러졌는데 주변에 누가 있는지조차 전혀 몰랐습니다. 의식이 없어지자 주(主)의 모습이 나타나셨습니다. 나는 주님께 이야기를 했습니다. 주님은 무엇에 비교할 수 없을 만큼 아름다운 분이었으며 마치 태양처럼 빛나고 계셨습니다. 주님은 침대 옆에 오셔서 나에게 이야기해 주셨답니다."

여기서 이야기하고 있는 '주(主)'는 '무엇과도 비교할 수 없을 만큼 아름다운 분'이라고 묘사되어 있는 점에서, 인간의 모습을 하고 있는 것으로 생각된다. 또 보통 인간과 마찬가지로 그녀와 커뮤니케이션을 할 수도 있었던 듯하다. 그러나 동시에 그녀가 '마치 태양처럼 빛났었다'고 말한 것을 볼 때, 이 세상 것이 아니라는 특징도 있었던 것으로 생각된다.

어린아이의 생명을 건져 준 천사

전반적으로 보아 죽음에 임박한 상황에서 불가사의한 일을 체험했던 사람이 만났었다고 하는 생명체에는 인간을 돕는다거나 교육한다거나 이끌어 준다거나 혹은 사람에게 경고하거나 하는 것도 있다. 또 결정을 내려 준다거나 그 사람의 운명에 자비심 깊은 절대적 권력을 행사하는 등의 생명체도 있다.

예를 들면 어느 여성은 죽음에 직면했을 때 정신적으로 아주 혼란을 일으켰다고 한다. 자기가 죽으면 가족들이 몹시 당황하지 않을까 하는 심히 불안한 마음으로 동요했었다는 것이다. 그런데 이윽고 그녀는 무엇인가 초자연적인 것의 존재를 느꼈었다며 다음과 같이 말하고 있다.

"영적(靈的)인 무엇인가가 나타나서 가족들은 무사하니 걱정하지 말라고 말하는 것이었습니다. 나는 그 영적인 분이 모든 것을 꿰뚫어 보고 있다는 것을 알았습니다."

이렇게 해서 그녀의 불안은 그 즉시 해소되었다고 가장 편안한 것의 수중(手中)에 있음을 느낄 수 있었다고 한다. 그녀가 자신의 운명은 영적 존재의 지배하에 있는 것이므로 모든 일이 잘되어 갈 것이라고 믿었던 것은 의심할 여지가 없다. 그 후 질병의 증세도 회복되었을 뿐만 아니라 가족에 대한 책임감도 그때까지보다 훨씬 강해졌다고 고백했다.

또 한 사람 텍사스주에 사는 남성은 죽음에 임박했을 때 깜짝 놀랄 정도로 아름다운 궁전(宮殿)으로 안내되었다고 보고하고 있다. 그는 다음과 같이 말했다.

"어디선가 소리가 들려왔는데 이곳이 얼마나 아름다운 곳인지를 많은 사람들에게 전하라고 말했습니다. 그 사람은 '이곳은 다윗의 집이다'라고 말했던 것입니다."

이 남성의 경우는 초차원적(超次元的) 생명체가 살고 있는 행위를 인간에게 지시하기 위하여—그 사람이 현실세계로 돌아와서 건강을 되찾게 되면 그 체험을 세상에 널리 알리라는 것—죽기 직전의 상태에서 한 불가사의한 체험을 이용했던 것이다.

이 사람은 자기보다 우위(優位)에 있는 존재로부터 명령을 받았던 것인데 그것에 대하여 그녀가 반항을 했다거나 불만을 표시했다는 흔적은 전혀 없다. 오히려 그가 암묵(暗默) 중에 우위적인 존재의 지도적 역할을 받아들이고 스스로 나아가서 그 지시에 따르려고 했던 것이다.

이상과 같은 초자연적 생명체는 모두 사람이 죽음에 임박했을 때 나타났던 것인데 반드시 그런 상황에만 한하는 것은 아니다. 죽기 직전의 상태가 아니더라도 극도의 긴장 상태에 있을 때 나타나는 경우도 있다.

우리에게 보내 온 체험담 중 어떤 손자의 방 가까이에서 자고 있던 할머니에게 불가사의한 일이 나타났었다고 하는 이야기가 있다. 그 부인은 밤이 되면 몇 시간씩 기도하는 일이 많았으므로 영적(靈的)인 일에 관해서는 반응하기 쉬운 편이었을 것으로 생각된다.

그날 밤 그녀가 잠을 자고 있는데 돌연 어떤 자에 의해 일으켜졌고 무심히 위를 쳐다보니 '빛을 발하고는 있었지만 인간의 모습을 하고 있는'불가사의한 것이 보였다고 한다. 그녀는 천사라고 말하는데 그 불가사의한 생명체는 묵묵히 있는 채로 집요하게 어린 손자가 자고 있는 방을 가리키는 것이었다. 그녀는,

"얼른 일어나서 손자의 방에 가야겠다는 생각을 했습니다."

라고 그 당시의 일을 이야기하고 있다.

손자 아이의 침대를 바라본 그녀는 등줄기에 식은땀이 흐르는 것 같았다. 무서운 광경을 보았던 것이다.

"밤이 되면 손자 아이에게 젖병을 들려 주곤 했는데 그것이 그만 깨져서 칼날과 같은 유리 조각이 당장 아기의 목을 찌를 것만 같았습니다."

이 여성은,

"손자의 생명은 천사 덕택으로 구할 수 있었던 것입니다. 만약 손자 아이가 조금이라도 몸을 움직였더라면 그대로 일을 당할 뻔했지요. 손자를 지켜 주던 수호(守護) 천사가 나에게 알려 준 것이라고 나는 굳게 믿고 있습니다."

라고 말했다.

비극을 예고한 생명체

그러나 초차원적 생명체의 말이 언제나 그처럼 좋은 결과를 가져다 준다고만은 할 수 없다.

그 중에는 분명히 초자연적 생명체라고 단언할 수는 없지만 어쨌든 정체를 알 수 없는 '누군가'가 나중에 일어날 비극을 예고해 주었다는

경우도 있다.

어느 과학자는 사후의 세계 따위는 믿지 않으며 '천국이라든가 지옥이란 현실 세계에 있다'고 하면서도 다음과 같이 말하고 있다.

"열 살 때였다고 생각합니다. 어느 날 밤, 잠을 자고 있는데 누군가가 '네가 열여덟 살이 되면 너의 어머니는 죽을 것이다'라는 말을 했습니다. 나는 울다가 눈을 떴습니다. 그리고 내가 열여덟 살 되는 생일을 맞기 5주일 전에 어머니는 세상을 떠났습니다."

그에게 죽음의 메시지를 전해 준 기묘한 존재의 말은 다음에 소개하는 극도의 스트레스에 시달리던 어느 젊은이에게 자살을 종요했던 강제적인 힘과 어딘가 공통되는 점이 있다.

그 젊은이는 대학생으로서 다음과 같은 이야기를 들려 주었다.

"나는 너무 스트레스가 쌓여 있었기 때문에 어쨌든 자살하고 싶다는 강박관념에 사로잡혀 있었습니다. 그 무렵 나는 종교모임에 출석하고 있었는데 어느 날 밤 무서운 꿈을 꾸었습니다. 나는 깜짝 놀라서 눈을 떴고 '예수님!' 하고 외쳤습니다. 그리고 오늘은 무엇인가 극적인 일이 있어날 것이라고 생각했었지요.

나는 다소 무서운 생각을 가지고 모임의 카운슬러에게 이야기했습니다. 그러자 카운슬러는 '무서울 것은 아무것도 없어. 예수 그리스도는 신(神)이시니까'라고 말하는 것이었습니다.

그날 모임에 나와 있던 사람들은 나를 위해 기도해 주었고, 그런 다음 모두가 '구원의 찬송'을 불렀습니다. 그 순간 내 몸에서 무엇인가가 빠져 나가는 느낌이 들었습니다.

그것은 가슴 위를 짓누르고 있던 무거운 물건이 치워지는 것 같은 느낌이었는데 입을 통해서 빠져 나가는 것 같았습니다. 그날 이후 나는 두번 다시 자살하겠다는 등의 생각을 하지 않게 되었습니다."

정체불명의 사악한 생명체의 유혹

악(惡)의 힘이 가장 명확하게 작용했던 것을 나타내는 일이 텍사스주의 어느 젊은이에게서 일어났었다. 그 젊은이는 뉴멕시코의 인디언 보호 특별 보류지에서 자원봉사를 하고 있었다고 한다. 그의 이야기는 다음과 같은 것이었다.

"보류지에는 북구계(北歐系) 미국인이 나와 내 아내인 존, 그리고 상당히 연상인 선교사 등 세 사람밖에 없었습니다. 어느 날 우리는, 밤 2시에서 3시 사이일 것으로 생각됩니다만 기우제(祈雨祭) 무용장에 갔습니다. 처음에 우리는 참가하지 말아야 한다는 것을 깜빡 잊고 있었습니다. 그것은 인디언들이 우리를 백안시(白眼視)했으므로 가서는 안 된다는 것을 알았던 것이지요.

그때 돌연 왜 그런 것인지는 알 수 없었습니다만 나는 아침이 되면 죽을지도 모른다는 불안감이 가슴에 와 닿았으므로 평소보다 주의를 하여 주변을 살폈습니다. 그리고 숙소로 돌아왔지요.

다음 날은 이렇다 할 일이 일어나지 않았는데 밤에 아내와 자고 있자니 묘한 느낌이 들면서 눈이 떠지는 것이었습니다. 내 침대 곁에 누군가가 서 있는 것 같았습니다. 그런데도 보이는 것은 아무것도 없었으므로 나는 심히 무서워졌습니다. 나는 큰 소리로 아내 존을 깨우려고 했는데 목소리가 나오지 않았습니다. 그 사이에 줄곧 그 생명체가 나에게 무슨 말인가를 하고 있다는 것을 느끼기는 했습니다만 나는 그 메시지가 무엇인지 이해할 수 없었습니다. 그런데도 나는 분명하게 '알겠습니다. 그렇게 하겠습니다. 약속하겠습니다!'라고 말해 버렸던 것입니다.

그러자 그 생명체는 사라졌고 공포심도 사라졌으며 입이 열리게 되어 나는 다시 잠을 청했습니다. 그러나 다음 날이 되자 지난 밤의 일이 마음에 걸려서 나는 기도하기 시작했습니다. 하나님에게 어젯밤에 있었던 일을 보고한 다음, '만약 좋지 않은 것을 약속했다면 바라옵건대 저를 구원해 주시옵소서!'라고 기도했습니다.

나는 이제 문제없을 것이라는 느낌이 들기에 그날 밤은 안심하고 잠자리에 들었습니다. 그런데 또 한밤중에 눈이 떠졌고 정신을 차려 보니 베갯머리에서 웬 손이 내 목을 향하여 뻗쳐 오는 것이었습니다. 나는 얼른, '주여, 당신께 모든 것을 맡기겠습니다'라고 말했을 뿐 더이상 아무 말도 못했으며 돌이켜 누워서 그대로 잠이 들었던 것입니다."

이 젊은이는 두번 다시 그런 체험을 하지 않았는데 자기는 무엇인가 사악한 것과 관계를 가졌었다고 확신을 가졌던 듯하다. 그러나 그는 실제로 무엇을 본 것이 아니라 단지 마귀와 같은 것의 존재를 느꼈을 뿐이었다고 강조하고 있다.

2 천사와 마귀의 수수께끼를 풀어 본다

이번에 했던 조사에서 학력 여하에 관계없이, 상당히 많은 사람들이 사후의 세계에는 분명히 확인할 수 있는 생명체가 계급별로 존재한다고 믿고 있음을 알아냈다.

우리가 했던 또 다른 조사에서도 역시 자세한 것을 알 수 있었다. 예를 든다면 미국인 9명 중 1명(전 인구의 11%)이 유령의 존재를 믿고 있다는 점이다. 그리고 다른 나라에 비하면 영적(靈的)인 존재를 믿는 사람의 수는 미국이 제일 많은데, 유령에 관해서는 영국에서 20%의 사람이 그 존재를 믿고 있으며 7%가 실제로 유령을 본 일이 있다고 말했다.

또 대부분의 사람이 마음속으로 '악령(惡靈)들(devils)'과 '마귀(魔鬼 : the devil)'를 구별하고 있는 듯하다. 이러한 것을 테마로 한 최근의 조사에서 미국 성인(成人)의 34%가 '악(惡)의 힘을 지배하고 인간에게 악한 짓을 하도록 하는 인격의 생명체'로서의 마귀의 존재를 믿고 있다는 것을 알아냈다. 또 36%의 사람은 '인간에게 나쁜 짓을 하도록 하는, 인격을 가지지 않은 강제력(强制力)'으로서의 마귀의 존재를 믿고 있다고 말하고 있다. 그 이외에 20%의 사람은 마귀 따위는 전혀 믿지 않는다고 대답했고 10%가 모르겠다고 대답했다.

즉 10명 가운데 7명이나 되는 사람이 마귀, 혹은 인격을 가지지 않은 마귀의 존재를 믿고 있는데 수많은 악령들이라든가 마귀의 수하(手下)에 있는 악령의 존재를 믿는 사람은 10명 중 4명밖에 없다는 사실이다. '악령들'이라는 복수형(複數形)이 되면 인간의 현실세계에서 하는 생활이라든가 사후의 세계에 악영향을 끼치고자 하는, 인격을 가진 생명체 그룹이란 인상을 주게 되는 것인지도 모른다.

마귀를 키우는, 끈질긴 '종교심(宗敎心)'

미국인의 마귀에 대한 생각과 다른 나라 사람들의 생각을 비교해 보는 것도 좋을 것이다. 왜냐하면 미국인의 사고방식만을 검토하고 그 결론을 전세계의 결론인 양하여 보편화시키는 것은 아주 쉽지만 그러한 방법은 타당하지 못하기 때문이다.

몇 해 전 일반적인 미국인을 대상으로 한 조사에서 '마귀의 존재를 믿습니까?'라는 간단한 질문을 했던바 '믿는다'고 대답한 사람이 60%, '믿지 않는다'고 대답한 사람이 35%, 그리고 '모른다'고 한 사람이 5%였다.

같은 질문을 다른 나라 사람들에게 했던바, 그리스에서는 '믿는다'고 대답한 사람이 67%, '믿지 않는다'고 대답한 사람이 21%, '모른다'고 대답한 사람이 12%였다. 서독(당시)에서는 '믿는다'가 25%, '믿지 않는다'가 62%, '모르겠다'가 13%였다. 또 영국에서는 '믿는다'가 21%, '믿지 않는다'가 60%, '모르겠다'가 19%였다. 그리고 프랑스에서는 '믿는다'가 17%, '믿지 않는다'가 76%, '모르겠다'가 7% 라는 결과가 나왔다.

그리스와 미국 이외의 유럽 각국에서는 마귀의 존재를 믿지 않는 사람의 수가 매우 적다. 그런 나라에 비하여 미국에서는 왜 마귀(마귀에 한하지 않고 천국이라든가 사후의 세계, 또는 사후의 세계에 대한 그 밖의 일에 대해서도)를 믿는 사람이 많은 것일까?

첫째로, 미국에서는 독립한 후 최초의 주(州)가 생긴 이후 신앙이라든가 종교심이 끈질기게 이어져 왔었다는 점을 들 수 있다. 그리고 신앙과 종교심이 약해지기 시작하자 그때마다 신앙 부흥 전도회가 열려서 신앙심을 강화시켜 왔던 것이다.

최근에는 또다시 다른 요인이 대중의 종교적 부흥운동의 아주 중요한 활력이 되어 있다. 그 한 가지가 미지의 외국어를 말한다든가, 질병을 고쳐 준다든가 예언을 한다든가 하는 특수한 천분(天分)이나 능력(혹은 《신약성경(新約聖經)》의 번역에 사용되고 있는, 성경 그리스어를 구사할 수 있는 특별한 능력)에 중점을 두는 카라스마(또는 네오콘테페스탈) 운동이다. 그 밖에도 미국에서는 복음주의 운동이라든가 갖가지 '거듭나기(burn again)' 운동이 행해지고 있다. 이 조사에서 5천만 명이나 되는 미국의 성인이 '거듭나기(born again)' 운동에 의해 개종한 경험이나 신앙 부흥운동에 참여한 경험이 있다는 것을 알았다.

그런 운동이라든가 종교는 어느 정도 중첩되는 부분도 있는데 이런 것들은 모두 과거 20년간 미국에서 종교심의 고양(高揚)에 큰 영향을 주고 있다. 다른 여러 나라에서도 그러했던 것처럼 미국에서 제일 대규모적으로 행해졌고 기독교에 바탕을 둔 종교적 부흥운동의 중심이 되었던 것은, 성경에 씌어져 있는 것은 모두 올바르다며 문자 그대로 받아들이게 함으로써 성경의 권위를 높이고자 하는 생각이다.

'성경이란 시나리오'대로 행동하는 천사

이런 경향이 제시하는 것은 죽기 직전인 상태에서 했다는 불가사의한 체험에서 나오는 갖가지 초자연적 생명체를 이해하는 데 특히 중요하다. 왜냐하면 불가사의한 체험을 했던 사람들이 사용하고 있는 언어라든가 개념이 성경에 나오는 것과 일치되는 경우가 많기 때문이다. 죽기 직전인 상태에서 한 불가사의한 체험의 이야기와 정식(正式) 종교적 견해가 어떤 관계에 있는지를 명확히 이해하기 위해, 신학에서는 천사가 어떻게 다루어지고 있는지를 간단히 살펴보기로 하자.

유태 기독교 이외의 수많은 종교적 문학과 마찬가지로 《구약성경(舊約聖經)》 및 《신약성경(新約聖經)》에서도 천사는 하나님의 사도이며 대리인으로 간주되고 있다. 예를 들자면 아브라함이 아들 이삭을 제물로 바치려던 것을 말렸던 것이 천사였으며, 이스라엘 백성이 애굽(이집트)을 탈출하여 광야를 헤맬 때도 천사들이 함께 했었다.

또 야곱은 하나님으로부터 자신과 자기 자손들에 대하여 특별한 말씀을 받을 때, 천사들이 계단을 '오르내리는' 꿈을 꾸었다.

이와 마찬가지로 죽음에 임박했을 때 불가사의한 체험을 한 경우, 천사와 만났었다고 하는 사람은 모두, 그 생명체가 자신을 안내해 주었거나 어떤 것을 알려 주었다거나 자신의 몸을 지켜 주었노라고 말하고 있다. 펜실베이니아의 간호사가 천사들이 손을 내밀어 만들어 준 계단을 올라 천국에 갔었다는 이야기 등은 특히 그것을 명확하게 해 주고 있다. 그 체험은 〈창세기(創世記)〉 제28장에 나오는 야곱의 계단

이야기와 비슷한 것일까?

이미 앞에서 말했던 것처럼 《구약성경》 및 《신약성경》에서 천사는 인간의 모습으로 나타나는 경우가 많은데 그 점에 대해서도 사후의 세계를 엿보았다고 사람들의 이야기와 같다. 〈창세기〉 제19장에 나오는, 롯에게 소돔성의 멸망을 알려 준 두 명의 천사가 그 좋은 예이다. 《신약성경》에 나오는, 예수가 죽음에서 부활한 것은 최초로 알려 주었던 천사처럼 사자(使者)의 역할을 하고 있고 있는 천사도 마찬가지이다.

그런데 예를 들어 〈마태복음〉 제28장 3절로부터 4절에,

'그 형상(形像)이 번개 같고 그 옷은 눈같이 희거늘 수직(守直)하던 자들이 저를 무서워하여 떨며 죽은 사람과 같이 되었더라.'

라고 기록되어 있는 것처럼 대단히 박력이 있고 무서운 분위기를 지니고 있는 경우도 있다.

또 성경에는 죽기 직전의 상태에서 한 체험담에는 전혀 나오지 않는 기묘한 모습의 천사도 나온다. 예컨대 이 장(章)의 첫머리에서 소개한 수많은 얼굴과 날개를 가진 게르빔(그룹)과 같은 생명체는 죽기 직전의 상태에서 한 체험담 속에 나오지 않는다. 또 〈이사야서〉 제 6 장 2절에서 6절에는 날개를 여섯 개나 가진 세라빔(스랍)도 나온다. 세라빔은 하나님의 보좌 옆에 서서 하나님을 찬양하며 노래부르고 있다고 한다.

우리가 모은 체험담에는 그와 같은 생명체는 나오지 않았지만 조사 대상이 되었던 것은 지극히 제한된 사람의 체험담이었으므로 수백만 명이나 되는 체험자의 이야기는 아직 듣지 못했다는 결과가 된다.

8. 죽기 직전의 상태에서 일어나는 심신변화(心身變化)의 특징

실제로 임사 체험(臨死體驗)을 한 사람들의 보고

●

●

●

●

●

●

렸다. 현장에 있었던 것은 다수의 사람들뿐이었는데 그 중에 솔즈베리에서 온 필리스 템즈 부인이 있었다. 그녀는 코럴이 그린 자화상을 보고 경탄했다. 보면 볼수록 자기 할아버지인 하버트 라이트와 똑같았기 때문이다. 그녀는 흥분했고 그 자리에서 자기 할아버지임에 틀림없다고 말했다.

코럴 포르그는 템즈 부인의 말해 대하여 즉석에서,

"이것은 당신의 할아버지입니다."

라고 말하지는 않았다. 코럴은 초상화를 그리고 있는 동안 줄곧 한 가지 일에 구애받고 있었다. 그것은 그녀의 뇌리에 '그린(녹색)'이란 단어가 떠오르고 있는 것이었다. 그래서 그녀는 템즈 부인에게 질문했다.

"당신의 할아버지는 초록색의 옷을 입은 사람과 어떤 관계가 있었습니까?"

그러나 템즈 부인에게는 짐작되는 일이 없었다. 할아버지와 관계가 있는 인물이라면 먼저 할머니를 들 수 있었다. 녹색 옷이라면 할머니도 한 벌쯤은 가지고 있었을지도 모르지만 할머니가 특별히 그런 색깔의 옷을 애용했었다는 이야기는 들은 바 없었다. 그녀는 할아버지와 관계가 없는 인물로서 그린과 관계되는 인물을 기억해 내려고 했지만 잘 되지 아니했다.

코럴 포르그가 다시 말했다.

"기억해 보세요. 그 분은 그린과 관계되는 사람을 굉장히 사랑했습니다."

그 말을 듣자 템즈 부인은 가슴이 뜨거워짐과 동시에 한 가지 기억이 떠올랐다. 그린은 반드시 색깔을 가리키는 것은 아니었다. 템즈 부인의 옛 성(姓)이 그린이었던 것이다. 그녀는 그 사실을 코럴에게 고백했고, 그 초상화가 틀림없는 그녀의 할아버지임을 인정했던 것이

1 실제로 임사 체험(臨死體驗)을 한 사람들의 보고

지금까지 여러 가지를 검토해 온 결과 사후의 세계에 어떤 생명체가 살고 있는 것으로 생각하는지의 여부는 분명해졌다.

사후의 세계를 엿본 사람들의 이야기에 의하면 그리스도일 것으로 생각되는 하나님과 같은 존재가 있었다는 보고도 있고 천사가 아주 중요한 역할을 했다고 말하는 사람도 있다.

그 밖에도 우리가 조사한 사람 중에는 이미 세상을 떠난 집안 식구와 만났었다고 이야기하는 사람도 있다. 따라서 천국이란 곳은 변화가 풍부한 여러 가지 존재로 구성되어 있는 것인지도 모른다.

그럼 여기서 그처럼 이미 사망하여 천국 주민이 되었었던 사람들—언젠가는 우리도 그 속에 끼어들겠지만—의 육체와 마음, 퍼스낼리티에 대하여 좀더 자세히 살펴보기로 하자. 그들은 어떤 모습을 하고 있는 것일까? 현실세계에 있는 우리에게는 없는, 특별한 힘을 가지고 있는 것일까? 또 죽은 다음에도 인간적으로 성장한다든가 향상하는 일이 있는 것일까?

이런 것을 추구(追求)하고자 하면 사후의 세계에 발을 들여놓았던 사람이 그 순간 영적(靈的)으로도 육체적으로도 믿겨지지 않을 정도의 힘을 발휘했었다는 이야기를 하지 않을 수 없다. 또 그 사람에게 어떤 일이 일어났든 간에 어쨌든 사후의 세계에서는 본인의 능력이 향상된다거나 변화될 가능성이 있다는 인상을 받았었다고 하는 경우도 적지 않다.

그럼 사후의 세계에 발을 들여놓았었다든가 일시적으로 죽었던 일이 있는 사람들이 어떤 변화를 체험했다고 보고했는지 그 타입별로 살펴보자.

자기가 받아들여졌노라고 하는 충실감이 있는 세계

질식사(窒息死)할 뻔했다고 하는 어느 여성은 '친애감(親愛感)과 함께, 받아들여지지 않을 것이라는 인상'에 압도당했다고 말하고 했다. 즉 천국에 가까워짐에 따라 자신이 천국에 어울리지 못하는 것이 아닌가 하는 생각과 불안으로, 어딘가 다른 곳으로 가고 싶어졌다는 것이다.

심한 자동차 사고를 당하여 빈사 상태의 중상을 입었던 어느 여성은 사후의 세계의 인상을 다음과 같이 이야기하고 있다.

"어쨌든 멋진 곳이었습니다. 그곳에서는 현실세계처럼 언쟁(言爭)을 하는 일은 없으며 아주 침착하게 대화할 수 있습니다. 그곳에는 논의(論議) 따위는 없고 멋진 대화만 할 뿐입니다. 그러나 그것은 지적인 것을 필요로 한다는 의미는 아닙니다. 현실세계에서는 지적(知的)인 것을 대화를 하기 싫어하는 사람이 있는데 그것은 그 사람들에게 있어 그런 것이 그다지 즐거운 일이 아니기 때문이지요. 그것은 나도 마찬가지입니다.

예를 들어 자기가 열등감을 느끼게 되는 이야기에 끼여들어야 한다는 것은 결코 기분 좋은 일이 아닙니다. 하지만 나에게 있어 천국은 그런 곳이 아니었습니다. 사후의 세계의 지적(知的)인 면이란 반드시 그런 차별을 필요로 하는 곳은 아닙니다."

사후의 세계에는 부드러운 분위기의 대화만이 있다는 것은, 우리의 면접조사에서 대답해 준 어느 남성의 다음과 같은 이야기에서도 알 수 있다.

"사후의 세계는 언제나 봉사와 사랑의 정신으로 가득 차 있습니다. 그곳에서는 모두 서로 돕고 서로 키워 주는 정신이 철두철미합니다. 남을 모함하거나 중상하는 일은 전혀 없고, 어떻게 해서든지 상대방을 서로 도와 가며 일으켜 세워 줍니다. 그러므로 나는 이미 세상을 떠난 식구들과 이야기를 나누었었는데 그 대화는 다투거나 상대방의 마음에 상처를 주는 것이 아닌 언제나 전향적(前向的)인 것이었습니다."

또 이 조사 대상이 되었던 사람의 53%, 즉 1천 2백만 명이 사후의 세계에서는 '사람들이 사랑으로 충만해 있을 것'이라고 대답했다.

삶과 죽음은 자기 자신이 선택한다

삶과 죽음의 경계를 넘나든 경험이 있는 사람 중에는,

"의사 선생님에 의해 되살아나기에 앞서, 현실세계로 돌아갈 것인지 말 것인지는 자신이 선택할 수 있었던 것 같은 느낌이 듭니다."

라고 말한 사람이 있다. 또 어느 여성이 육체로부터 영혼이 빠져 나갔을 때의 일을 기억해 내면서,

"그런 다음 나는 그곳에 머무를 것인지 어쩔 것인지를 결정하지 않으면 안 되었습니다……."

라고 말했던 것처럼 자기 자신이 결정해야 한다는 언질을 준 사람도 있다.

삶과 죽음을 자신이 선택할 수 있다는 이러한 감각은 우리가 들었던 수많은 체험담 속에 나온다.

예컨대 서해안(西海岸)에 살고 있는 어느 여성은 바다에 들어갔다가 익사 직전의 상태에 놓였었는데 의식이 없어지려고 했을 때의 일을 다음과 같이 말하고 있다.

"현실세계에서 일어났던 일은 모두 알고 있었는데 그것과 동시에

전혀 다른 세계가 있다는 것도 느꼈습니다. 그곳은 아주 무서운 곳이었습니다. 나는 현실세계에 머무르고 싶다는 생각을 했습니다.

그리고 헤엄을 치다가 익사 직전에 있을 때 죽을 것인지 어쩔 것인지는 스스로 선택할 수 있는 것이라는 느낌이 들었습니다. 그러자 돌연 그때까지 나를 협박하고 있던 물리적인 힘보다 내가 강해지고 커졌다는 생각이 들더군요."

이와 비슷한 예로서 오클라호마의 어느 여성은 대수술을 받던 도중 위독한 상태가 되었을 때,

"영원한 휴식을 할 것인지 아니면 현실세계에서 계속 살 것인지 자기가 선택하라는 말을 하나님으로부터 들었습니다."

라고 고백했다.

현실세계에 남을 것인지 아닌지를 결정하는 능력은 사도(使徒) 바울이 쓴 〈고린도전서〉 제15장에서 말하고 있는 '죽음의 정복(征服)'이 시사하고 있는 개념과 비슷하다. 즉, 죽음은 인간을 괴롭히거나 최후까지 인간을 지배하는 것이 아니라, 인간이 죽음을 선택하거나 죽음에서 도피할 수 있다는 것이다.

공중에 떠 있는 듯한 기묘한 감각

사후의 세계를 엿보았을 때, 이미 세상을 떠난 집안 식구와 만났었다는 사람이 있는데 그 집안 식구는 살아 있을 때의 그 사람임을 판별할 수 있는 모습으로 있었든가, 혹은 그러한 '몸'을 가지고 있었으리라. 그러나 천국에 들어가서 얻게 된 새 육체는 일리노이주의 여성이 심장발작으로 중태에 빠졌을 때, 이미 세상을 떠난 어머니가 테이블이라든가 닫혀져 있는 문을 빠져 나가는 장면을 보았었노라고 말했듯이 보통으로는 생각할 수 없는 일인 듯하다.

육체로부터 영혼이 빠져 나갔을 때 어디든지 생각한 곳으로 이동할

수 있는 능력을 가진다는 것은 보통사람들이 한 번쯤은 꿈꾸어 볼 수 있는 슈퍼맨과 같은 힘이다. 출산할 때 다량의 출혈을 하여 죽음에 임박했었다는 중년 여성은 다음과 같이 이야기했다.

"나는 쇼크 상태에 빠져 있었는데 내 몸이 수술대 위에 눕혀져 있다는 것을 비롯하여 그 방안의 모습을 모두 볼 수 있었습니다. 소리도 다 들렸습니다. 마치 영혼이 몸에서 빠져 나와서 아래를 내려다보고 있는 듯한 느낌이었답니다."

여기에서 흥미 깊은 것은 이 여성은 이른바 유체이탈(幽體離脫)로 보이는 현상의 사건을 설명하고 있는데 마치 영혼이 몸에서 빠져 나온 것 같았다고 말한 점이다. 즉, 그 체험은 인간으로서는 도저히 이해할 수 없을 정도로 기묘하고 불가사의한 것임에도 불구하고 이 여성은 조금이라도 체험의 내용에 가깝게 표현하고자 하고 있다.

이것과 아주 비슷한 일로서 솔직하고 과감한 표현으로 설명하고 있는 사람이, 심장발작으로 인하여 구급 의료실에서 치료를 받았다는 미네소타주의 남성이다.

"나는 나 자신이 육체로부터 빠져 나와서 높은 곳에 들어올려진 듯한 느낌이었습니다. 불안도 걱정도 전혀 없었으며 공중에 떠 있는 것 같았습니다. 나는 내 몸과 들것에서 1m 가량 위에 떠 있으면서 움직이는 듯한, 아주 기묘한 감각을 느끼고 있었던 것입니다."

여기서도 인간의 말로는 표현할 수 없는 것을 시사하는 내용이 들어 있다. '느꼈습니다…… 떠 있는 것 같았습니다…… 기묘한 감각…… 느끼고 있었던 것입니다' 등등이 그것이다.

모든 육체적 고통에서의 해방

마지막으로, 죽기 직전인 상태일 때의 불가사의한 사건에서 흔히 볼 수 있는 중요한 요인이 여러 가지 중첩되어졌던, 뉴저지에 사는 여성의 체험담을 소개하겠다.

"나는 사고를 당했고 병원에서 집중 치료를 받고 있었습니다. 나는 내가 터널을 지나가고 있는 것이라든가 나체로 침대에 누워 있는 것, 즉 발가벗겨지고 침대 위에 눕혀져 있는 나의 몸을 보았습니다. 그러나 마음은 아주 평온했고 고통도 전혀 없었습니다."

그녀는 중상을 입었는데도 불구하고 그와 같이 불가사의한 힘이 있는 상태에서 의식이 육체로부터 빠져 나올 때에 통증을 육체에게 놓아두고 나왔던 것이다. 이미 보아 왔듯이 삶과 죽음의 경계를 드나든 사람의 체험담에서 흔히 나오는 터널의 감각은 초차원적(超次元的) 세계로 통하는 경로인지도 모른다. 즉 우리가 의견을 구했던, 일부 과학자들이 말하는 것처럼 터널의 감각이란 것은 그녀를 현실의 3차원 세계로부터 사후의 세계를 구성하고 있는 다차원적(多次元的)인 세계로 이끌어 가는 통로일 가능성이 있다는 점이다.

또 죽기 직전의 상태에서 불가사의한 체험을 한 사람 중에는 그때까지 자기를 괴롭히고 있던 고통이 치유되었다고 보고한 사람도 적지 않다.

위(胃)를 대수술한 어느 여성은 수술을 받은 후 하루째 되던 날, 의식이 없을 때에 차원을 초월하여 무지개 색깔로 빛나는 불가사의한 꽃이 잔뜩 피어 있는 곳, 도저히 이 세상의 것이라고는 생각할 수 없는 아름다운 경치의 곳에 갔다 왔노라고 말했다.

그리고 최후로 그녀는 빛 속에 있는 생명체를 보았는데 그녀가 예수라 믿고 있는 그 생명체로부터 '너는 치유되었다'는 말을 들었다고 한다. 그 불가사의한 사건 속에서 그녀는 자신이 치유되었다는 것을 느끼고 있었으며 또 실제로 의식이 돌아오자 그녀는 몰라볼 정도로 호전되어 있었으며, 그 다음날에는 퇴원할 수 있을 정도였다고 하니 그 체험이 그녀의 육체에 큰 영향을 끼쳤던 것은 확실하다.

이러한 종류의 보고는 미국인 성인의 10명 중 4명이 믿고 있는 '천국에서는 몸이 부자유한 사람은 건강한 몸을 되찾는다'고 하는 일반적 사고방식과 어느 정도 부합되고 있다.

지적(知的)으로도 정신적으로도 성장할 수 있는 세계

천국의 주민은 예컨대 수술대에 누워 있더라도 옆 방에서 수술이 끝나기를 기다리고 있는 가족들의 모습을 볼 수 있는 능력이 있는지도 모르겠다. 그리고 현실세계에서 일어나고 있는 일을 파노라마처럼 보는 한편, 이 세상의 것이 아닌 다른 생명체와 만나는 초차원적인 일과도 관련이 있는 것이다.

볼 수 있는 것은 현재의 것만이 아니다. 불가사의한 사건을 체험함으로써 장래의 일을 알게 되었다고 보고한 사람도 여러 명이나 있다. 어느 남성은 18세가 되는 생일 전에 어머니가 죽게 될 것이라고 누군가가 알려 주었노라는 말을 하고 있다. 그리고 실제로 그의 어머니는 예고했던 대로 그가 18세 되는 생일의 1주일 전에 세상을 떠났던 것이다.

지각력이 예민하게 되면 그 안에서는 사고(思考)와 시간, 공간에 전혀 제한받지 않게 된다. 더구나 그 사고는 행동과 밀접하게 관련되는 수가 많다. 초차원의 상태에 있는 마음이 무엇인가를 '생각하면' 역시 초차원의 상태에 있는 몸이 그것에 따라 반응한다. 사후의 세계를 엿보았다는 사람의 보고는 사후의 세계에서는 지적으로도 정신적으로도 성장한다는 일반적 사고방식과 상당히 일치되어 있다.

우리가 조사한 성인 가운데 18%가 천국에 있는 사람은 지적으로 성장할 것이라고 말하고 있으며 또 전체의 3분지 1 이상에 해당하는 36%가 사후의 세계에서는 정신적으로 성장할 것임에 틀림없다고 말하고 있다.

확대된 오감(五感)의 기능

여기에서 말하고 싶은 것은 냄새를 맡는다든가, 물건을 본다든가, 듣는다든가, 맛본다든가, 만져 보고 느낀다는 등의 힘이 보통 이상으로 예민해진다는 점이다. 예를 든다면 어느 남성은 죽기 직전인 상태에서 보았던 것을 다음과 같이 말하고 있다.

"조개껍질이라든가 그 밖의 생물 등이 흐트러져 있는 환상적 공간이 펼쳐져 있는 곳, 이 세상의 것이라고는 도저히 생각할 수 없는 동굴이 보였습니다. 그것은 매우 아름답고 멋졌으며 색채도 풍부하여 말로는 표현할 수 없을 정도였습니다. 지금까지 현실세계에서 그런 것을 보았던 일은 없었습니다. 이렇게 말하면 환각일 것이라고 생각할는지 모르겠습니다만 나는 분명히 보습니다. 그리고 그곳에는 누구였는지는 모르겠습니다만 수많은 사람들이 호화판 파티를 열고 있는 듯했습니다.

어쨌든 모든 것이 나를 기분좋게 해 주었습니다. 나는 그 광경 속에 있었습니다만 그것을 관찰할 수도 있었던 것입니다. 즉 나는 동시에 그 광경 속과 밖에 있었던 것이지요."

또 한 사람, 노스캐롤라이나에 사는 남성은 심장발작으로 죽기 직전인 상태가 되었을 때 체험했던 일을 다음과 같이 이야기하고 있다.

"어둠 속에서 빛 가운데로 나오자 그곳에는 아름다운 나무들과 맑고 깨끗한 호수가 있었습니다. 따뜻하고 부드러운 햇빛이 모든 것을 감싸 주고 있었으며 그늘이라든가 잡초·엉겅퀴 등은 그 어디에도 없었습니다. 내 몸의 앞면이 따뜻해지는 것을 느꼈는데 강렬한 일광(日光)을 받고 있는 느낌이 아니라 기분이 아주 상쾌했습니다."

이런 유(類)의 초차원적인 사건을 보고 느낀 것은 보통 오감(五感)의 기능으로 느꼈던 것인데 그것을 묘사하기란 적절하지 못할지도 모르겠다. 왜냐하면 그런 것은 육체적 제약과 너무나도 밀접하게 연관지어져 있기 때문이다.

그런데 사후의 세계에 발을 들여놓았다든지 그것과 흡사한 체험을 했다가 다시 현실세계로 되돌아온 사람은 천국과 같은 곳을 보았다든가 현실세계에서는 들어 본 일이 없는 이상한 음악을 들었다는 등, 육체적 제약을 초월한 체험을 하였으며 그 양상을 매우 자세하게 보고하고 있다.

정신적 평안이 얻어진다

사후의 세계가 지니는 이 특징은 심한 정신 장애로 고생하는 사람에게는 큰 구원이 될지도 모른다. 또 현실세계에서는 평생 동안 평안을 얻을 수 없었던 사람에게도 역시 그러하리라. 어느 남성은 신경쇠약에 걸렸을 때가 자신의 인생에서 최악의 시기로서, 자신이 육체적으로 중병에 걸렸을 때보다 더 쓰라렸다는 말을 하고 있다. 그는 정신 장애에 빠진 상태를 '이 세상의 지옥'에 비유하고 있는데 그것은 진짜 지옥의 본질을 이야기하고 있는 것인지도 모른다.

그런데 지금까지 들어 온 보고에 의하면 천국이라고 생각되는 곳은 그것과는 정반대인 정신 상태가 지배하고 있는 것 같다.

죽음의 침대에서 하나님과 천사들이 있는 곳에 갔었다고 하는 어느 여성은 병실에서 가족들과 친구들이 울부짖는 모습을 자세히 보았다고 한다. 그런데도 불구하고 그녀는 정신적으로 조금도 동요되지 않았다. 어떻게 되든 상관없다든가 무감각해서 그랬던 것은 아니다. 그녀는 그들 모두를 하나님처럼 거리를 두고 바라보았던 듯하다. 이때에 그녀는 동요했던 것이 아니라 침착하게 있었다고 해야 할 것 같다.

또 삶과 죽음의 경계를 드나들었을 때라든지, 일시적으로 사망 상태가 되었을 때에 주변 사람들이 슬퍼하고 있는 것을 보고 본인이 어

리등절했었다는 경우가 흔히 있다. 어떤 사람은,

"위에서 주변 사람들의 모습을 내려다보고 나는 괴로움으로부터 완전히 해방된 최고의 기분이었는데 어찌하여 저토록 슬퍼하는지 이해되지 않았습니다."

라고 말하고 있다.

이런 것들은《신약성경》이 '이해를 초월한 평화'라고 부르는 것을 상기시켜 준다. 이 개념은 '평화'라고 하는 히브리어 Shalom, 또는 Salom에서 온 것으로 그리스어의 eirene라는 말에 살이 붙여지고《신약성경》의 평화라는 개념 속에서 완성되었다.

《구약성경》에서 사용하고 있는 히브리어 Shalom에는 의외로 완전하다든가 행복하다는 의미가 포함되어 있다. 그리고 일반적으로는 남의 행복을 기도할 때라든가 남과 사이좋게 지내고 있는 상태를 의미할 때, 혹은 한 도시라든가 국가의 안녕을 기원할 때 사용되었다.

죽기 직전의 상태에서 불가사의한 일을 경험한 사람들의 대부분이 이와 비슷한 평안을 맛보았던 것 같다. 그리고 그들의 보고와 마찬가지로 우리가 했던 일반인들의 사후의 세계에 대한 조사에서도 전체의 65%나 되는 사람들이 대답하고 있는 것처럼, 사후의 세계 혹은 천국의 특징으로, 제일 많은 사람들이 떠올리고 있는 것은 '평화스러운 곳'이라는 개념임을 알 수 있을 것이다.

사후의 세계를 지배하는 질서

이상 사후의 세계에 발을 들여놓은 사람들이 체험한 것으로 생각되는 심신변화(心身變化)의 특징을 들어 보았는데 지금까지 설명한 것에서 추측컨대 사후의 세계에 발을 들여놓으면 전면적으로 자기 자신을 컨트롤할 수 있게 되며 무엇이든 할 수 있는 게 아니겠느냐고 생각할지도 모르겠다.

그러나 그렇지는 않다. 주(主), 또는 그 이외에 모든 것을 지배하는 생명체로부터 여러 천사들이라든가, 기타 피조물에 이르기까지 그들 사이에는 권위와 복종이 있으며 확연한 계급이 있는 것이다. 그리고 죽은 후 사후의 세계에 들어가 그 일원이 된 사람이라든가 죽기 직전의 상태에 있는 사람도 다른 생명체와 마찬가지로 위에서 내리는 명령을 따르도록 되어 있다.

예를 들면 병원에서 죽기 직전의 상태까지 이르렀던 어느 남성은 초자연적인 누군가로부터 메시지를 받았다고 한다. 즉 그는 어떤 목적을 위해 먼 곳으로 가지 않으면 안 된다는 말을 들었는데 주저하지 않고 그 명령에 따랐었다. 그 밖에도 죽기 직전의 상태에 놓였었다든가 일시적으로 죽었던 사람들이 하나님이라든가 안내역을 맡은 천사, 혹은 이미 세상을 떠난 식구, 그 밖의 생명체로부터 원래 있었던 세계로 되돌아가라는 지시를 받고, 그 지시에 따랐다는 경우는 적지 않다. 그 이유는 어린아이의 뒤를 돌봐 주기 위해서라든가 배우자를 위해 수발을 들어 주라는 경우가 많다.

플로리다에 사는 어느 여성은 자동차를 타고 가다가 7톤 트럭과 충돌하여 아들은 사망하고, 자신도 빈사 상태의 중상을 입었다. 의학적으로 보면 그녀도 사망한 것과 마찬가지인 상태였는데 그녀 자신은,

"멋진 곳에 올라갔다가 내려온 것 같은 느낌이 들었습니다."

라고 말했다. 그리고 그곳에서 남편이 그녀에게 돌아오라는 기도를 하고 있는 모습을 보았다는 것이다. 그러자 그때 그녀는 '원래 있던 곳으로 밀어내는 것' 같은 느낌이었는데 결국 병원의 회복실에서 의식이 되돌아왔다고 한다. 의식을 되찾자 그녀는 현실세계로 되돌아온 기쁨으로 울었던 듯하다.

이 여성의 경우 최종적으로 이 세상에 되돌아올 것인지 어떤지를 자신의 힘으로 결정할 힘은 전혀 없었고, 보다 위대한 힘에 의해서 되돌

아 가라는 지시를 받았던 것이다. 그런데 우연의 일치인지는 모르겠으나 그녀는 초차원적 세계 같은 곳을, '멋진 곳'이라고 말하면서도 실은 원래 있던 세계에 좀더 있기를 진심으로 원하고 있었던 것이다. 따라서 그녀의 마음 바탕에 깔려 있었던 원망(願望)은 그 위대한 힘의 기능에 의하여 실현된 셈이다.

이와 비슷한 일이 어느 나이의 지긋한 남성에게서도 일어났다. 그 남성은 죽을 것이라는 선고를 받자, 자신이 육체로부터 빠져 나갔고 밝은 빛 쪽을 향해 걸어 가고 있는 것을 보았다. 그런데 그 빛이 나는 곳까지 가자 그 신비적인 세계를 지배하고 있는 듯한 사람이 있었으며 그 사람이 자신의 몸으로 돌아가라고 명령을 했고 자신은 그 명령에 따랐다고 한다.

원래 있던 세계로 돌아오는 어려움

우리에게 보내진 보고 중에는 사후의 세계의 입구에 발을 들여놓은 상태에서 원래의 세계로 돌아오기 위해 분투하고 있을 때는 칠전팔도(七顚八倒)하는 것만큼 괴로웠음을 고백하는 이야기가 몇 개인가 있다. 그런 때에는 자신의 눈앞의 일에 의식을 집중시키면서 초인간적으로 힘을 쓰는 것 같다.

예를 들면 어느 남성은 방벽(防壁)과 같은 것을 필사적으로 빠져 나와서 자신의 육체에 도달했다고 말하고 있다. 그리고 육체에 되돌아온 다음 그 기능을 원래대로 작용시키기 위해 영체(靈體)로서의 물리적인 힘 및 정신력의 모든 것을 구사했었노라고 보고하고 있다.

9. 사후의 세계는 인간에게 무엇을 부여하는가

사후 세계의 주민이 가지는 세 가지 역할
'상호 부조의 세계'
사후의 세계와 지상과의 커뮤니케이션
천국이라 하더라도 의무에서 피할 수는 없어

●
●
●

1 사후 세계의 주민이 가지는 세 가지 역할

지금까지의 설명으로 사후의 세계에는 어떤 사람들이 살고 있을 가능성이 있으며 그들이 가지고 있는 것으로 생각되는 갖가지 힘에 대해서도 어느 정도 이해가 되었다. 그렇지만 천국의 주민들은 그러한 초인간적인 힘으로 도대체 무엇을 하는 것일까?

죽기 직전의 상태에서 불가사의한 체험을 한 사람들은 이 의문에 대해 여러 가지로 응답하고 있는데 그 대부분은 다음 세 가지의 범위 중 어느 것에 해당되는 듯하다.

1. 천국의 주민은 천국에 있는 다른 사람의 요구에 응하여 힘을 빌려 준다.
2. 현실세계 사람들의 요구에 응하여 힘을 빌려 준다.
3. 남에게 하는 봉사 외에 천국의 계급에 따라 부과된 일이라든가 의무도 이행한다.

2 '상호 부조의 세계'

우리가 실시한 사후의 세계에 대한 일반적인 사고방식의 조사 결과에서도 나타나 있는 것처럼 미국인 성인의 10명 중 2명은 '천국에서는 모두 남의 정신적 요구에 힘을 빌려 주고 있다'고 생각하고 있다. 만약 사후의 세계를 엿보았다는 사람의 보고 속에 그런 내용을 제시한 것이 있다면 그 생각은 정당한 근거가 있다는 결과가 된다.

분명 사후의 세계를 엿보고 온 사람 중에는 그곳에서는 사망한 다른 사람을 도와주는 경우도 있다고 말한 사람도 있다.

대체적으로 천국에서는 자신의 일 모두가 남에게 알려져 있다. 즉 사후 세계의 주민은 우리네의 생각이라든가 동기(動機)를 모두 조사할 수도 있고 텔레파시를 통해 우리와 대화할 수도 있다. 따라서 다른 사람의 생각이라든가 의문이라든가 요구는 즉석에서 알아낼 수 있으리라.

그렇다면 천국에 있는 사람들은 어떤 요구들을 가지고 있는 것일까? 아니면 그 어떤 것을 요구한다는 개념조차 존재하지 않을 만큼 더 바랄 것이 없는 충만한 상태일까?

대개의 사람들은 천국에서는 무언가 불충분하다든가 무엇인가가 부족되어 부자유스럽다는 의미에서의 요구는 없을 것이라고 느끼고 있다. 그런데 사후의 세계에서는 인간적으로 향상되는 일이 있다고 생각하는 사람이 많은데 그 단계에서 다른 사람의 도움을 빌리는 경우가 있을지도 모를 것으로 생각된다.

고독·질투·이기주의가 존재하지 않는 세계

어느 여성은 다음과 같은 말을 했다.

"우리가 하는 요구는 모두 사후의 세계에서는 충족될 수 있도록 되어 있으므로 그런 요구들이 충족되었을 때에 우리는 서로 도울 수 있을 것입니다. 그리고 사후의 세계에서는 누군가의 도움이 필요해지기 전에 서로 손을 빌려 주는 것이겠지요.

예를 들면 누군가가 혼자서 의자에 앉아 있다고 합시다. 그 사람이 적적함을 느끼려는 기미가 보이면 그 즉시 다른 사람이 다가가서 실제로 적적함을 느끼기 전에 허전한 마음을 메워 줄 것입니다. 바꾸어 말하면 남의 문제를 실제로 그런 기분이 들기에 앞서 알아내고 요구가 충족되지 않는 일이 없도록 완전한 사랑에 바탕을 두고 행동할 것입니다."

그런데 강도에게 피습당했을 때의 쇼크로 영혼이 육체로부터 빠져나가는 체험을 했다고 여성은 이렇게 말하고 있다.

"사후의 세계에는 놀랄 만한 일이 많다는 인상을 받았습니다. 그곳에서는 우리가 살고 있는 현실세계에서는 상상도 할 수 없는 방법으로 자신의 개성과 재능을 신장시켜 나가겠지요. 이런 말을 하면 엉터리 같은 말이라고 생각할는지 모르겠습니다만 나는 대천사(大天使)의 예복을 만들라는 메시지를 받았습니다. 왜냐하면 나는 바느질하는 것을 좋아하는데 현실세계에서는 그 일을 할 기회가 그다지 없었기 때문입니다. 나와 친한 친구로 아기를 좋아하는 사람이 있는데 그 사람은 사후의 세계에서도 아기들을 돌보는 중요한 사명을 맡게 될 것입니다. 하나님은 우리가 현실세계에서 신상하지 못했던 재능 혹은 신장시키고 싶어했던 재능을 천국에서 활용할 수 있도록 그러한 역할을 몇 가지씩이나 준비하고 계실 것으로 생각합니다."

또 죽기 직전의 상태에서 불가사의한 체험을 한 사람으로서, 천국에서는 우정의 유대가 대단히 강하므로 질투·탐욕·이기주의 등 현실 세계에서 남을 괴롭혔던 감정은 고칠 수가 있다는 인상을 받았다는 사람도 있다.

사후 세계에서의 인간 관계를 표현하는 데 있어 '형제자매'의 관계라든가 '분담·위로' 하는 사이라든가 '인도(引導)·상조(相助)' 관계라는 단어를 쓰는 사람도 많다. 그리고 사후의 세계에 발을 들여놓았었다는 사람 중에는 영원한 세계를 엿본 아주 짧은 시간 동안에 이미 세상을 떠난 집안 식구의 안내와 지도를 받는 관계를 체험했다는 사람도 적지 않다.

예컨대 어느 여성은 다음과 같이 말하고 있다.

"나는 '영접을 받고 안내되어 어두운 복도를 걸어갔습니다. 사후의 세계에서는 더 없는 사랑과 기쁨으로 자신이 환영받고 있다는 느낌을 모든 사람과 사물에서 넘치도록 받게 됩니다. 모든 사람의 마음 씀씀이가 아주 스무드하게 이루어지면서 서로 돕는 것입니다."

천국주민(슈퍼시티즌)들의 성장 과정

그리고 불멸의 세계를 보고 온 사람 중에는 사후의 세계에서는 모세라든가 바울 그 밖에 고대(古代)의 위대한 종교 지도자들에게 접근할 수 있다고 믿는 사람도 있다. 어떤 남성은 다음과 같이 말하고 있다.

"나는 성경을 읽다가 모세라든가 바울을 만날 수 있을까 하는 생각을 한 적이 많았습니다. 그러나 죽어서 사후의 세계에 사는 주민이 되는 그 순간에 그러한 의문은 얼음이 녹듯 사라져 버리게 될지도 모릅니다. 그야 어쨌든 내가 죽은 거나 마찬가지로 대형 자동차 사고를 당해 죽음과 직면했을 때에 느낀 것은 사후의 세계에서는 단번에 모든 것이 몸에 익혀지는 것이 아니라 서서히 여러 가지 것을 몸에 익힐 수 있다는 것이었습니다.

사후의 세계에서는 또한 종교적 지도자의 천국에 대한 강의를 들을 수도 있겠지요. 혹은 영감이 차례로 떠오르게 될지도 모릅니다. 어쨌든 나는 천국에서 그런 사람들로부터 듣고 싶은 것이 산더미처럼 많이 있습니다."

사후의 세계에 발을 들여놓고 이전에 세상을 떠난 집안 식구와 접촉함으로써 사물을 이해하는 힘이 증대되었다고 보고한 사람도 있다.

죽기 직전의 상태에 있었지만 아직 살아있었을 때에 이미 죽은 사람으로부터 따뜻한 격려의 말을 들은 일에 대하여, 26세인 캘리포니아의 청년은 다음과 같이 이야기를 들려 주었다.

"나는 약의 부작용으로 의식불명 상태에 있었습니다. 약을 일곱 알이나 먹었기 때문에 금방 호흡이 정지될 것 같은 상태였습니다. 나는 내 자신이 내 육체로부터 빠져 나가는 것을 보았습니다. 그리고 주위에서 나를 간호하고 있던 사람들의 모습도 보았습니다. 그러자 내 할머니가 나타나서 무슨 일이 일어나고 있는지를 설명해 준 다음 '걱정마라, 너는 살아날 수 있어'라고 말씀하셨습니다. 할머니는 그때 몇 년 전에 이미 세상을 떠나셨던 분입니다."

이러한 정신적인 성장 과정을 거쳐서 천국에 있는 사람들은 천국 안에서 상정(想定)할 수 있는 모든 일을 경험하는 것이 아니겠느냐고 우리가 했던 조사에 대답해 준 어느 여성은 말하고 있다. 그녀의 생각에 의하면,

"실제로 자신이 체험하지 않고는 알 수 없는 것이 있습니다. 그러므로 천국에 있는 사람은 모든 것을 체험할 수 있는 것이 아닌가 생각합니다. 물론 어린이처럼 현실세계에서 여러 가지 경험을 하거나 지식을 얻기 전에 죽은 경우에도 마찬가지일 것입니다."

이 여성은 수술을 받고 있을 때 자신의 몸에서 빠져 나오고 상당한 시간 동안 몸 밖에 있었노라고 말했다. 그리고 그때에 갖가지 영적인 생명체와 대화를 했고 영적인 지시를 받았었다고 한다.

천국에 '장기(長期) 체재'하고 있었던 여성의 증언

또 한 사람, 역시 한참 수술을 받고 있을 때 사망했는데 실은 그 동안 상당히 긴 시간을 천국에 있었다는 여성이 있다. 그녀는 그 경험을 통해 천국에서 남을 위해서 하는 역할은 현실세계에서 그 사람이 하고

있던 일이라든가 역할의 연장이라는 인상을 받았다고 말한다.

즉, 이 세상에서 목사(牧師)로 있던 사람은 천국에 가더라도 목사가 될 것이며 교회의 안내역을 했던 사람은 천국에서도 어떤 안내역을 맡게 되고, 또 정기적으로 병원을 위문하던 사람은 사후의 세계에서도 똑같은 일을 할 것이라는 말이다.

그러나 이런 생각을 너무 발전시키게 되면 문제가 생기게 된다. 예를 들면 천국에는 질병이란 것이 없으므로 병원도 있을 리 만무할 것인데 어떻게 병원을 방문할 수 있겠느냐는 것이다.

그렇지만 이 생각에서 재미있는 것은 현실세계와 사후의 세계 사이에 연속성이 있다고 생각하는 점이다. 바꾸어 말한다면 우리의 육체라든가 아이덴티티가 사후의 세계에서도 식별될 수 있는 것처럼(대부분의 사람이 된다고 믿고 있지만) 남을 위해 일할 수 있는 힘 역시 그대로 사후의 세계로까지 이어지는 듯하다.

그리고 그녀는 천국에서 한 체험으로 인간은 남의 사정을 동정하고 함께 해주는 마음이 결여되어 있는데 그것은 여러 가지 면에서 남을 도와줄 수 있게 되어서야 비로소 갖추게 된다는 것을 알았다고 믿는 듯하다.

현실세계에 있을 때는 길바닥에 있는 거지를 동정하지도 않고, 고독에 몸부림치는 사람의 이야기를 들으려 하지도 않는 일이 흔히 있다. 그러나 사후의 세계에서는 그런 마음을 버리고 인간다운 부분을 길러 나갈 기회가 얼마든지 있다.

이상이 사후의 세계에서는 남을 위해 봉사한다는 점에 대하여 그곳에 발을 들여놓았던 사람이 느꼈던 일들이다. 그러나 현실세계에 있는 사람들을 위해 힘을 빌려 주는 일은 어떠한가? 이미 현실세계를 떠난 사람에게 그런 일을 할 수 있는 것일까? 아니면 현실세계와 사후세계 사이의 간격이 너무 넓어서 상호 간에 관계를 유지할 수 없는 것일까?

3 사후의 세계와 지상과의 커뮤니케이션

우리가 면접조사를 했던 사람 중에는 죽은 사람이 살아 있는 사람에게 힘을 빌려 준다거나 도와준다는 것은 상상도 할 수 없는 일이라고 말하는 사람도 있다. 그런데 사후의 세계에 발을 들여놓았던 경험이 있다는 사람 중 몇 할(割)을 포함하여, 그런 일도 있을 수 있다고 생각하는 사람도 있다. 사실 우리가 조사했던 사람 가운데 10명에 1명, 약 2백 30만 명이 '천국에 있는 사람은 현실세계 인간의 정신적 요구에 따라 힘을 빌려 줄 수 있다'고 말하고 있다.

저쪽 세계에서 누군가가 자기를 부르고 있다

어느 간호사는 많은 사람들이 죽는 순간에 이미 세상을 떠난 가족들이라든가 사후의 세계에 있는 사람과 대화를 하고 있는 장면을 보고 죽은 사람이란,

"괴로운 시련을 받고 있을 때라든가 남으로부터 비난을 받고 있을 때 우리의 마음속에 평안을 주고 안도감이라든가 위로를 주는 것으로 생각합니다."

라는 말을 하고 있다. 또 죽은 가족이나 친구는 '꿈이나 환각, 또는 예감이나 초감각적지각(超減覺的知覺 : ESP)' 등을 통해 우리와 대화를 할 수 있다는 결론에 도달한 사람도 적지 않다.

그러한 사고방식은 신비학의 사고방식과 다를 바 없다. 여기에 이

론을 제기한 사람이 있을지도 모르겠으나 종교계 중추에 있는 사람들까지도 그런 유(類)의 커뮤니케이션을 체험했다는 사람이 몇 명인가 있는 것도 사실이다.

또 이미 세상을 떠난 가족과 커뮤니케이션을 하더라도 적극적인 접촉을 하려고 하지 않으며 오히려 피하고자 하는 사람도 있다.

예컨대 어느 남성은 다음과 같이 말하고 있다.

"누구든지 죽은 사람과 접촉을 가질 수 있다고 생각합니다만 내 경우는 언제나 마귀의 힘이 작용하고 있다는 생각이 드는 것입니다. 나는 이따금 증조할머니가 나와 접촉을 가지려 한다는 것을 느낍니다. 그 증조할머니는 우리 가족에게 큰 영향을 주었던 분인데 그것은 결코 좋은 영향이라고 할 수는 없었던 영향입니다."

죽은 자의 눈은 언제나 우리를 향하고 있다

죽기 직전인 상태에서 보았다는 불가사한 일에 대한 해석에서 특히 흥미가 깊은 것은 삶과 죽음의 경계를 드나들고 있을 때 나타났다고 하는 가족 가운데 이미 죽은 사람이 우리의 수호 천사가 되어 있다는 사고방식이다. 어떤 사람은 사후의 세계에 있는 사람이 '위로자의 역할, 안내자의 역할, 혹은 수호 천사'로서 현실세계에 있는 인간의 정신적 요구에 힘을 빌려 줄 수 있을 것이라고 말했다.

또 어떤 사람은 죽은 사람들이 '수호 천사가 되어 언제나 현실세계 사람들을 위해 기도하고 현실세계 사람들을 지켜 줄 것'이라고 말했다. 이와 마찬가지로 중서부에 살고 있는 중년 여성은,

"내 어머니는 이미 돌아가셨는데 우리가 궁지에 몰려 있게 되면 찾아 나가야 할 길을 가르쳐 주곤 하십니다."

라는 말을 했다. 이 여성은 대수술을 받으면서 삶과 죽음의 경계를 드나들고 있을 때 실제로 어머니를 만났었다. 그때도 어머니는 그녀에

게 아직 사후의 세계에 맞아들일 준비가 되어 있지 않으니 '산 사람의 세계'로 돌아가라고 말했다는 것이다.

또 큰 부상을 입고 수술대 위에서 죽을 것이라는 선고를 받은 어느 젊은 여성도 이와 비슷한 체험을 하고 있다. 그녀는 그때의 일을 다음과 같이 이야기하고 있다.

"그때 나는 몇 해 전에 돌아가신 어머니를 만났습니다. 어머니는 나에게 '너는 아직 딸을 길러야 할 것이니 돌아가라!'고 말했던 것입니다."

그리고 그녀는 어머니의 말에 따라 원래 있던 세계로 돌아왔고 위독한 상태에서 벗어날 수 있었다.

지금까지 보아온 것처럼 죽음이란 것은 때에 따라서는 매력적인 것이 될 수 있다. 현실세계보다도 사후의 세계 쪽이 훨씬 멋지게 보이는 때가 있기 때문이다.

이 경우도 현실세계의 인간보다 훨씬 넓고 올바른 파악력을 가진 이미 죽은 가족이 때마침 현실세계로 들어와서 현실세계에 살고 있는 사람에게 그 사람이 해야 할 일이라든가 나아가야 할 길에 대해 보다 적절한 방향을 가르쳐 주는 것인지도 모른다는 것을 시사하고 있는 것으로 생각된다.

사후 세계의 안내인

사후의 세계를 보고 왔다는 몇 명의 사람들이 제시한 천국 주민의 또 한 가지 중요한 역할은 현실세계에서 사후의 세계로 가는 이행(移行)이 스무드해질 수 있도록 인도한다거나 맞아들이는 일이다.

죽은 사람은, 뒤에 남겨 놓고 온 사람의 슬픔을 어느 정도 풀어 줄 수 있는지도 모른다. 어느 젊은 주부는 다음과 같이 이야기하고 있다.

"어떻게 해서 그렇게 되었는지는 확실하지 않지만 영적(靈的) 존재가 된 '사람들'은 뒤에 남겨진 사람들의 마음을 위로해 주기도 하고 어떤 방법을 써서 자기네들은 아무 일도 없으니 안심하라고 알리기도 하는 것으로 생각됩니다. 죽은 사람들은 살아 남은 사람에게 자기네들의 죽음을 슬퍼하지 않도록 커뮤니케이션을 하는 것입니다."

이 여성은 대형 사고를 당하고 죽음의 세계에 발을 들여놓았을 때에 세상을 떠난 할아버지라고 생각되는 사람과 만났다고 말하고 있다. 그리고 일단은 사후의 세계로 안내되었지만 그 사람에 의해 다시 되돌아오게 되었다고 한다. 또 어느 중년 세일즈맨은,

"만약 나의 어머니가 천국에 있다면 나도 그곳에 갈 수 있도록 인도해 줄 것으로 생각합니다. 그리고 어머니의 양부모(兩父母)라든가 형제들도 천국에 있다면 그분들에게도 부탁하고, 모두 힘을 합쳐 나를 도와줄 것입니다."

라고 말했다.

살아 있는 인간에게 도움을 주기 위하여 천국에 있는 사람이 힘을 합친다는 사고방식은 맹장염 수술 중에 삶과 죽음의 경계를 드나들었다고 하는 어느 교사(教師)의 이야기 속에도 단적으로 나타나 있다. 그녀는 다음과 같이 말하고 있다.

"사후의 세계에 있는 사람이 살아 있는 사람들을 위해 어떤 일을 하고 있을 가능성이 있는지, 그것을 확실하게 설명한다는 것은 매우 어려울 것입니다. 그러나 죽은 후에도 사람의 영혼이 살아 있는 사람에게 어떤 영향을 줄 수 있다는 것을 알았습니다. 그리고 인간의 일상생활 속에 영적인 세계가 끼여들 수 있을 것이라 생각합니다. 사람들은 그것을 '기적'이라고 부르는 것이지요. 사후의 세계를 다스리시는 하나님이 모든 목적을 이루기 위하여 필요한 때에 그런 일이 일어나게 하시는 것으로 생각합니다.

히틀러의 폭주(暴走)를 막으신 것도 그런 작용이 아니었을까요?

사후의 세계에 있는 수백 만의 영혼이 힘을 결집시키어 히틀러와 그 추종자들에게 작용함으로써 죄 없는 사람을 처형한다든가 죽이는 것을 못하도록 한 것이겠지요. 왜 좀더 빨리 중단시키지 않았는지 그것을 나로서는 알 수 없습니다. 그러나 하나님의 위대한 힘과 하나님 곁에 있는 수많은 영혼 덕택으로 마지막에는 선(善)이 악(惡)을 이긴 것으로 생각합니다."

슈퍼시티즌의 최대 업무

이와 같이 천국에 있는 사람들이 현실세계에 살고 있는 사람에게 힘을 빌려 준다거나 도와준다는 사고방식은 전통적인 기독교 교훈의 틀을 초월하고 있다. 단, 죽은 성인(聖人)에게 살아 있는 사람을 위해서 기도하라는 카톨릭의 사고방식과는 공통되는 면이 없지도 않다.

그러나 일반적으로는 하늘에 있는 자가 일부러 지상으로 돌아와서 현실세계의 고통과 싸우고 있는 사람을 동료라는 사고방식에 대해서는, 전통적인 기독교의 가르침도—성경조차도 — 아무것도 언급하고 있지 않다.

《구약성경(舊約聖經)》도 《신약성경(新約聖經)》도 살아 있는 자가 죽은 자와 연락을 취하여 도움을 받으려고 하는 일에 강한 저항을 나타내고 있다.

예를 들면 〈사무엘 상〉 제28장에는 사울이 죽은 사무엘의 교시(敎示)를 받고자 하여 신접(神接)한 엔돌이란 여자에게 갔던 때의 일이 기록되어 있다. 여인은 처음에는 거절했지만 사울로부터 압력을 받게 되자 신접한 술법을 행한다. 사무엘의 영혼을 불러내자 사무엘은 사울에게,

"왜 나를 불러내어 편하게 쉬는 것을 방해하느냐?"

고 말했다. 그리고 사울이 사무엘의 영혼으로부터 들은 마지막 말 또

한 불길한 것으로써 내일 사울과 그 아들들은 전쟁터에서 죽을 것이란 말이었다.

이처럼 성경의 전통적인 가르침은 이미 사망한 자와 관계가 있다는 점에 부정적인 태도를 취하고는 있지만 만약 가령 하나님, 혹은 이미 사망한 자의 영혼 쪽에서 적극적인 동기가 있어서 살아 있는 사람과 접촉을 가지려 한다면 그것이 불가능하지는 않다고 한다. 오히려 예수가 하나님이 보내신 것을 나타내기 위하여 변화산 위에서 이 세상 것으로는 볼 수 없는 환하게 빛나는 모습으로 변용(變容)했을 때, 수백 년이나 전에 죽은 이스라엘 백성의 지도자 모세, 히브리의 선지자인 엘리야가 예수와 함께 모습을 나타냈다고 기록되어 있다.

따라서 사후 세계 주민의 중요한 업무 중 하나는 이미 사망한 사람 및 현실세계에 있는 사람을 위해 봉사하고 힘을 빌려 주는 것으로 보여진다. 그러면 그 밖에도 또 어떤 일과 책임이 있는 것일까? 그 밖에도 하지 않으면 안 되는 일이 있는 것일까?

4 천국이라 하더라도 의무에서 피할 수는 없어

천국에는 입구와 같은 곳이 있다—즉, 육체에서 떠난 영혼이라든가 퍼스낼리티가 초차원적(超次元的) 세계로 완전히 들어가기 전에 우선 들어가는 대기실과 같은 곳이 있다—고 하는 사고방식에 대해서는 이미 소개한 바 있다. 우리가 면접조사를 한 사람 중 대부분은 불가사의한 일을 체험하고 있는 동안 한쪽 발은 천국에 다른 한쪽 발을 현실세계에 남겨 둔 상태에서 그 대기실과 같은 곳에 있었을 것으로 생각된다. 따라서 사후의 세계가 어떤 곳인지에 대해 충분한 지식을 가지고 있다고는 말할 수 없다.

그렇지만 사후의 세계에 발을 들여놓았다고 하는 사람의 체험담에는 천국에는 그 밖에도 하지 않으면 안 되는 일이 있음을 살피게 해주는 이야기가 몇 가지 있다. 예를 들면 중병에 걸려서 입원했었던 어느 변호사는 사후의 세계에는 과일 나무라든가 그 밖의 작물(作物)이 재배되고 있으며 수확기에는 거두어들이지 않으면 안 될 것이라고 말하고 있다. 그리고 식물(植物)이라든가 현실세계에서 입은 심신의 상처를 치유하기 위한 영적 약으로 사용되는 약초도 있을 것이라고 했다. 물론 그런 치료를 하는 데는 사후의 세계에도 의사가 필요한데 그 의사는 하나님이거나 천사거나 때로는 회개한 인간일지도 모른다.

사후의 세계에서 하는 업무와 활동

사후의 세계를 엿보았다고 하는 체험담을 살펴보면 사후의 세계에서 하지 않으면 안 되는 일 가운데 한 가지는 천국의 관리나 통치(統治)에 참가하는 일이다. 어느 남성은 죽어서 천국에 간 사람은 그 사람의 능력과 하나님에 대한 충성심의 깊이에 따라 천국의 계급에 계속될 것이라고 말하고 있다. 그리고 그런 사람은 여러 가지의 혹성(惑星), 태양계(太陽系) 나아가서는 우주 전체를 지배할 것이라는 것이다.

사후의 세계를 엿본 다음 원래 있던 세계로 돌아왔다는 사람이 보고하고 있는 것처럼 초인간적인 육체나 뛰어난 지적(知的), 영적(靈的) 능력은 분명 그처럼 어려운 업무라든가 지배력을 요하는 지위에 오르는 데 적합할 것으로 생각된다. 그러나 그런 일에 불안을 느낀다거나 '나로서는 그처럼 중요한 임무를 수행할 능력이 없다'는 등의 생각을 할 필요는 없다. 죽기 직전의 상태에서 천국과 같은 곳에 다녀왔다는 사람은 모두 마음이 평정하게 되어 영적인 존재로서의 자기 자신의 몸과 마음을 완전히 조절할 수 있었노라고 보고한 일을 기억해 두기 바란다.

삶과 죽음의 경계에서 하나님 나라를 본 사나이의 이야기

사후 세계를 엿본 사람이 느꼈다고 하는 것에 의하면 그 밖에도 사후의 세계에서 하지 않으면 안 되는 일은 초자연적인 지배자로서의 책임에 비해 그다지 중요하지 않은 것처럼 생각되지만 마찬가지로 흥미 깊고 의미가 있는 것이라고 생각하는 사람도 있다.

대형 자동차 사고를 당하여 삶과 죽음의 경계를 드나들었다는 어떤 사람은 그때에 느꼈던 일을 다음과 같이 이야기하고 있다.

"사후의 세계에서는 하나님 나라를 더욱 위대하게 하고 지금까지 한 것 이상으로 하나님의 힘을 나타내기 위한 심부름을 할 수 있게 될 것입니다. 첫째로 지금까지 한 번도 하나님에게 거역했던 일이 없는 천사들에게 하나님에 의한 죄(罪) 사(赦)함의 참된 의미를 나타내기 위함입니다. 나는 하나님으로부터 멀어진 일이 없었던 방대한 수(數)의 영혼에게 하나님의 은혜와 사랑이 어떤 것인지를 전해 주는 심부름을 하게 될는지도 모릅니다. 왜냐하면 나는 한 번 타락했다가 그 후에 하나님이 계신 곳으로 돌아갔던 인간이기 때문입니다."

이상이 사후 세계의 업무와 활동, 그리고 마땅히 해야 할 책무(責務)일 것으로 생각된다. 사후의 세계를 엿본 사람들의 보고는 전체적으로 보아 유태 기독교의 사고방식과 거의 일치되고 있다. 단, 일부 사람이 보고하고 있는 죽은 사람과 살아 있는 인간 사이의 관계를 빼고는 말이다.

그리고 우리가 면접조사했던 사람 10명 중 2명은 사후의 세계에 있는 사람에게도 해야 할 책임이 있다고 생각한다고 대답했다.

이상 사후 세계 주민들의 모습과 인격적인 특징을 보았는데, 그렇다면 사후의 세계에 대한 이런 정보는 현실세계의 우리와 어떤 관계가 있는 것일까? 조사에 대답해 준 사람들에게 이 질문을 던져 보았던바 대단히 흥미 깊은 결과를 얻을 수 있었다.

10. 죽음에 대한 체험은 인생관을 변화시킨다

죽기 직전의 체험에 대한 두 가지 의문
죽음에 대한 자세 변화
죽음을 체험한 사람의 그 후 인생

●

●

●

●

1 죽기 직전의 체험에 대한 두 가지 의문

지금까지 소개해 온 죽기 직전의 상태에 불가사의한 체험을 했다는 것에 대해 보다 깊이 추구하고, 사후의 세계가 어떤 곳인지를 알아 본다는 것은 매우 마음 끌리는 일이다. 그러나 그런 체험담의 SF적인 수식은 모두 제거하고 사람들이 가장 궁금해 하는 핵심 부분에 다가서면 다음 두 가지의 의문이 나오게 된다.

1. 죽기 직전의 상태에서 불가사의한 일을 체험함으로써 죽음에 대한 공포가 적어지는가?
2. 죽기 직전의 상태에서 한, 불가사의한 체험에는 그 사람의 사고방식이라든가 생활방법을 보다 좋게 바꾸어 놓을 힘이 있는 것일까?

2 죽음에 대한 자세 변화

상당히 많은 사람들이—우리의 질문에 대답해 준 사람 중 3분의 1 이상의 사람들이—죽기 직전의 상태에서 불가사의한 체험을 함으로써 죽음에 대한 공포가 적어졌노라고 대답하고 있다. 그리고 3분의 1 이하의 사람들은 죽음에 대한 공포가 적어지지 않았노라고 말하고 있는데, 어찌되었든 불가사의한 체험을 함으로써 보다 공포감이 더해졌다는 사람은 그렇게 많지 않다.

그리고 또 죽음에 대한 기분에 대해서 물었는데, 어찌하여 죽음이 무서워지지 않게 되었는지 자세히 이야기해 주었다.

예를 들어 어느 젊은 여성은 사고를 당하여 질식할 것 같은 상태가 되었고 삶과 죽음의 경계를 드나들고 있을 때 육체로부터 떠난 그녀는 현실세계와 죽음의 세계에 부분적으로 중첩되어 있는 초차원적 세계에 발을 들여놓았던 듯하다. 그런데 현실세계에 돌아온 후로는 죽음에 대한 사고방식이 완전히 변했다면서 다음과 같이 이야기하고 있다.

"통증도 공포도 전혀 느끼지 못했습니다. 죽음이란 것은 단지 옮겨지고 변해지는 것뿐으로서, 나의 신념으로 보더라도 영원한 생명이란 것을 받아들이는 것은 인생의 일부인 것입니다."

수술 도중에 죽기 진전의 상태에 이르렀다고 하는, 또 한 사람의 여성은 죽는다는 것은 조금도 무섭지 않았지만 남편의 일이 걱정되었다며 다음과 같이 말하고 있다.

"아무것도 무섭지 않았습니다. 다만 남편도 언젠가는 하느님의 곁으로 와서 두 사람이 함께 하느님 곁에서 살 수 있게 해 달라는 기도를 했습니다. 남편도 하나님이 내 병을 고쳐 주실 것으로 믿고 있었습니다. 그 외의 것은 생각할 수 없었습니다."

역시 수술 도중에 빈사 상태가 되었던 오하이오주에 살고 있는 어느 여성은, 죽을 때는 불안이라든가 고통에 시달리는 일이란 없을 것으로 예상했지만 실제로 그런 일이 없었으므로 죽음에 대한 공포심이 누그러졌을 뿐이라며 다음과 같이 말하고 있다.

"죽음 그 자체는 괴로운 것이 아닙니다. 죽음에 대한 공포심도 어느 정도 없어졌습니다. 죽음이란 것은 인간의 한평생 정신생활 가운데 한 단계인 것입니다. 나는 죽음을 정신생활의 일부로 받아들이고 있습니다.

그리고 죽음은 우리가 아직 이해할 수 없는 것 가운데 하나입니다. 그러나 그 사람이 언제 죽을 것인지는 사전에 정해져 있다고 생각합니다. 우리는 모두 살아야 하는 때가 있고 죽어야 할 때가 있는 것입니다. 그리고 죽으면 사랑하는 사람의 영혼과 재회(再會)할 수 있는 것이구요."

생전의 지인(知人)들과 재회하다

그 중에는 소수이기는 하지만 죽었을 때의 체험이 아주 마음에 들어서 영원히 사후의 세계에 갈 것을 마음속으로 기다리는 사람도 있는 듯하다. 중서부에 사는 어느 여성은 친척 가운데 제일 좋아하던 사람을 병으로 잃게 되었는데, 자신이 사고를 당해 빈사 상태로 사경(死境)을 헤매고 있을 때 그 사람을 만났었다고 한다.

"죽음에 대한 공포 따위는 전혀 없고 오히려 먼저 죽는 사람이 부러울 정도입니다. 나는 그 사람들이 어디로 갔는지, 그리고 그곳에 가는 것이 얼마나 멋진 것인지 잘 알고 있습니다.

그곳에는 고통도 아픔도 없습니다. 실로 멋진 곳이며 아름다운 곳입니다."

또 불멸(不滅)의 세계를 엿보고는 죽음을 종교적으로 해석할 수 있게 되었다는 사람도 있다. 폐렴에 걸려서 다 죽게 되었던 적이 있는 여성은 이렇게 말하고 있다.

"죽는다는 것은 조금도 무서운 일이 아니며 죽음으로서 모든 것이 끝나는 것도 아닙니다. 우리의 영혼과 힘의 모범을 그리스도께서 증명해 주셨습니다."

그리고 죽기 직전인 상태에서 불가사의한 체험을 함으로써 사후의 세계에는 멋진 인간관계가 있음을 확신하게 되었으며 어서 죽기를 기다릴 정도의 사람도 몇 명인가 있다. 어떤 여성은 대단히 어려운 수술을 받고 사경을 헤매고 있을 때, 죽은 어머니와 만났다고 한다. 그들은 꽃이 만발해 있고 시냇물이 아름답게 흐르는 곳을 따라 걸었다는 것이다. 그리고 그녀는 이 체험을 한 다음부터는 죽음에 대하여 이상하리만큼 동경하는 마음을 가지게 되었다며 이렇게 말하고 있다.

"사후의 세계에 가면 아버지도 어머니도, 그리고 그 좋아했던 친척들도 만날 수 있습니다. 그러므로 나는 그 멋진 재회를 진심으로 기다리고 있습니다."

죽음에 대한 공포가 적어졌다!

죽기 직전의 상태에서 했던 불가사의한 체험에 의하여, 죽음에 대한 자세가 크게 변했다고 강조하는 사람도 있다. 빈사 상태에 빠졌었다고 하는 캘리포니아의 어느 상점 주인은,

"그때까지는 죽음을 굉장히 무서워했었습니다. 그러나 지금은 죽음이 아주 편안한 것임을 알게 되었습니다."

라는 말을 하고 있다.

단 죽음의 공포가 적어짐으로써 지금까지는 하나님을 믿지 않았던 사람이 하나님을 믿게 되었다는 사례도 있다. 서해안에서 농업을 경영하는 어느 남성은 대수술을 받고 있을 때, 눈이 멀 정도의 강한 빛에 싸인 하나님을 보았었다는 체험담을 말한 다음,

"죽음에 대한 사고방식이 완전히 변하여, 지금은 '저쪽 세상'에는 죽은 나를 받아들이고 죽을 때의 나를 위로해 주는 존재가 있다는 것을 진심으로 믿고 있습니다."

라고 말했다.

죽음의 문제에 직면할 때 가장 넘기 어려운 것은 뒤에 남겨지는 사

람과 헤어지는 일이라고 한다. 그런데 죽기 직전의 상태에서 불가사의한 경험을 한 다음에는 그런 이별의 공포와 슬픔을 극복할 수 있게 되었다는 사람도 있다. 일리노이주의 어느 여성은 심장발작으로 인하여 죽음의 세계를 엿본 경험이 있었는데 그 후로는 다음과 같이 생각하게 되었다고 말했다.

"비록 사랑하는 사람이 죽는 한이 있더라도 축복해야 할 일입니다. 현실세계를 떠나 하나님 곁으로 가는 것은 그 사람에게 있어서 더 없는 기쁨이니까요."

죽음에 대한 공포가 적어졌다는 것은 일반 사람들에게는, 평소의 생활에서 비교적 겁쟁이었던 것이 대담하게 행동할 수 있는 모습으로 변화되는 수도 있다. 즉, 미지의 곳으로 여행을 떠난다거나 모르는 곳으로 물을 길러 가거나 할 때 무서워하지 않게 되었으며 다소 죽음에 대한 위협을 느끼면서도, '위험하지만 재미있는 일'에 나설 수 있게 되는 것이다.

서남부에 사는 어느 여성도 그런 사람 가운데 한 사람인데 그녀는 우리에게 이런 말을 들려 주었다.

"나는 이제 내가 죽는 것도, 그리고 다른 사람이 죽는 것도, 전혀 무섭지 않습니다. 현실세계 다음에는 반드시 사후의 세계가 있다고 믿기 때문에 지금의 세계에서 마음껏 살아가며 모험을 하는 것도 전혀 무섭지 않습니다. 편안한 마음일 뿐입니다."

사실로 죽음이란 것이 조금도 무섭지 않은 것이고 극히 당연한 일로 받아들이게 되었다는 사람도 있으며, 사후의 세계에 발을 들여놓았던 일이 몇 번이나 있다고 하는 어느 나이 지긋한 엔지니어는,

"나는 죽음을 다음 차례에 일어나는 일, 즉 인생의 최후에 일어날 사건이라고 생각할 뿐입니다."

라고 말하고 있다.

그러나 일부 사람들이 사후의 세계를 엿본 체험을 함으로써 장차 죽음이 찾아왔을 때 기꺼이 받아들일 수 있는 마음의 자세가 되어 있다 하더라도 대부분의 사람들은 장수하기를 희망하는 것 같다. 서해안에 사는 어느 남성은,

"죽음이 두렵지 않다는 것을 알았습니다. 그러나 가급적이면 오래 살고 싶습니다."

라고 말했다.

또 죽기 직전의 상태에서 불가사의한 체험을 함으로써 죽음의 의미를 보다 철학적으로 깊이 생각하게 되는 경우도 있다. 전쟁 때 어이없게 죽음을 당하게 될 뻔했었다는 남부의 노 교사(老教師)는,

"삶과 죽음은 그 얼마나 가까운 곳에 있는 것일까요. 인간으로서 걸어가야 하는 길은 그 얼마나 짧은 것일까요!"

라고 말했다.

무서운 것은 '죽음'이 아니라 '죽기까지의 과정'이다

이상과 같은 보고에서 우리는 상당히 낙관적으로 사후의 세계에 대한 상상도를 그릴 수 있다. 또 죽음을 맛보고 현실 세계로 돌아온 사람들의 이야기에서도 불멸(不滅)의 세계에 대하여 매우 희망을 가지고 전망할 수 있겠다. 그러나 그런 체험담들을 검토할 때 신경쓰지 않으면 안 되는 일이 몇 가지 있다. 우선 첫째로 죽음에 대한 공포가 적어졌다고 대답한 것은 어디까지나 소수임을 잊어서는 안 된다는 사실이다. 비록 그것이 전체의 3분의 1 이상이라는 상당히 많은 인원수라고 하더라도 말이다.

그리고 우리가 조사한 대상자는 대부분이 급성 질병이라든가 수술, 갑작스런 사고 등에 의하여 생명이 위험에 직면했던 경우이다. 오랫동안 병상에 누워 있으면서 매우 괴로워하다가 죽어 갔다는 경우는 이

체험담들 속에 나오지 않는다.

단, 우리에게 이야기해 준 사람들 중에 적어도 한 사람만은 이 점을 상당히 명확하게 파악하고 있다. 그 사람은 다음과 같은 이야기를 들려 주었다.

"죽어 가는 것 그 자체는 고통도 괴로움도 없습니다. 죽어 가는 도중이라든가, 죽는 원인이 된 질병, 그리고 부상 그 자체는 괴롭겠지만 생명이 정지되는 것은 괴롭지 않았습니다. 무엇인가 다른 것의 일부가 되어 간다는 느낌이 계속 이어지고 있었으며 그 느낌은 확실한 것이었습니다. 데카르트의 '나는 생각한다. 고로 나는 존재한다'라는 이념은 이 경우에도 해당됩니다. 아무것도 없는 공허(空虛)한 상태 속에서 '영혼'의 존재를 느꼈던 체험에서 나는 이런 결론에 도달했던 것입니다(이 남성은 수술을 받고 있는 것처럼 '캄캄하고 공허한 상태 속'에 있는 것처럼 느꼈고 '로브를 입은 누군가'가 보였다고 한다)."

분명, 죽음에 관해 연구하고 있는 전문가들도 거의 모든 사람이 가장 괴로워하는 것은 죽음 그 자체가 아니라 죽어 가는 과정이라고 말한다. 그리고 죽음에 대한 일로 가장 불안하게 생각하는 것은 죽음의 순간 그 자체보다 죽어 가는 것에 대한 공포, 즉 아무 일도 할 수 없게 되며 자기 자신을 조절할 힘이 없게 되어 최후의 오랜 괴로움을 견디어 내지 않으면 안 되는 공포, 바로 그것인지도 모르겠다.

따라서 사후의 세계를 엿본 체험을 하고 죽음에 대한 공포심이 적어졌다고 하는 사람도 만약 자기가 오랜 기간 질병으로 고생하다가 죽게 된다면 죽어 가는 것에 대한 공포에 사로잡힐는지도 모른다.

죽음에 대한 공포를 극복하기 위해서는……

이런 낙관적인 보고와 함께 꼭 마음속에 담아 두어야 할 것이 있다.

그것은 신학적(神學的) 분야에 속하는 것이다. 성경학자(聖經學者) 가운데는 인격을 가진 마귀—그런 것이 존재하는 것을 믿는다면 말이다—의 첫째 특징은 사람을 교묘하게 조종하고 속이는 것이라고 하는 사람도 있다.

그리고 그 생각을 다시 발전시켜 나가면 죽음이라고 하는 것은 두말할 것도 없이 증오해야 하는 것이며, 그리스도를 따름으로써만이 극복할 수가 있는 것이고, 이것에 반(反)하는 듯한 보고는 모두 마귀가 하는 짓이라는 점이다.

기독교의 호교론자(護教論者)인 C.S. 루이스는 이 점을 문재(文才)와 위트에 넘치는 수법으로 그의 저서 《더 스크류데이프 레터즈》 속에서 주장하고 있다.

그런데 죽기 직전의 상태에서 했던 불가사의한 체험은 삶을 끝내는 것에 대한 공포에 어떤 영향을 줄 뿐만 아니라 그 체험에서 받은 충격은 현실세계에서 그 사람의 생활태도와 활동에까지도 미칠 것으로 생각된다. 그럼 실제로 죽기 직전의 상태에서 불가사의한 체험을 한 후, 그 사람의 인생이 어떻게 변했는지 살펴보기로 하자.

3 죽음을 체험한 사람의 그 후 인생

이번에 한 불멸의 세계에 관한 연구에서 우리가 배운 것은 사후의 세계에 발을 들여놓았던 사람 중 대부분이 현실세계로 돌아온 다음, 그 살아가는 자세가 변했다고 말한 점이다. 즉, 보다 적극적이고 결단력이 있는 인간이 되었다고 한다.

신앙심이 강해지다

죽음에 직면했을 때에 했던 불가사의한 체험이 가져다 준 구체적 변화 중 한 가지는 종교심이 강해졌다는 것이었다.

사후의 세계를 엿본 체험을 한 사람의 39%가 예전보다 훨씬 종교심이 강해졌다고 대답하고 있다. 또 20%의 사람은 각별히 종교심이 강해졌다고는 생각하지 않는다고 했으며 4%는 알지 못하겠다고 대답하고 있다.

자동차 사고를 당했다가 구사일생으로 살아난 남성은,

"지금 나는 하나님이 언제나 나와 함께 계신다는 것, 하나님은 반드시 존재한다는 것을 진심으로 믿고 있습니다. 하나님은 우리들 주변에 언제 어디서나 계십니다."

라는 말을 하고 있다.

또 죽기 직전의 상태에서 불가사의한 체험을 하고, 평안함과 함께 하나님과 마음으로 접촉하고 있음을 느꼈으므로 그때부터는 노스텔지크한 기분으로 사후의 세계에서 하나님과 결합할 것을 진심으로 기다리게 되었다는 젊은이도 있다. 아이오와주의 어느 젊은 여성은 이렇게 말하고 있다.

"죽기 직전의 상태에서 불가사의한 체험을 한 후부터는 산다는 것의 의미를 그때까지보다 더 잘 이해할 수 있게 되었다는 생각이 들었는데 그것도 우리들은 '부름을 받을 때'까지는 인내심으로 버티며 기다려야 한다는 것을 깨달았기 때문입니다. 남의 생명이든 자신의 생명이든 그 생명을 함부로 보는 것은 좋지 못한 일입니다. 그러나 아주 짧은 시간이긴 했지만 그곳 '천국'에 갔다 온 다음에는 그런 식으로 생각하지 않게 되었습니다."

그야 어쨌든 이 여성은 사후의 세계 혹은 천국에 가서 하나님, 혹은 그리스도 곁에까지 갔다 왔노라고 '강하게' 확신하고 있다.

죽음을 두려워하지 않게 되면 인생은 더욱 멋지게 된다

이처럼 신앙심이 강해지게 되었다는 것과 비슷하기는 하지만, 다소 다른 형태의 변화도 있다. 그것은 일부 사람이 말하고 있는 것처럼 죽기 직전의 상태에서 불가사의한 체험을 한 이후로는 우리네 인간들의 인생에 대한 계획은 하나님에 의해 결정된다는 생각을 하게 되었다는 것이다.

중서부에 사는 어느 나이 지긋한 여성도 심장발작으로 고생한 이후에 그런 생각을 하게 된 사람 중 한 사람이다.

"죽음은 전혀 무서운 것이 아닙니다. 우리는 어느 날이든 주(主)와 그리고 우리가 사랑하는 친척 친지들과 함께 있을 수 있도록 지금 있는 세계에서 주어진 일을 다하고 있을 뿐입니다."

인생의 계획은 하나님에 의해서 결정된다는 사고방식을 다른 방법으로 표현한 것이 있다. 다음에 소개하는 서부지방에 사는 비서직의 여성이 한 이야기가 그것이다.

"죽음은 두려워할 일이 아닙니다. 죽음이란 인생의 여정(旅程) 속에 있는, 지극히 당연한 '다음 정류장'인데 무엇인가 할 일이 있다든가, 누군가 돌보아 주어야 할 사람이 있을 때에는 연기되는 수도 있습니다. 그런 경우에도 다분히 그 사람이 어느 정도나 정신적으로 성장되어 있는지를 보고 결정하는 것입니다.

나는 '내일 일은 근심 걱정하지 않더라도' 필요한 것은 받을 수 있다는 생각으로 살아갑니다. 우리에게는 정신적으로 성장하되 사후의 세계로 갈 때까지 필요한 시간이 주어져 있습니다. 죽는 것을 두려워한다든가 겁을 집어먹지 않는다면 인생이란 정말로 멋진 것이 될 것이라 생각합니다."

또 인생이란 덧없는 것임을 강하게 인식하게 되어, 한순간 한순간을 소중히 살아가기로 결심했다는 사람도 있다. 서남부에 사는 어느 주부는, 다음과 같이 고백하고 있다.

"살아 있을 동안에 좀더 여러 가지 일을 해두어야 주님께서 기뻐하실 것이라 믿고 있습니다. 그리고 날마다 오늘이 나에게는 최후의 날이라고 생각하며 살아갑니다. 자칫하면 내일이라는 날은 오지 않게 될지도 모르니까요."

모든 것에게 애정과 동정이 넘치게 된다

앞에서 말한 것처럼 우리에게 보내 온 회답 가운데는, 위험을 수반하는 체험도 그 사람에게 큰 영향을 주고 있는 것처럼 생각된다. 수술을 받았다거나 사고를 당하는 등, 삶과 죽음의 경계를 드나들 때에 불가사의한 체험을 한 사람 중에는 '과감하게 일을 할 수 있다든가, 좀더 큰 일을 해내고 싶다는 충동에 사로잡혔다'는 등의 말을 하는 사람이 있다. 바꾸어 말하면 그러한 체험을 했기 때문에 겁이 없어졌다는 말일 수 있다.

그리고 죽음의 문을 열었던 체험을 한 이후로는 지금까지 했던 것 이상으로 남에게 동정적인 사람이 되었다는 경우도 많다. 어렸을 때 심장발작을 일으켜 삶과 죽음의 경계를 드나들었다가 어머니로부터 '돌려보내졌다'고 하는 67세의 여성은,

"그 이후로 나는 겸허해졌으며 남에 대해 동정심을 가지게 되었습니다."

이와 마찬가지로 질식사할 뻔했다는 여성은 그때까지 했던 것 이상으로 남에게 부드러운 태도를 취하게 되었다고 한다. 또 어느 여성은 병원에서 집중적인 치료를 받고 있을 때, 죽은 아버지가 베갯머리에서 있는 경험을 했는데 그때부터 그녀는 가족들에 대한 고마움을 알게

되었으며 몰라보게 관대해졌다고 한다.

그리고 이러한 애정이라든가 동정심이 구체적인 행동이 되어 표출되는 예도 흔히 있다. 어떤 여성은 불가사의한 체험을 했던 것이 계기가 되어 간호사가 되었으며, 가족들과 사랑하는 모든 사람을 위해 보다 더 시간을 쪼개어 썼다는 남성도 있다.

사후의 세계를 엿봄으로써 일어난 변화 중 하나로 자신이 있는 세계에서 자기가 어떤 위치를 차지하고 있는지에 대하여 민감해졌다는 사람도 있다. 플로리다에 사는 어느 나이 지긋한 남성은 현재와 과거는 면면히 이어져 가는 것임을 통감하게 되었으므로 가계도(家系圖)를 작성하고 있다는 말을 했다.

또 이 남성은 죽기 직전의 상태에서 불가사의한 일을 체험한 이후, 하나님이 창조하신 물건에 대하여 흥미를 가지게 되었으며, 차츰 더 자기 주변에 있는 자연의 아름다움에 자꾸만 마음이 이끌리게 되었던 듯하다. 그래서 그는,

"1백여 그루나 있었던 1년생 식물을 더이상 기르지 않기로 하고 하루에 피었다가 시드는 원추리를 기르며 즐깁니다."

라고 말했다.

이 남성을 포함하여 사후의 세계에 발을 들여놓을 뻔했다가 현실세계로 돌아온 사람들 중에는, 죽음에 직면했던 일이 없었던 사람들보다 화초라든가 하늘·태양·달 등에 관심을 가지게 된 사람이 적지 않다. 어떤 사람은 자신의 심정을 다음과 같은 말로 표현하고 있다.

"지금까지는 지극히 당연한 일이라고 생각해 왔던 아주 소소한 것들도 멋지고 아름답다는 것을 알게 되었습니다. 하늘이라든가 나무·건강·사랑·웃음 그리고 눈에 비치는 모든 것에 대해서 그렇게 느끼고 있습니다."

삶과 죽음의 경계를 드나들고 있을 때, 세상을 떠난 아버지가 나타

났었다고 하는 이 여성은 불가사의한 일을 체험함으로써 다시 한 번 변화되어,

"그때까지보다 더 열심히 교회에 나가게 되었으며 그때까지보다 사랑하는 사람에게 감사하는 마음을 가지게 되었습니다. 그리고 남에게도 관용하게 되었지요."

라는 말을 했다.

'인생의 타격'을 잘 넘길 수 있게 되었다

또 누구나 한두 번은 체험하게 되는 슬픔과 실망 등 '인생의 타격'을 잘 넘길 수 있었다고 하는 사람도 있다.

남부에 사는 어느 남성은 다음과 같이 말하고 있다.

"인생에는 산도 있고 골짜기도 있게 마련입니다. 나는 산을 만났을 때에는 사방을 돌아보며 잘 살피고 산을 만나게 된 삶에 감사드립니다. 또 골짜기를 만났을 때는 약하게 된 나에게 힘을 줍시사며 하나님께 기도합니다."

그리고 그는 죽기 직전의 상태에서 경험했던 불가사의한 일을 통해 하나님의 인도(引導)를 받았었으므로 현실세계에서 일어나는 일에 관한 그의 기도는 반드시 하나님이 들어 주실 것을 확신하고 있었다.

캘리포니아의 어느 디자이너도 수술을 받고 있을 때, 불가사의한 체험을 했었는데 그 이후로 위에서 소개한 사람과 똑같은 변화가 있었다고 고백하고 있다. 그는,

"그 일은 나에게 있어서, 설령 불운한 상황에 놓이더라도 다른 사람은 할 수 없는, 아주 초연한 견해를 가질 수 있도록 해주었습니다. 그리고 지금까지 나로서는 할 수 없을 것으로 생각했던 큰일에도 한번 도전해 보고 싶다는 마음을 가지게 해주었구요, '두 번째 찬스가 주어졌다'는 점에 대해서 보응하지 않으면 안 되겠다는 마음

의 작용인지도 모르겠습니다."
라고 말하고 있다.

쓸데없는 근심 걱정과 집착이 없어졌다

죽기 직전의 상태에서 불가사의한 체험을 했던 사람 중에는 자기 자신이나 자신의 주변에서 일어나는 일에 잘 대처해 나갈 수 있게 된 한편, 도저히 바꾸어 놓을 수 없는 현실적 한계를 수용할 수 있게 되는 등, 밸런스가 잘 잡혀지게 되었다는 사람도 있다.

교사(敎師)로 있는 어떤 남성은 수술을 받던 도중 다 죽게 되었었는데, 다시 건강을 되찾았을 때에는 자신에게 새로운 내면적 힘이 생긴 것을 깨달았다고 한다. 이 남성은 이 체험을 한 연후에 생긴 자신의 능력에 대해 다음과 같이 말하고 있다.

"절대절명의 상황에 쫓기는 경우에도 그다지 두려워하는 일이 없게 되었습니다. 나는 앞으로 어떤 사람에게도 그리고 어떤 일에도 흔들리는 일이 없을 것입니다. 내 생각대로 살아가는 것이 인생입니다. 이렇게 생각하면 나는 어떤 사람과도 대응할 수 있게 됩니다. 물론 남도 나와 대등한 것이므로 그렇게 부딪히면서 살아가야겠지요. 이런 신념이 있기에 내 인생의 야망은 온화하게 되었답니다.

나는 어떠한 외적인 힘에도 조종당해서는 안 된다고 믿습니다. 자신이 해낼 수 있느냐 없느냐를 판단하는 것은, 남이 아니라 자기 자신인 것입니다. 일반적으로 세상에서 생각하고 있는 것 따위에 미혹당해서는 안 됩니다. 육체적, 혹은 정신적으로 참된 자유가 무엇인지를 이해할 때 비로소 인생을 멋지게 살아갈 수 있는 것입니다."

이와 같이 그는 정신적으로 강해졌으며 여러 가지 일에 사로잡히는 일이 없어졌다고 말하고 있다. 동시에, 사후의 세계를 엿본 체험을 한 후에는 자신에게 불리한 상황을 용이하게 수용할 수 있게 되었다며 다음과 같이 덧붙이고 있다.

"사물에 구애되지 않는다는 마음을 계속 가진다는 것은 중요합니다. 나는 아무리 곤란한 상황에 처했을 때도 그런 마음자세를 계속 가지지 않으면 안 된다고 자신에게 들려 주는 일도 있습니다. 그러자 최근에는 뜻대로 되지 않는 일도 지금까지보다 즐거이 받아들일 수 있게 되었습니다. 인생의 쓰라린 점도 받아들이면서 그런 와중에서도 꿋꿋이 살아갈 수 있게 된 것입니다.

나는 어떻게든 견딜 수 있을 정도의 건강상 문제를 지탱하고 있으며 인생에는 납득할 수 없는 일도 있을 수 있다는 것을 잘 알고 있습니다. 그리고 최소한 내 정신은 그런 것을 이해하고 수용할 수 있을 것이라고 생각합니다."

죽음에 임박했을 때에 신비스러운 것과 만났다는 사람은 대부분 그런 일이 있었기에 자신이 성장했다고 느끼는 것 같다. 어느 변호사는 다음과 같이 말하고 있다.

"지금까지보다 마음이 평안해졌습니다. 그리고 무슨 일이든 최선을 다해서 하고 그 결과는 주(主)에게 맡기게 되었습니다. 지금까지 했던 것처럼 어떤 일의 결과를 금방 얻으려는 생각 따위는 없어지게 되었습니다."

뉴저지에 사는 어떤 주부도 사후의 세계를 엿보았던 체험을 하고 위에서 소개한 사람과 똑같은 인상을 받았다면서, 다음과 같이 이야기하고 있다.

"지금까지 살아온 것보다 인생을 더 즐길 수 있게 되었으며 쓸데없는 근심 걱정은 하지 않게 되었습니다. 걱정되는 일이 있으면 주님에게 기도하고 잘 풀어 나갈 수 있도록 힘을 줍시사 하고 간청한답니다."

이처럼 평안한 마음과 사물에 대하여 필요 이상으로 사로잡히지 않는 마음은 물질에 대한 태도에도 반영되고 있다. 그녀는,

"지금까지보다 물질에 집착하지 않게 되었습니다. 물질은 언젠가 반드시 없어지게 됩니다. 그러나 하나님의 사랑은 없어지는 일이 없습니다."

라고 말했다.

그리고 그녀는 수술을 받다가 생명을 잃을 뻔했건만 이런 말을 하고 있다.

"어쨌든 아주 멋진 체험이었습니다. 내가 경험한 것은 주님과 함께 있든가 주님 곁에서 즐겁게 보내는 체험들이었습니다. 주님은 나를 진심으로 사랑해 주신다는 사실을 깨달았습니다. 이번에 받은 수술과 그 후에 치유된 체험을 통해 그런 것을 한층 더 강하게 느꼈습니다."

사람을 떠나보내는 적적함을 이겨내는 강인함

끝으로 우리에게 보내 온 체험담 중에 용기 같은 것이 용솟음쳤다고 말한 사람이 몇 명 있다. 이것은 단지 자기 뜻을 실현시키기 위해 다소의 위험 따위는 겁내지 않았다는 정도가 아닌 더 나아가서 남을 위해 자기 자신을 희생시킬 수도 있게 되었다는 의미이다.

자기 집과 가까운 곳에서 큰 사고를 당하여 죽음에 임박했던 인디애나의 여성 심리학자(心理學者)는 이때의 일을 다음과 같이 표현하고 있다.

"지금까지 살았던 것이 얼마나 어이없게 죽어 가는지는 누구나 다 잘 알고 있습니다. 나는 죽음을 두려워하지는 않습니다. 내가 죽기 싫어하는 것은 단지 이 세상에서 하지 않으면 안 될 일이 너무나 많이 있기 때문입니다. 그리고 내가 죽으면 가족들과 친구들이 얼마

나 슬퍼하겠느냐는 생각 때문입니다. 그러므로 나는 가족들과 친구들을 슬프게 해주지 않기 위해서 제일 마지막에 죽고 싶습니다."

그녀의 이 발언은 우리가 다시 생각해 볼 가치가 있다. 우리가 제일 두려워하는 것은 자신이 생명을 잃는 그것이 아니라 사랑하는 사람을 잃게 되는 것이다. 따라서 가족 중에 자신이 최후까지 남는다는 것은 —홀로 되고 더구나 나이가 많아져서 아무 일도 할 수 없게 된다는 것은—인생의 마지막에 그다지 괴로움도 당하지 않은 채 허무하게 죽어 가는 것보다 훨씬 더 두려운 것이 아닐까.

그런 의미에서 이 여성은 삶과 죽음의 경계를 헤매는 체험을 하고는 자기 나름대로 하나님과 사후의 세계에 대한 본질을 파악할 수 있었기 때문에 다음과 같은 말을 할 수 있었던 것이다.

"지금이라면 나는 가족들과 친구들을 모두 떠나보내고 최후까지 남는 쓰라림과 적적함을 견디어 낼 수 있을 것으로 생각합니다. 그 앞에는 어떤 일이 기다리고 있는지 잘 알고 있으니까요."

이와 같이 사후의 세계에 발을 들여놓았다가 현실세계로 돌아온 사람들에게는 살아가는 방법에 여러 가지 변화가 일어났음을 알 수 있다.

11. 과학적인 관점에서 본 '사후의 세계'

정신의학의 시점(視點)에서 본 사후의 세계
'죽음에 대한 체험'의 핵심에 다가서다

1 정신의학의 시점(視點)에서 본 사후의 세계

지금까지, 일부 정신의학자가 죽기 직전의 생태에서 일어난 불가사의한 사건에 대해 어떻게 생각하고 있었는지는 여러 곳에서 언급해 왔다. 하지만 마음에 관한 과학—즉, 정신의학이라든가 심리학—이 테마에 대해 어떤 견해로 어떻게 다루고 있는지는 아직도 못 다룬 부분이 남아 있다.

죽기 직전의 상태에서 있었다는 불가사의한 사건을 평가하는 데 있어서는 일반 의사보다 정신의학자라든가 심리학자, 그리고 그 방면의 연구를 하고 있는 사람들이 어느 의미에서는 유리한 위치에 있다고 할 수 있다.

그런 사람들은 어떤 분야의 전문가보다도 날마다 하는 업무 속에서 이상한 정신활동 중, 해명되지 않은 부분에 메스를 가할 기회가 많이 있다.

그리고 정신의학의 분야라는 것이 죽기 직전인 상태에서 일어나는 불가사의한 사건의 의미를 독창적으로 알아낼 수 있다고 보아야 할 것이다.

그런 유(類)의 연구에서 최근 내가 대단히 재미있게 생각했던 것 가운데 한 가지는 1981년도에 출판된《신경 및 정신장해 저널(Vol. 169 No. 6)》에 게재되었던 '죽기 직전인 상태에서의 불가사의한 사건은 죽기 직전의 상태에서만 일어나는가?'라는 기사이다. 저자 중 한 사람인 그렌 O. 거버드 박사는 정신의학자이다.

거버드 박사에 의한 유체이탈(幽體離脫)에 대한 조사 결과

거버드 박사와 그 밖의 연구 그룹은 죽음 직전인 상태에서 일어난 일 중에서 체험한 것, 즉 육체로부터 영혼이 떠나는 유체이탈(幽體離脫)의 현상을 한 걸음 더 깊이 파헤치고 이해하고자 했다. 그리고 사후의 세계에 발을 들여놓았을 때에 생긴 유체이탈의 현상에는, 그것과 다른 상황에서 생긴 유체이탈에 비해 어떤 특징이 있는지 없는지를 조사했다.

유체이탈을 체험했다고 하는 399명을 대상으로 조사했는데, '체험자의 대다수를 차지하는 90%가 그 체험을 했을 때는 죽기 직전인 상태가 아니었다'는 것을 알아냈다. 그럼 나머지 10%, 즉 유체이탈의 현상을 죽기 직전인 상태에서 체험했다는 사람의 경우에는 무엇인가 두드러지는 특징 같은 것이 있는 것일까?

박사 등은 '죽기 직전인 상태에서만 볼 수 있는 특징은 아무것도 없다'는 결론에 도달했는데, 그와 동시에 '다른 유체이탈 때보다 죽기 직전인 상태에서 일어난 경우에 비교적 잘 보이는 현상에는 몇 가지가 있다'고 말하고 있다. 그리고 죽기 직전의 상태에서 경험했다는, 불가사의한 사건 중에, 영혼이 육체로부터 떠나 가는 감각을 체험한 사람에게서 특히 잘 일어나는 것은 다음과 같은 현상들이다.

- 불가사의한 사건의 첫 단계에서 여러 가지 소리가 들려온다.
- 터널을 빠져 나간다는 느낌이 든다.
- 빠져 나온 곳에서 자신의 육체를 본다.
- 육체를 가지지 않은, 다른 생명체가 자신의 곁에 있다고 느낀다(이미 세상을 떠난 집안 식구인 경우가 많다).
- '밝은 빛'으로 인식되어지는 의사소통을 할 수 있는 생명체와 만

나고 있다.

- 죽기 직전의 상태에서 불가사의한 체험을 하고 있는데, ① 그 사건에는 어떤 의도가 있고, ② 그것을 체험함으로써 영원한 은혜를 받게 되며, ③ 그것은 정신적 혹은 종교적인 체험으로서, ④ 그 후의 생활이 변화된다고 느꼈다.

독자 제현도 알아차리고 있겠지만 이런 발견들과 우리가 현재까지 입수한 조사 결과에는 몇 가지의 유사점이 있다. 그러나 거버드 박사의 연구는 아주 특수한 것으로서 일정한 것에 한정된 연구임을 잊어서는 안 된다.

거버드 박사와 그 연구진들은 죽기 직전의 상태에서 한, 불가사의 했던 체험 중 보고된 것, 즉 영혼이 육체로부터 빠져 나가는 현상에만 초점을 맞추고 있는 것이다.

다시 말해서 그들은 유체이탈의 현상에서도 사후의 세계를 엿보았을 때에 일어난 것과, 그것과는 다른 상황에서 일어난 것과의 사이에 차이가 있다고 하면 그 차이가 무엇인지를 찾아내고 싶어했던 것이다.

그들은 연구 대상을 작고 명확하게 잡음으로써 죽기 직전의 상태에서 일어난, 불가사의한 사건에 대하여 작기는 하지만 의의가 있는 지식을 얻어 낼 수 있었던 것이다.

물론 이런 유(類)의 연구에는 아직 해명할 수 없는 의문점이 많이 남아 있다. 그리고 이 점을 과학적인 수단만으로 깊이 파고들 수는 없는 일이므로 의학자는 이런 종류의 작업이 원래부터 한계성을 내포하고 있다는 점에 대하여 불만을 품게 될 것이다. 그러나 이미 앞에서도 설명했던 것처럼 그런 한계가 있기에 정신의학의 연구가가 중요한 공헌을 하게 될 가능성을 가지고 있는 것이다.

2 '죽음에 대한 체험'의 핵심에 다가서다

또 한 사람, 우리가 수집한 자료를 검토하고 코멘트를 해주었던 정신의학자이자 하버드 메디컬 스쿨의 심리학 조교수인 J. 윌리엄 워덴 박사가 있다. 그는 이스턴 신학교, 보스턴 대학, 하버드 대학에서 신학·교육학·임상심리학 등 각 분야의 박사 학위를 취득하고 있다.

미국에는 생명을 위협하는 질병이나 행동을 장기간에 걸쳐 연구하는 오메가 프로젝트라는 것이 있다. 워덴 박사는 그 조사 주임을 10년 이상이나 맡고 있으며 수많은 기사를 써 내는 한편 저서도 두 권이나 냈다. 그 한 가지는 《죽음의 인식(Personal Death Awareness)》이고 또 한 가지는 《고민의 카운슬링과 고민의 치료—정신의학의 실천자를 위한 안내서(Grief Counseling and Grief Therapy: A Handbook for the Mental Health Practitioner)》이다.

그가 쓴 것이라든가 그의 강의 등에서 알 수 있듯이 워덴 박사는 훨씬 이전부터 죽기 직전인 상태에서 일어나는 일에 흥미를 가지고 있었던 것 같다.

"내가 아직 10대였을 때의 어느 일요일 아침에 목사님이 수요일 저녁 때 어떤 사람이 와서 이야기해 주었다는 내용을 들려 주셨습니다. 그 사람은 병원에서 일단 사망했다는 진단을 받았었는데 잠시 후 다시 살아난 사람이라고 선전지에 적혀 있었습니다. 나는 대단한 흥미를 느꼈으므로 다른 사람들과 함께 교회 지하실로 가서, 자신의 죽음을 자기 눈으로 보고 다시 현실세계로 돌아온 이야기를 들려 주겠다는 그를 가슴 두근거리며 기다리고 있었습니다.

지금도 확실히 기억하고 있습니다만 그 사람은 아무리 보아도 그처럼 위험한 일을 체험했던 사람이라고는 생각되지 않는, 극히 보통 남성처럼 보였습니다. 그러나 그 사람이 이야기하기 시작하자 나는 그 이야기에 말려들어서 마치 나 자신이 그런 체험을 했던 것처럼 느껴졌습니다. 이제 나는 단편적인 것밖에 기억하지 못합니다만 '내마음은 평안했습니다…… 나 자신이 스르르 빠져 나오는 느낌…… 자신 이외의 어떤 자인가의 힘으로 들어 올려지고 있었으며…… 아마도 하나님일 것으로 생각됩니다'라는 등의 이야기를 기억하고 있습니다.

그 이야기는 대단히 흥미 깊었었는데 너무 짧아서 심히 아쉬운 감이 들더군요. 그 후 교회에서 돌아올 때 나는 내 죽음에 대해 다소 희망과 기대를 가질 수 있음을 알았습니다. 함께 그 이야기를 들은 사람들도 그랬을 것으로 생각되었는데 나는 좀더 자세히 알고 싶었습니다.

물론 사람은 자기자신이 죽어 보지 않는 한 죽는다는 것이 어떤 것이며 어떤 느낌일 것인지 세밀하게 알 수는 없습니다. 그렇지만 실제로 한 번 '죽은 다음' 현실세계로 되돌아온 사람의 이야기를 들음으로써 그때의 느낌을 간파할 수 있습니다."

심리학자 워덴 박사가 든 네 가지의 의문점

워덴 박사는 신학(神學)과 심리학 등 두 가지 학문을 이수한 학자임과 동시에 실제로 죽음에 임박한 환자를 여러 해 동안 진단하고 있었으므로 우리가 수집한 데이터를 유니크한 입장에서 평가할 수 있었다.

우리가 조사한, 죽기 직전인 상태에서 체험했다는 불가사의한 일은 어떤 영원의, 그리고 초차원적인 것이 존재함을 나타내고 있는 것일까? 아니면 우리의 조사에 대답해 준 사람들의 머릿속에서 만들어 낸 영상(映像)에 지나지 않는 것일까?

워덴 박사는 다시 다음과 같이 말하고 있다.

"나는 이런 일들이 과학적으로 증명될 수 있다고 믿는 유(類)의 인간이 되려고 생각하지는 않습니다. 나는 사도(使徒) 바울처럼 '우리가 이제는 거울로 보는 것 같이 희미하나 그때에는(죽게 되면) 얼굴과 얼굴을 대하여 볼 것이다(확실하게 볼 것이다)'(〈고린도전서〉 제13장)라는 견해를 가지고 있습니다. 사후의 생명을 믿는 자는 결과적으로 죽음을 부정하는 것이라고 말하는 사람도 있을지 모르겠습니다. 그러나 그런 사고방식을 증명하는 것은 내 사고방식이라든가 그 밖의 사람들의 견해를 증명하는 것 이상으로 어려울 것으로 생각합니다."

워덴 박사는 하버드 메디컬 스쿨에서 한 연구를 통해 다음과 같은 것을 알게 되었다고 말한다.

"사람이 여러 가지의 것을 학습한다든가 경험하는 데는 갖가지 생화학적(生化學的)인 작용과 관계되어 있으며 뇌(腦)의 여러 부분을 자극하여 갖가지 종류의 지각 반응(知覺反應)이라든가 학습 반응(學習反應)을 일으키게 할 수가 있습니다.

그런데 죽기 직전인 상태에서 한 체험에 있어 문제되는 것은 그 일이 일어났을 때 화학적·분자적(分子的)인 레벨에서 어떤 일이 일어났는지를 알고 있는 사람은 아무도 없다는 사실입니다. 따라서 아주 보편적인 설명에서도 신앙심이 돈독한 사람의 설명과 마찬가지로 추론적(推論的)인 것이 되어 버립니다. 그런 일에 대한 과학적 테스트를 할 수는 없기 때문이지요. 사람을 일단 죽였다가 다시 되살릴 수는 없으니까요.

그러므로 그 사람의 보고에 전면적으로 의존할 수밖에 없겠는데, 심리학적으로 보아 그 일을 목격한 사람이 법정에서 하는 증언 등을 포함하여, 이런 체험담에는 반드시 선입관이 들어 있다는 것을 알 수 있습니다.

그러나 동시에 과학적 방법론에 한계가 있다고 해서, 불가사의한 일을 체험했다고 말하는 사람이 실제로 그런 체험을 하지 않았다고는 볼 수 없습니다."

워덴 박사는 죽기 직전인 상태에서 체험한 일의 보고에 대하여 과학적·심리학적으로 중요한 의문점을 몇 가지 들고 있다. 죽기 직전의 상태에서 했다는 불가사의한 체험에서 가장 본질적인 핵심을 이루는 부분의 의미를 파헤치기 전에, 하지 않으면 안 될 일이 적어도 네 가지는 있다고 워덴 박사는 말하고 있는 것이다.

① 어떻게 인식해야 좋을까

워덴 박사는 다음과 같이 설명하고 있다.

"우리는 어떻게 사물을 이해하는 것일까요? 이러이러한 일이 일어났다고 누군가 말할 때 그것이 사실로 있었던 일인지 아닌지를 어떻게 판단하면 좋은 것일까요? 또 똑같은 일을 체험했다고 말하는 사람이 있을 때 그 사람이 체험한 것이 정말로 똑같은 현상인 것이라고 판단하기 위해서는 양자(兩者)가 어느 정도까지 일치되어야 하는 것일까요? 혹은 어느 회답자가 터널을 보았다고 말했을 때 그것은 정확히 무엇을 의미하는 것일까요? '터널에 들어갔던 것 같은 느낌이란 이런 것'이라고 확신을 가지고 말할 수 있는 형태의 판단 기준이 없으므로 언어를 구사하여 설명할 수밖에 없는 것입니다."

② 그 사건을 과대시(過大視)하고 있는 것은 아닌가

워덴 박사에 의하면 사람이란 남들이 맛보지 못한 일이라든가 그런 체험을 했던 사람이 그리 많지 않은 일을 체험하고 그것을 보고하게 되면, 어쨌든 그 사건을 실제보다 크게 보거나 중대시하기 쉽다고 한다. 그것은 주변 사람들의 주목을 끌려고 하는 것이며 자연히 실제 체험에 꼬리를 붙여 이야기하는 경향이 있다는 것이다.

또 워덴 박사에 의하면 이런 유(類)의 체험을 한 사람 중에는 과장하지 않기 위하여 신경을 쓰는 사람도 있다고 한다.

"그 중에는 자신의 몸에서 일어난 초자연적 현상을 이야기하지 않으려는 사람도 있습니다. 예전에 몇 명의 미망인들이 모여서 서로 고민을 털어놓는 회의가 열렸던 일이 있습니다. 그런데 그 중 한 여인이 무척 망설이면서 자기는 세상을 떠난 남편의 환각을 본 일이 있노라고 그룹 여인들에게 이야기했습니다. 그 사람은 그때 그 그룹 안에도 자기와 똑같은 체험을 한 사람이 있음을 알아차리고 있었던 듯한데 그 말은 입 밖에 내지 않았다는 것입니다. 환각을 본다는 기묘한 경험을 용기있는 한 명의 여성이 입 밖에 냄으로써 여러 명이 체험하고 있는, 평범한 것임을 알게 되었던 것이지요."

우리가 했던 조사에서도 자기가 체험했던 불가사의한 일을 남에게 이야기하지 않으려는 사람이 있음을 알았다. 그런 이야기를 하면 웃음거리가 된다든가 머리가 돈 사람이라며 손가락질할 것이라고 생각했기 때문이리라.

그러나 그런 사람에게는 주저함이 있어서인지 과장을 피하고 가급적 정확하게 이야기하려는 경향이 있다.

③ 남에게서 얻은 지식의 영향을 받고 있지 아니한가

최근에는 죽기 직전인 상태에서 했다는 불가사의한 체험에 대한 책이 아주 많이 나돌기 때문에 자기가 실제로 체험했다기보다 이전에 읽었던 책의 표현을 사용하면서 그때의 인상을 전하고자 하는 사람도 있다.

"그 점에 대해서 처리를 잘하는 데는 여러 가지 문제가 있지요. 자신의 신상에서 일어난 일을 제대로 표현할 언어가 떠오르지 않으면 대개 신문 기사의 표현이라든가 자기 자신이 믿고 있는 종교에서 사용되고 있는 언어를 사용해 가며 설명하고자 합니다."

라고 워덴 박사는 말하고 있다. 그 때문에 그 사람이 죽기 직전인 상태에서 체험한 것과, 전에 책에서 읽었던 것이라든가 보다 더 이전에 체험했던 것 등이 구별되지 않는 경우가 있다.

④ 육체적 외상(外傷)에 의한 영향은 없는가

"당신네들의 조사에서 알아낸 것 모두는 사고라든가 대수술과 같은 외상(外傷)을 입었을 때에 생긴 일들입니다. 암(癌)이라든가 이와 비슷한 장기간에 걸친 질병으로 죽게 되었을 때 그런 것을 체험했다는 사람은 한 사람도 없습니다.

육체적 외상을 입으면 체내(體內)에 과학반응이라든가 그 밖의 변화가 일어난다는 것은 이미 알려져 있습니다. 예를 들면 고통을 줄여 주는 기능이 있는 엔돌핀과 같은 것이 뇌(腦) 속에서 생성되는 것인지도 모릅니다. 육체의 어디엔가에 외상을 입게 되면 대량의 분비액이 나올 것은 당연할 것으로 생각합니다. 또 뇌 내부에서 화학적(化學的) 상호작용이 일어나면 신경에 무엇인가를 전달하는 작용을 불러일으킨다거나 어떤 종류의 정보를 전하는 신경계를 만들어 낸다는 사실도 알려졌습니다. 이런 것들은 당신네들에게 보내진, 죽기 직전의 상태에서 했다는 불가사의한 체험의 보고에 어떤 영향을 주는 것일까요?

현재의 단계에서는 어떤 말도 할 수 없습니다. 그러나 이것은 죽기 직전의 상태에서 일어났다는 불가사의한 일의 의미를 명확하게 알아내기 위하여 어떻게 해서든 밝혀내야 하는 과학적 문제이기도 합니다."

사후의 세계는 현실에서의 도피가 아니다

이렇게 해서 워덴 박사는 우리가 죽기 직전의 상태에서 체험했다는 불가사의한 일의 참된 의미에 접근하고자 한다면 앞으로 어떤 것을 연구해야 하는지를 제시해 준 셈이다. 동시에 그는 모든 독자에게도 어떤 경고를 하고 있으며 필자도 그것은 대단히 중요한 일이라 생각하는 까닭에 여기에서 다루어 보고자 한다. 그것은 다음과 같은 일이다.

"생명이 위험에 처한 경우의 연구를 하는 데 있어 가장 곤란한 것은 어떤 정보가 사람을 무기력한 상태에 몰아넣는 경우가 있다는 점입니다.

예컨대 다시 태어난다는 내용의 책을 읽고 그것을 믿게 된 사람이 있다고 가정하겠습니다. 그렇게 되면 그 사람들은 다음에 현실세계에 태어날 때는 지금보다 훨씬 좋은 인생이 기다리고 있는 게 아닐까 하는 생각을 하게 되고, 현재의 인생에서 빠져 나갈 것을 선택하게 될 가능성이 있습니다. 즉, 다시 태어난다는 일이 사실로 일어난다고 실증(實證)된다면 지금보다 더 좋은 상태로 도망치기 위해 자살을 했는지도 모릅니다. 나는 실제로 몇 번인가 그런 현상이 일어난 것을 알았습니다. 그런 이유로 자살하는 사람은 결코 많지는 않지만 있기는 하다는 말입니다.

따라서 이런 사후의 세계에 관한 일을 논할 때 주의하지 않으면 안 되는 것은 그러한 위험입니다."

그럼 불멸의 세계가 존재하는 것을 암시하는 것으로, 죽기 직전의 상태에서 일어난, 불가사의한 일을 워덴 박사는 어떻게 생각하고 있는 것일까?

"나는 이것을 신비적인 문제로 다루려고 합니다. 그리고 끝으로 말해 두고 싶은 것은 그러한 이야기를 들으면 깜짝 놀랄 정도로 마음의 유연성을 가지고 있으라는 점입니다. 그러한 사건이 사후 세계의 존재를 나타내고 있음을 믿는다는 것은 상관없지만 인식론적(認識論的)인 견해라든가 과학적인 편견에 바탕을 두고, 그것을 믿을 수는 없습니다. 현재의 단계에서는 사후 세계의 존재를 믿는 근거가 되고 있는 것은 그런 것들과는 전혀 별개인 성경(聖經)이나 하나님의 말씀 등일 것입니다."

죽기 직전의 상태에서 했다는 불가사의한 체험담이, 엄밀하게는 무엇을 의미하느냐란 점에 대해서는, 과학적, 심리적 견해가 각기 다르다는 것은 확실하다.

그러한 체험담은 육체적 외상(外傷)을 입은 사람이 마음속에서 만들어 낸 시나리오에 지나지 않는 것인지도 모른다. 대부분의 과학자나 의사는 이런 해석에 찬동할 것이다.

혹은 그러한 일, 즉 사후의 세계라든가 영혼의 구원(救援)을 위해 필요하다고 하는 말 따위는, 하나님의 가르침과는 위배되는 것이라고 인간이 생각토록 하기 위해 마귀가 부리는 책략(策略)일지도 모른다. 일부 종교 사상가들은 그렇게 설명하고 있다.

그런가 하면 이런 보고들은 정말로 천국 혹은 현실세계와 중첩되어지는 다차원적(多次元的) 세계의 제 1 단계에 발을 들여놓았을 때의 일일까? 이런 사고방식을 받아들이는 사람도 있다.

죽기 직전의 상태에서 일어나는 불가사의한 일이 무엇을 의미하든지 간에—죽음이 가까워짐에 따라 육체의 변화가 일어나는 혹은 마음속의 창문으로 죽음의 입구에 있는 광경을 실제로 볼 수 있었던 간에 —그러한 일이 일어났다고 하는 사실은 우리 인간들의 본질에 대하여 무엇인가를 말해 주고 있는 것인지도 모른다. 그것은 믿는다든가 증명한다는 등의 문제를 초월하여 우리의 마음을 끄는 무엇인가를 가지고 있다.

저자 자신은 죽기 직전에 있었다는 불가사의한 체험이 무엇을 의미하는지에 관해 가급적 여러 가지 생각들을 수용하는 자세를 가지기 바라는 바다.

분명 그런 불가사의한 일은 사후의 세계라든가 천국과는 아무 관계도 가지고 있지 않다는 과학적·신학적(神學的) 의견도 있다. 그러나 동시에 과학적인 견해, 그 자체가 현재의 단계에서는 확고한 사실이라든가 증거보다도 추측에 의존하고 있는 부분이 많으므로 100%의 확신에 바탕을 두고 있는 것은 아니다. 따라서 사후의 세계에 발을 들여놓았을 때에 '불가사의한 일과 만났다'고 하는 사람은 실제로 불멸의 세계를 모험하고 왔을지도 모른다는 가능성을 수용할 만한 여유는 남겨 두는 것이 현명하리라.

심리학자인 J. 윌리엄 워덴의 말을 빌린다면,

"당신은 틀림없이 장차 어떤 일이 일어나더라도 '깜짝 놀랄!' 만한 마음의 준비를 갖추고 있다는 말을 하게 될 것입니다."

라는 의미가 될는지도 모르겠다.

사후의 세계를 어떻게 받아들이고 있는가
—앙케트 결과에서—

당신은 사후의 세계를 믿습니까?
지옥은 존재한다고 생각합니까?
천국은 존재한다고 생각합니까?
육체가 죽으면 영혼이 새 육체에 들어가 다시 이 세상에 태어난다는
윤회의 사고방식을 믿습니까?
사후의 세계는 어떤 곳인가?

당신은 사후의 세계를 믿습니까? (%)

		예	아니오	모르겠다
전국		67	27	6
성별	남 성	61	30	9
	여 성	72	24	4
인종	백 인(白人)	69	25	6
	백인 이외의 인종	54	38	8
학력	대학교 졸업	69	25	6
	고등학교 졸업	67	27	6
	중학교 졸업	62	30	8
연령	30세 이하	68	26	6
	18~24세	67	26	7
	25~29세	69	25	6
	30~49세	67	27	6
	50세 이상	67	26	7
소득	25,000달러 이상	66	29	5
	20,000달러~24,999달러	70	22	8
	15,000달러~19,999달러	67	26	7
	10,000달러~14,999달러	72	24	4
	5,000달러~9,999달러	62	29	9
	5,000달러 이하	61	30	9

지옥은 존재한다고 생각합니까?(%)

		예	아니오	모르겠다
전국		53	37	10
성별	남 성	50	37	13
	여 성	55	38	7
인종	백 인(白人)	53	38	9
	백인 이외의 인종	55	33	12
학력	대학교 졸업	47	46	7
	고등학교 졸업	54	35	11
	중학교 졸업	63	27	10
연령	30세 이하	53	36	11
	18~24세	56	32	12
	25~29세	47	43	10
	30~49세	53	37	10
	50세 이상	53	38	9
소득	25,000달러 이상	47	43	10
	20,000달러~24,999달러	58	37	5
	15,000달러~19,999달러	56	34	10
	10,000달러~14,999달러	53	38	9
	5,000달러~9,999달러	54	34	12
	5,000달러 이하	61	31	8

천국은 존재한다고 생각합니까?(%)

		예	아니오	모르겠다
전국		71	21	8
성별	남 성	66	24	10
	여 성	75	20	5
인종	백 인(白人)	71	22	7
	백인 이외의 인종	69	19	12
학력	대학교 졸업	60	33	7
	고등학교 졸업	75	17	8
	중학교 졸업	77	15	8
연령	30세 이하	72	20	8
	18~24세	75	17	8
	25~29세	67	25	8
	30~49세	70	25	5
	50세 이상	70	25	5
소득	25,000달러 이상	63	30	7
	20,000달러~24,999달러	71	26	3
	15,000달러~19,999달러	76	16	8
	10,000달러~14,999달러	73	20	7
	5,000달러~9,999달러	75	18	7
	5,000달러 이하	75	13	12

육체가 죽으면 영혼이 새 육체에 들어가 다시 이 세상에 태어난다는 윤회의 사고방식을 믿습니까?(%)

		예	아니오	모르겠다
전국		23	67	10
성별	남 성	21	70	9
	여 성	25	65	10
인종	백 인(白人)	23	68	9
	백인 이외의 인종	25	62	13
학력	대학교 졸업	20	71	9
	고등학교 졸업	26	66	8
	중학교 졸업	22	63	15
연령	30세 이하	29	61	10
	18~24세	30	61	9
	25~29세	29	61	10
	30~49세	21	68	11
	50세 이상	21	71	8
소득	25,000달러 이상	22	70	8
	20,000달러~24,999달러	21	70	9
	15,000달러~19,999달러	24	66	10
	10,000달러~14,999달러	22	70	8
	5,000달러~9,999달러	23	64	13
	5,000달러 이하	29	62	9

사후의 세계는 어떤 곳인가 ? (%)

	전국
평화스러운 곳	65
하나님 혹은 예수 그리스도와 함께 있다	54
하나님의 생활을 중심으로 하여 생활한다	54
사람과 사람 사이에 사랑이 있다	53
행복하게 된다	52
친구·친척·배우자와 만나게 된다	42
영원히 살 수 있다	42
신체가 부자유한 사람은 낫는다	38
영적(靈的)으로 성장한다	36
유머가 있다	25
천사들 혹은 마귀들이 있다	23
그 사람임이 이 세상과 마찬가지로 식별된다	21
남의 영적(靈的)인 요구에 힘을 빌려 준다	20
내세(來世)에도 해야 할 일이 있다	19
지적(知的)으로 성장한다	18
내세에 있는 사람들도 인간의 모습을 하고 있다	14
이 세상에 있는 사람들과 어떤 관련을 가질 수 있다	12
죽었을 때와 똑같은 연령으로 있다	11
이 세상에 있는 사람들의 영적인 요구에 힘을 빌려 줄 수 있다	10
물질적 쾌락을 맛본다	8
지루하다	5
캄캄할 것이다	5
이상의 것 어느 것에도 해당되지 않는다	13
해당 없음	3

부 록

심령(心靈)의 기적

꿈을 현실로 바꾸는 영혼의 여행

구미(歐美)에서는 신뢰도가 높은 체외유리(體外遊離) 경험의 사례(事例)가 매우 많이 수집되고 있으며 그 내용은 극히 다양하다. 그 중에서 체외유리한 자신의 존재를, 방문선(訪問先)의 인간이 확인했던 예를 소개하기로 한다.

연인(戀人)을 방문한 제2의 육체

먼저 소개하는 것은 영국의 작가인 올리버 폭스(본명 휴. G. 캐러웨이 : 1889~1949)가 1938년에 발표한 저서《체외유리 경험의 기록》속에서 다룬 사례이다. 폭스의 기록은 실험적(實驗的) 심령연구가(心靈研究家)로 알려진 영국의 히어워드 캐린튼(1881~1958)이 일찍부터 주목하고 그 가치를 인정했던 것으로 엄밀한 분석에도 이상이 없을 정도로 신뢰도가 높은 자료이며 오늘날에도 중시되고 있는 내용이다.

이하 폭스가 사우샘프턴 대학에서 전자공학(電子工學)을 전공하고 있을 때에, '엘시'라고 하는 여자 친구와 함께 체험한 현상의 기록을 처음부터 그대로 인용해 나가겠다.

……1905년 여름, 나에게는 한 연인(戀人)이 있었다. 여기서는 그녀를 '엘시'라고 부르기로 하자. 엘시는 내가 체외유리 실험을 하는 것을 몹시 싫어했다. 그것은 하면 안 되는 일이며, 그런 실험을 계속하면 반드시 하나님의 분노를 사게 될 것이라고 했다. 어쨌든 그녀는 이 실험이 마음에 들지 않았다. 그것도 타협의 여지가 없이 말이다.

나는 어떻게 해서든지 엘시의 마음을 돌려 보려고 애썼다.

"너는 아무것도 모르니까 그런 말을 하는 거야. 너는 체외유리가 어떤 것인지도 잘 모르잖아."

"잘 알고 있어! 나는 네가 생각하고 있는 것보다 훨씬 더 이 일에 대해서는 자세히 알고 있단 말야. 마음만 먹으면 오늘 밤에라도 체외유리하여 너에게 갈 수 있을 정도라니까."

"흥!"

나는 시큰둥한 표정을 지었다. 엘시가 이 일에 대해서는 아무것도 모르고 있다는 것을 잘 알고 있었기 때문이다. 내가 비웃는 것을 눈치챈 엘시는 드디어 진지해졌다.

"좋아, 증명해 보일 거야! 나쁜 것인 줄은 잘 알고 있지만 할 수 없지. 오늘 밤 너의 방으로 갈테니 똑똑히 보라구!"

"좋아, 올테면 언제든지 와 봐."

나는 마음속으로 엘시를 무시하며 말했다. 이쯤에서 우리는 언쟁을 멈추고, 나는 곧바로 집을 향해 걸어갔다(참고로 밝혀 두겠는데 우리집은 엘시네 집과 1.5km정도 떨어져 있었다). 그리고 나는 공부를 했는데 그녀가 한 말은 까맣게 잊어버리고 있었다. 늦게까지 공부한 나는 물먹은 솜처럼 지쳐서 침대로 올라갔다.

침대 옆에 선 유자(幽姿)

언제쯤인지는 확실하지 않으나 아직 날이 새기 전에 나는 문득 눈을 떴다. 그리고 그것이 위사각성(僞似覺醒 : 실제로는 각성하고 있지 않은데, 눈은 뜬 것처럼 의식되는 상태)임을 알았다. 시계 소리가 들려 왔고 희미하기는 했지만 방안의 모습도 보였다. 나는 침대 왼쪽에 누워서—사치스런 이야기이지만 나는 더블베드를 방안에 놓고 있었던 것이다—예(例)의 긴장한 분위기에 몸을 움츠리고 있었다. 무슨 일인가가 일어나려 하고 있었다—그런데 그것은 도대체 어떤 일일까? 이

때도 나는 아직 엘시에 대한 것은 머리에 떠오르지 않고 있었다.

돌연 창백하게 빛나는 달걀 모양의 구름과 같은 것이 내 눈앞에 나타났다. 그 속에서 머리는 산발하고 잠옷 차림인 엘시의 모습이 보였다. 이윽고 그녀는 내 침대 오른쪽에 놓여 있는 책상 옆으로 와서 살아 있는 몸으로 서 있었다. 그리고 책상 위에 손을 얹자 조용하다기보다 슬픈 눈초리로 한 마디 말도 하지 않는 채로 나를 물끄러미 바라보았다.

잠시 동안 나는 몸을 움직일 수도 없었고 입을 열 수도 없었다. 예(例)에 따라 불가사의한 마비 상태에 빠져든 것이다. 경이로움과 한탄하는 기분이 내 마음속에 가득했다. 무섭다는 생각은 조금도 들지 않았다. 몇 초, 아니 몇십 초인가 지나서 나는 겨우 주박(呪縛)을 뿌리치고 한쪽 무릎을 꿇으며 몸을 일으키자,

"엘시!"

하고 그녀의 이름을 불렀다. 그 순간 그녀는 바람같이 모습을 감추고 말았다. 나는 자신이 이번에는 진짜로 눈을 떴다는 것을 알았다.

'노트를 해 놓아야지……'

그러나 나는 어찌나 졸리던지 다시 침대에 파고들어 가서 아침이 될 때까지 꿈도 안 꾼 채 자 버렸다.

우리 두 사람은 다음 날 저녁 때 만났는데 엘시는 득의양양한 표정으로 나를 맞아 주었다.

"갔었어! 정말로 갔었다니까! 너의 집에 가겠다고 생각하면서 잠이 들었는데 문득 정신이 들었을 때는 너의 집에 가 있었던 거야. 네 방의 구조가 어떠했는지 오늘 아침에는 모두 기억하고 있었단다. 지금은 많이 잊었지만……."

이 얼마나 과학정신의 결여(缺如)인가! 왜 오늘 아침에 노트해 놓지 않았단 말인가? 그녀 역시 내가 무엇을 보지 않았었느냐고 물어보

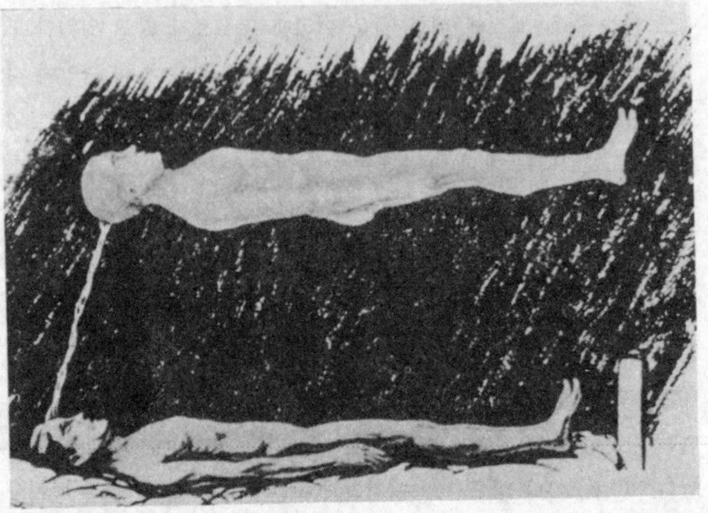

▲체외유리를 상징적으로 표시한 일러스트. 체외유리 경험의 연구는 구미(歐美)에서 압도적으로 많이 추진되고 있다.

고 싶어하는 눈치였는데 나는 내 체험에 대해 이야기하기에 앞서 우선 그녀가 기억하고 있는 것을 남김없이 들었다. 그리고 그녀가 실제로 체외유리하여 내 방에 왔었다는 것을 확인했다.

엘시는 내 방의 문 · 침대 · 창문 · 난로 · 세면대 · 화장대, 그리고 책상 등이 어디에 있었는지를 정확하게 묘사했다. 특히 창문에 보통 사용하는 큰 유리를 끼지 않고 대신 작은 유리를 여러 개 끼어 놓은 것까지도 알아맞혔다. 또 남자 방에는 어울리지 않는 옛스러운 핀쿠션이라든가 인물상(人物像)을 빨갛게 부조(浮彫)하고 검은 옻칠을 한 작은 상자가 놓여 있던 것도 그대로 알아맞혔다. 그런가 하면 금도금을 한 쇠테로 장식한 가죽 테이블보를 덮은 테이블, 또한 내가 완전히 잊고 있던 테이블 뒤쪽의 경첩에 이르기까지 정확하게 묘사했다. 또 그녀가 내 방에 '왔을 때' 나는 더블베드 좌측에 누워(나는 내 방에 더블베드를 놓았다는 말 등을 엘시에게 한 마디도 한 일이 없었다) 어쩐지 망연한 모습으로 눈을 뜨고 있었노라고 나에게 이야기해 주었다.

엘시는(육체로) 그 동안 우리집에 왔던 일이 한번도 없었으며 집의 구조라든가 모습을 그녀에게 가르쳐 준 일도 없었고 그녀와 나의 공통적 친구에게도 말한 적이 없었으므로 내 방안이 어떤 구조인지를 그녀가 사전에 알 길은 전혀 없었다. 그런데도 사실과 조금도 틀림없이 묘사해 냈던 것이다. 그것은 적어도 엘시가 실제로 체외유리하여 내 방에 왔었음을 증명하는 결정적 증거였다.

엘시는 이 성공으로 콧대가 높아진 것 같았는데 그야 어쨌든 다시 한 번 더 시도해달라는 내 요구에,

"그것은 나쁜 짓이야."

라며 귀를 기울이려고조차 하지 않았다. 그런데 그로부터 얼마 후 이번에는 그녀가 받아들이는 입장에서 이 '나쁜 짓'에 관계를 가지게 되었다.

어느 여름 날 환하게 밝은 아침, 문득 눈을 뜬 엘시는 내가 복장을 갖춘 모습(모자는 쓰고 있지 않았다)으로 그녀의 침대 옆에 서 있는 것을 보고 기절할 만큼 놀랐다. 그것은 보통 때의 나와 조금도 변함없이 보였으므로 그녀는 내가 자기 방안에 숨어 들어온 것으로 생각했던 것이다.

그리고 그녀의 방은 2층에 있었고 창문은 열려진 채로 있었으므로 내 모습을 보자마자 그녀의 머리에 떠오른 것은 내가 '로미오와 줄리엣'을 흉내내려고 한 짓임에 틀림없다고 생각했다.

그러나 그렇게 하기에는 이 로미오가 아주 나쁜 시간을 택한 것이었다. 바로 그 시간에 옆방에서는 오빠가 즐겁다는 듯 휘파람을 불고 있었고 복도 저쪽 계단을 올라오는 어머니의 발짝 소리가 들려 왔던 것이다. 평소에 그러했듯이 엘시가 일어났는지 확인하러 오는 것이다.

엘시는 무서워서 미칠 것 같았다. 들키기 전에 어서 나가라며 필사

적으로 나를 내쫓으려고 했다. 그런데 어찌된 일인지 입을 벌릴 수도 몸을 움직일 수도 없었다. 그러는 동안에도 나는 계속 진지한 표정으로 묵묵히 침대 옆에 서 있었다. 이윽고 문의 손잡이가 돌려졌다. 그 순간 내 모습은 바람과 같이 사라져 버렸다. 그리고 뒤이어 엘시의 어머니가 방안으로 들어왔던 것이다.

나는 엘시가 한 이 이야기가 사실 그대로임에 틀림없다고 확신한다. 분명히 그때 그녀는 트랜스(Trance) 상태에 있었던 것이다. 그녀가 내 유자(幽姿)를 본 시간에 나는 내 방에서 잠을 자고 있었으며 이 체외유리에 대하여 나 자신은 전혀 아무것도 기억하고 있지 못했다.

우연이라고는 설명할 수 없는 체험

한편 앞에서 잠깐 언급했던 것처럼 영국의 심령연구가인 히어워드 캐린튼은 폭스의 이러한 기록에 일찍부터 주목하고, 그 중요성을 지적하고 있었는데 실험적인 연구로 큰 발자취를 남긴, 그에게 어울릴 정도로 그 자신 역시 몇 번인가 체외유리의 시험에 성공했었다. 다음에는 그것을 다룬 캐린튼의 수기(手記 : 1929년에 발표된 것)를 소개하겠다.

……벌써 몇 해 전의 일인데 나 자신이 몇 차례나 체외유리 실험을 반복했던 일이 있다. 어느 젊은 여성 — 태어나면서부터 영능력자(靈能力者)였다 — 에게로 체외유리해 가는 것이라며 일심(一心)으로 염원하면서 잠자리에 들기를 반복했었다. 이 시도는 거의가 실패로 끝나는 것 같았는데 실은 세 차례 성공한 듯한 결과가 얻어졌다.

상대방 여성이 한밤중에 문득 눈을 뜨고 보니 내가 방안에 서 있었다가 그녀의 침대에 걸터앉았으며 이윽고는 그 모습이 공기 속으로 녹아 없어지듯 사라진 현상이 세 차례, 그것도 모두 내가 체외유리를 시도했던 날 밤에 일어났던 것이다. 물론 그녀는 이 실험에 대해서 아무것도 모르고 있었다.

이것이 진짜 무의식의 체외유리였는지(나 자신은 아무것도 기억하고 있지 못했으므로 만약 실제로 체외유리한 것이라면 그것은 무의식 중에 일어난 것임에 틀림없다), 아니면 텔레파시가 관계된 전적인 주관적 현상이었지, 확실한 증거가 있었던 것은 아니므로 결론적으로 무엇이라고 말할 수 없다. 그러나 상대방 여성이 세 차례 경험한 현상 가운데 한 가지의 예는 적어도 나에게 있어서는 저항할 수 없는 설득력을 갖추고 있다. 다음에 또 내용을 상세하게 소개하도록 한다.

우선 이야기해 두지 않으면 안 될 것은 문제의 젊은 여성이 일류 피아니스트로서 음악 면의 기억력이 이상하리만큼 예민하여 한 번 듣거나 연주했던 곡은 절대로 잊어버리지 않는다는 점이다. 이 사실의 중요성은 이야기를 해 나가는 동안 밝혀질 것이다.

어느 날 나는 옛날 제리 린드가 노래했던 '참새가 둥지를 만들 때'란 옛 노래를 들은 적이 있느냐고 그녀에게 물었었다. 한 번도 없었다는 것이 그녀의 대답이었다. 그래서 나는 언젠가 가르쳐 주겠노라고 말했다. 그녀의 마음에 들 것 같은 노래였기 때문이다. 그때 그 노래에 대한 이야기는 그 정도로 끝이 났고 나는 그 일을 특별히 마음에 새겨두지 않았었다.

그리고 며칠인가 지난 어느 날 밤, 나는 그녀가 있는 곳에 '나타나기를' 시도했고 다음 날 아침, 그 실험이 성공했는지 어쨌는지 전혀 모르는 상태에서 평소와 마찬가지로 눈을 떴다. 그리고 얼마 후 문제의 여성으로부터 전화가 걸려 왔다. 지난 밤 내가 그녀의 방에 나타났었다는 것 — 그것도 지금까지보다 더욱 선명한 모습으로 — 을 알려 주기 위해서였다. 그리고 또 한 가지 불가사의한 일이 일어났다고 말하면서, 내 모습을 본 다음 무심코 무엇인가를 쓰고 싶어졌는데, 정신을 차리고 보니 시(詩)의 한 구절 같은 것을 무의식중에 써 놓았더라고 덧붙이는 것이었다.

그날 오후 나는 그 여성의 집을 방문했고 지난 밤에 일어났던 일에 대해 자세한 이야기를 들을 수 있었다. 그리고 그녀가 무의식중에 써 놓았다는 시의 일부를 보았을 때, 나는 솔직하게 말해서 몸이 떨리고 소름이 끼치는 것을 느꼈다. 그곳에 씌어져 있는 것은 바로 '참새가 둥지를 만들 때'의 가사였던 것이다.

그것은 노래의 시작 부분이었는데 단어(單語)가 단 한 개만 틀렸을 뿐이었다.

이것도 물적(物的)이 있는 것은 아니므로 모두 우연한 일이라고 말할 수도 있다. 그러나 나 자신은 우연이라고 설명할 수는 없다고 생각한다.

목격(目擊)당한 제 2의 육체

체외유리 경험 중 비교적 최근의 기록으로는 미국의 실업가 로버트. A. 먼로가 10여 년간에 걸쳐서 수백 번이나 체외유리를 반복한 경험을 토로한 것(1971년에 《체외(體外)로의 여행》이란 제목의 책으로 출판되었다)이 널리 알려져 있다. 이것은 캘리포니아 대학의 심리학 교수인 찰스 T. 타트 등 전문 연구가들이 중시하고 있는 기록으로서 타트는 먼로의 체외유리 경험 진실성을 증명하는 실험 결과를 발표하고 있다. 먼로의 경우는 적어도 의식적인 체외유리의 거의 모두가, 잠들기 직전의 의식상태에서 일어났던 것 같다.

먼로는 육체에서 유리된 제 2의 육체(肉體 : 幽體와 같다)로 여러 인물들을 찾아갔던 경험을 이야기하고 있는데 그 중에는 다음과 같은 예가 있다.

어느 토요일 오후, 먼로는 업무상 알고 지내던 옛 친구인 R. W라는 여성이 있는 곳을 '제 2의 육체'로 찾아갔다. 그때 R. W는 먼로가 모르는 곳에서 휴가를 보내고 있었다. 먼로는 R. W가 부엌 비슷한 곳에서 젊은 두 딸과 무엇인가를 마시고 있은 것을 보았다. 세 사람은 무슨 이야기를 나누고 있었는데 그 내용은 알 수 없었다. 먼로는 그의 앞으로 다가가서 이야기를 걸고 주의를 끌려고 한 다음, 시험삼아 R. W의 옆구리를 찔러 보았다. 놀랍게도 그녀는,

"아이구 아파!"

라며 큰소리로 외쳤다. 그 예기치 않은 성과에 만족하여 먼로는 원래의 몸으로 돌아왔다.

다음 주 화요일, 먼로는 일자리에 돌아온 R. W에게 지난 주 토요일 이러이러한 시간에 무엇을 하고 있었느냐고 물었다. R. W의 대답은 먼로가 제 2의 육체로 보았던 광경과 세세한 점까지 완전히 일치되었다. 그리고 그녀는 함께 갔던 두 방의 젊은 딸들과 이야기하고 있던 중, 갑자기 옆구리를 찔려서 통증을 느꼈던 일을 확실히 기억하고 있었으며 지금도 그 찔린 자국에 멍이 들어 있다고 말했다. 먼로가 보여 달라고 하자 그녀는 옆구리를 보여 주었는데, 그가 '제 2의 육체'가 되어 찔렀던 바로 그 자리에 뚜렷한 멍 자국이 남아 있었던 것이다!

또 체외유리한 먼로의 '제 2의 육체'가 '방문선(訪問先)' 사람에게 목격당했던 것으로 생각되는 예도 소개되어 있다.

4백 가지 예(例)의 유리 경험을 수집

체외유리 경험의 연구는, 이러한 실험적 요소를 포함한 기록과 SPR(영국 심령연구협회) 등이 수집한 자연 발생적인 사례의 기록을 토대로 하여 발전을 계속해 왔다. 구미(歐美 : 특히 영국과 미국)에는 원래 심령 현상의 학문적인 연구를 지지하는 토양(土壤)이 있는데다가 체외유리 경험은 우리의 마음, 혹은 영혼이 육체로부터 독립해서 활

동하는 것을 자신이 체험할 수 있는 유일한 심령 현상이기 때문에 널리 연구자들의 관심을 모았던 것이다.

특히 영국에서는 1960년대에 신진 여성의 연구자인 실리어 그린(1935~ ?)을 리더로 하는 그룹의 손으로 획기적인 지견(知見)을 얻게 되었다. 그린은 옥스퍼드 대학에서 이론물리학을 전공한 다음 케임브리지 대학 트리니티칼리지에서 심령 연구를 전공한(1958~1960) 학구파로서 체외유리 경험이라든가 자각몽(自覺夢)의 연구에서는 제일인자로 꼽힌다.

그린 등은 1966년, 옥스퍼드 대학 명예교수인 H. H. 블라이스, 런던 대학의 명예교수인 시릴, 버트, 전(前) 옥스퍼드 대학 교수인 E. R. 도츠 등의 학자들과, 작가인 J. B. 프리스트리 등의 협력하에 BBC(영국방송협회)라든가 전국 신문을 통해 영국 전국민에게 체외유리 경험의 보고를 요구함으로써 무려 4백 가지 예(例)에 이르는 신뢰도 높은 사례를 수집했다. 그리고 이것들을 면밀히 분석한 결과 체험자의 60% 이상은 체외유리를 전생애에 한 번밖에 하지 않았다는 것, 체험자의 남녀 비율은 여성이 약 70%로서 압도적으로 많았다는 것, 체험시의 의식상태는 수면중(睡眠中)이나 반각성(半覺醒 : 꾸벅꾸벅 조는 상태), 혹은 사고(事故)와 마취 등에 의한 무의식 상태가 많은데 일상적인 행동을 하고 있는 경우도 상당히 있다는 것 등, 여러 가지 흥미 깊은 사실이 밝혀졌노라고 발표했다.

그린은 이 연구 보고서 속에서, 갖가지 재미있는 사례를 소개했는데 여기서는 당초의 방침에 따라 체외유리한 자신의 존재를 상대방이 알아차리게 된 예를, 한 가지만 그녀의 보고서에서 인용해 보기로 한다. 체험자는 아주 젊은 학생이다.

……나는 체외로 빠져 나간 다음 들판 위를 날아서 약 3km 떨어진

여자 친구 집에 갔습니다. 그리고 그녀의 집안에 들어갔는데 어떻게 하든 내 존재를 그녀가 알아차리도록 시도해 보았습니다. 그리고 집에 돌아가서 다시 몸속으로 들어갔습니다. 다음 날 아침 학교에 가자 그 여자 친구가 다가오더니,

"어젯밤 네가 내 방안에 있는 것 같은 느낌이 들더라."

고 나에게 말하는 것이었습니다. 그때 그녀는 눈을 뜨고 있었는데 사람의 모습은 안 보였지만 확실히 내가 방안에 있다는 것을 느꼈다고 했습니다…….

체외유리는 누구나 할 수 있어

실리어 그린의 연구는 '자각몽(自覺夢)'과 체외유리와의 관계를 비롯하여 다수의 자연 발생 사례에 대해 분명히 한 점에서도 큰 의의가 있다는 평을 받고 있다. 자각몽이란 자기 자신은 지금 꿈을 꾸고 있다는 것을 자각하면서 꾸는 꿈으로써, 이 꿈이 체외유리 경험으로 이행(移行)하기 쉽다는 것을, 모두에게 소개한 올리버 폭스도 일찍부터 알고 있었다. 그린 등은 이 일이 그 밖의 수많은 체외유리 경험자에게도 해당된다는 것을 확인한 것이다.

구미(歐美)에서 한 연구에 의하면(자각몽에 대해서는 그린 연구소 외에 미국 스탠포드 대학에서도 연구 중에 있다) 자각몽은 10명 중 1명의 비율로 꾸는 것이므로 이 꿈을 통해 체외유리를 경험하는 일은 그다지 희귀한 일이 아닐지도 모른다. 자각몽을 잘 꾸는 사람은 다음 기회에 꼭 체외유리를 시도해 보기 바란다. 그 성공 확률은 상당히 높을 것이다.

문호(文豪) 페이션스 워스

여성의 사후령(死後靈) 페이션스 워스는 위자반(盤)을 통해 옛날의 문호들과 필적하는 놀라울 정도의 문학작품, 재능에 넘치는 문학작품을 이 세상에 내놓았다. 이 천재령(天才靈)과 영매(靈媒)인 캐런 부인의 이야기를 소개하겠다.

페이션스 워스의 출현

두 명의 상류 부인이 위자반에 손을 가볍게 올려 놓고 최근에 세상을 떠난 친척으로부터 어떤 메시지가 전해 오기를 기다리고 있었다.

1913년 5월, 미국 남부의 도시 세인트루이스에서 있었던 일이다. 두 명의 여성은 허팅스 부인과 그 친구이자 영매(靈媒)인 팔 캐런 부인이었다.

위자반의 지시기(指示器)가 움직이기 시작했고 어떤 이름을 필사적으로 짜맞추려 하고 있었다.

"배트…… 배트…… 배트……."

라며 반복하면서 위자반이 고하는 이름을 두 여성은 당혹한 표정을 지으면서도 마음속으로 기억을 더듬으려고 했다. 그러자 그 방에 있던 캐런 부인의 남편 존이, 죽은 아일랜드인의 이름이 아니겠느냐고 말했다.

"……글쎄 그러고 보니 옛날 배트 매킬란이라는 사나이를 알고 있었소."

라고 그는 실눈을 반짝이며 말을 이었다. 그러자 즉석에서 고(故) 매킬란 씨가 위자반에 비추는 것처럼 실로 '생생한 아일랜드인'다운 부

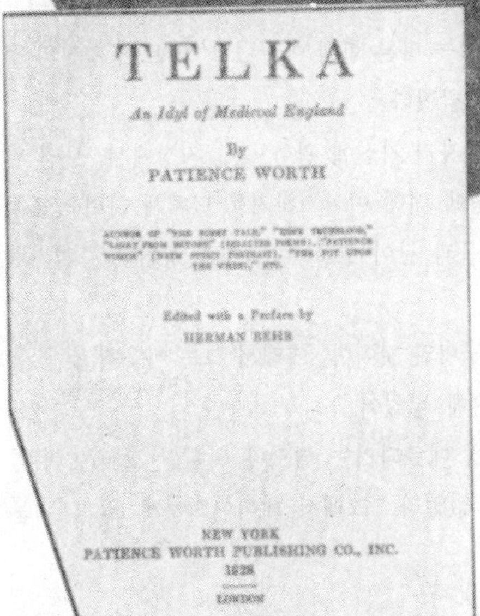

TELKA

An Idyl of Medieval England

By
PATIENCE WORTH

Edited with a Preface by
HERMAN BEHR

NEW YORK
PATIENCE WORTH PUBLISHING CO., INC.
1928

LONDON

▲페이션스 워스의 서기를 맡았던 팔 캐런. 그녀 자신의 문학적 재능은 대단치 않았고 고등교육도 받지 않았었다.
◀페이션스 워스의 저작 중 하나인 《텔카》의 표지.

드러운 말이 조합(組合)되는 것이었다.

그러나 배트 매킬란이라는 아일랜드인은, 실은 여자들이 바보스러운 짓하는 것을 무시한 존이 창작한 인물이었다. 가공(架空)의 아일랜드인이 말을 하기 시작한 것을 들은, 당사자인 존은 몹시 놀랐다. 그리고 존의 장난에 의해 불려 나온 '배트'는 그 후에도 이따금 출현하,였고, 마침내는 사후령(死後靈) 작가(作家)의 한 사람으로서 놀랍게도 '자동서기현상(自動書記現象)'의 역사 가운데서 제일 많은 수의 작품을 써내게 되었던 것이다.

6월 22일 '배트'는 또다시 등장하여 아름답지만 의미가 내재한 문장, 즉 다음과 같은 문장을 전해 주었다.

"오오, 무슨 까닭으로 슬퍼하며 그대들의 마음을 무장(武裝)하는가? 그대 가슴은 그 수양(修養) 부모, 이 세상은 요람, 사랑하는 고향은 그 묘지(墓地)에 지나지 않는도다."

이번에는 가공의 그 아일랜드인의 말이 아니었다. 그것은 곧 수수께끼의 '작가'인 캐런 부인의 장기간에 걸친 그 유명한 공동작업의 시작이었던 것이다.

7월 8일 '위자반의 평소와는 다른 힘에 이끌렸고' 배트는 자신의 정체를 '페이션스 워스'라고 밝혔다.

처음에 페이션스 워스는 자기 자신에 관한 것, 지상에서 보낸 과거의 인생, 또 현재의 상황에 대해 이야기하기를 난처해 하며(交靈術에서는 흔히 있는 현상) 다음과 같이 고풍(古風)스런 영어로 중얼거렸다.

"그대의 보리 낱알은 바구미일 것이야. 그래서 그는 이웃집 것을 훔치고 그 보리 이삭을 손에 넣었어."

캐런 부인은 이런 현상에 매료되기는 했으나 이처럼 고어(古語)를 쓰는 데는 당황할 수밖에 없었다. 그래서 페이션스에게 알기 쉬운 영어로 좀더 분명하게 메시지를 전해달라고 요구했다.

이윽고 페이션스 워스는 17세기에 영국 도싯에서 태어났었다는 것과 소녀시절의 일 등을 이야기하기 시작했다. 밭농사 짓기와 가사(家事) 돌보기를 좋아했던 퀘이커 교도(敎徒)로 자라난 그녀는 가족과 함께 미국으로 이주했다. 대서양을 건너서 미국에 도착한 그녀는 얼마 안 되어 인디언에게 죽음을 당하고 말았다는 것이다.

페이션스는 그 이상은 자세히 이야기해 주지 않았다. 이 세상에서 즐긴 인생이 너무나도 짧았기 때문에 잃어버린 때를 되돌려 받을 찬스를 얻게 된 지금, 짧고 공허했던 자신의 인생 따위는 기억을 더듬어 볼 가치도 없는 것으로 생각했는지도 모른다.

1913년부터 캐런 부인이 죽음을 맞은 1938년까지 페이션스 워스는 엄청난 양(量)을 '구술(口述)'했다. 처음에 고어(古語)인 영어로 자꾸만 쓰던 난해한 작품, 그리고 현대적인 문체로 씌어져서 읽기가 쉬운 작품 등 여러 가지가 있었는데 그것은 거의 모두가 '문학작품'으로서 높이 평가해도 좋은 것들이었다.

페이션스가 구술하는 속도는 실로 대단한 것이었다. 어떤 때는 하룻밤 사이에 22편이나 되는 훌륭한 시(詩)를 창작했다고 한다. 또 어느 5년 동안에는 영매인 캐런 부인을 통해 약 1천 6백만 단어에 이르는 향기 그윽한 문장을 '써냈다'고도 한다.

수많은 독자를 획득한 명작(名作)

만약 문장의 양(量)이 많다는 것만을 문제로 삼는다면 이 사건은 그다지 평판을 못 받았을는지도 모른다. 그러나 무엇보다도 경탄할 일은 페이션스 워스가 쓴 작품의 우수성과 종류의 풍부함이다. 그녀는 시를 썼고 소설과 희곡을 창작했다. 그녀의 장편소설인 《참 핏줄을 찾아서》는 그 창작 과정에 관계되는 불가사의한 사정을 모두 숨긴 채

'페이션스 워스'로 영국에서 출판되었다. 그리고 평론가와 일반 독자들로부터 갈채를 받았던 것이다.

《참 핏줄을 찾아서》는 19세기 말의 영국을 무대로 하여, 한 사생아의 시련 많은 인생을 그린 감동적 이야기이다. 〈셰필드 인디펜던트〉지(紙)는 이 작품에 다음과 같은 호의적 논평을 실었었다.

'6권이나 되는 소설을 쓸 정도의, 훌륭하게 구성된 양질(良質)의 캐릭터가 계속해서 등장하는 보기 드문《참 핏줄을 찾아서》에 의해 페이션스 워스는 광범위한 독자들의 마음을 사로잡았다.'

〈요크셔 포스트〉 지(紙)는 좀더 애매하게,

'이 작품이 처녀작인 이 저자는 한 어린이의 전기(傳記)를 적절한 형태로 묘사해 내기 위하여 브론테 자매(姉妹)가 살던 시대로 거슬러올라가서 그 시대를 정확하게 그려내고 있다.'

고 평하기도 했다.

페이션스의 장대(壯大)한 황금시대 시(黃金時代詩)인《델카》는 6만 단어로 되어 있으며 놀랄 정도로 정확한 중세(中世) 영어를 사용해서 써냈다.《비화(悲話)》라는 작품은 32만 5천 단어로 이루어졌으며, 예수 그리스도가 십자가에 달릴 때 그 옆에서 달려 죽은 강도의 생애를, 그리스도의 생애와 병행하여 그려낸 이야기이다.《비화》는 놀라운 속도로 쓰여졌다. 하룻밤당 2시간 정도 일을 했는데 페이션스 워스는 평균 3천 단어를 불러 주었던 것이다. 그리고 자료를 조사하는 시간도 필요로 하지 않았다. 그러나 이 작품에는 고대(古代) 팔레스타인(블레셋)과 로마의 사회·가정·정치 및 그리스인, 아라비아인, 로마인, 유태인의 각 학파가 사용하던 언어·습관 등이 정확하고도 풍부한 지식으로 가득 차 있었다. 이런 작품을 써낼 수 있는 사람은 2천 년 전의 중근동(中近東) 역사를 전공한 학자로서 매우 박식한 자라야 할 것이다.

물론 캐런 부인은 그런 조건을 갖춘 사람은 아니었다. 이 지역들에 대한 지식이라고는 겨우 주일학교에서 배운 것 정도였다. 그녀는 책도 별로 읽지 않았으며 학교 교육은 열다섯 살 때 끝났었다. 외국에 나간 일이라고는 한 번도 없었을 뿐만 아니라 세인트루이스시 밖으로 나간 일도 거의 없었다. 페이션스 워스가 출현하기까지 그녀는 주부(主婦)로서 그리고 서투른 아마추어 가수(歌手)의 일에 그 에너지를 쏟고 있었던 것이다.

또한 시(詩)에 대해서는 거의 문외한이었다. 정확하게는 소녀시절 같은 또래의 소녀들과 마찬가지로 몇 편인가의 시를 지어 보기는 했었지만 그것들은 잘 쓴 것은 아니었고 겉치레로도 도저히 명작이라고 할 수는 없는 풋내기 시였다. 다음에 소개하는 시는 캐런 부인이 15세 때 쓴 〈감추어진 눈물〉이다.

'가서 기도하라'고 속삭이는 소리가 들린다
뜰에서 노니는 요정(妖精)의 모습을 보라
나는 시원한 여름 바람 속을 걸어가서
달콤한 향기의 장미를 찾아냈다
그 아름다움은 잠시일 뿐
하지만
아름다운 고개를 숙인
그 빛나는 진홍빛 볼
아무리 찾으려 애를 써도
그것에 비할 만한 것은 없다

이것은 어린시절의 습작(習作)이라고는 하지만 후일에 심령 연구가인 헨리 홀트가, '거의 걸작의 영역에 도달했다'고까지 평가한 작품을 써낸 인물의 것이라고는 도저히 생각할 수 없다. 캐런 부인이 만성형(晩成型)이라는 생각은 들지만 그러나 그것도 그녀를 통해 씌어진 문학작품이 이상할 만큼 많다는 점으로 보았을 때 있을 수 없다.

당연한 일이지만 '페이션스 워스'는 학자와 심령 연구가 쌍방으로부터 철저한 조사를 받았다. 1929년 보스턴 심령연구협회의 대표자인 월터 프랭크린 프린스는《페이션스 워스의 사례(事例)》란 책 속에서 캐런 부인을 대상으로 한 연구서를 다루고 있다.

프린스는 워싱턴 대학의 찰스 E. 쿄리, 캐스퍼, S. 요스트 등 협회의 멤버들과 함께 캐런 부인의 집을 수색하고 의식적이든 무의식적이든《비화(悲話)》와 같은 작품을 써낼 만한 지식의 바탕인 책을 찾으려고 했지만 성과는 없었다. 또 캐런 부인의 허술한 책꽂이에 꽂혀 있는 두세 권의 시집(詩集)은 거의 읽은 흔적이 없었고 그 중 한 권은 전혀 빼본 일도 없는 것 같았다.

연구자들은 캐런 부인의 창작 능력을 조사해 보기 위하여 몇 편의 단편소설과 시를 쓰도록 의뢰했다. 그 결과, 자신의 생각을 지상(紙上)에 표현하는 것에 불과한 주부의 문체 정도가 인정되었을 뿐이다. 또 그녀의 개성을 페이시엔스 워드의 엄격한 퀘이커 교도적 태도와 관련시켜 보고자 시도했었지만 그것이 얼마나 어리석었던 짓인지를 알게 되었다.

페이션스의 교신(交信) 속에는 그 밖에도 캐런 부인의 교양이라든가 독서 경험과는 큰 차이가 있었다. '마귀의 심부름꾼'이라고 한 세인트루이스의 로마 카톨릭 사제(司祭)의 설교에 대해 페이션스의 의견을 구했을 때, 즉석에서 페이션스는 이렇게 대답했다.

"아니, 그렇다면 소녀 앞에 모습을 나타냈던 것은 누구람? 페르나데트 앞에 나타났던 환영(幻影)은 누구였지? 그분은 성모(聖母) 마리아가 아니었던가. 그래도 그 사람들은 목소리를 높여 사자(死

者 : 성모 마리아)는 마귀의 심부름꾼이라고 할 것인가?"

이 마지막 사자에 대한 말에 포함되어 있는 페이션스의 의도는 이해가 되었지만 나머지 부분이 무엇을 의미하는지 알 수 없었다. 다음날 조사해 본 결과, 우리는 '페르나데트 스피르'란 말이 프랑스의 영천(靈泉)인 '루루드의 소녀'(프랑스의 聖女인 페르나데트. 18세 때 루루드市 서쪽에 있는 동굴 속에서 성모 마리아를 목격했는데 그 이후로 루루드는 聖地로 유명해졌다)임을 알았다.

끊어지는 수수께끼를 해명하라!

사기꾼이라면 금방 '영(靈)'이 전해 준 말을 조사하려고 했을 것이다. 과연 캐런 부인은 루루드의 페르나데트란 말조차 들어본 일이 없었다. 그러나 페이션스가 말한 '소녀'는 분명 '루루드의 소녀'가 아니라 또 한 명의 소녀인 오를레앙의 잔 다르크였다(大文字인 Maid는 慣用的으로 Maid of Orleans를 의미한다).

'영(靈)'이 언제나 '마귀의 심부름꾼'이 아님을 증명하는 예로서 페이션스 워스는 환각을 보았다는 두 소녀—캐런 부인이 생각하고 있었던 것처럼 한 소녀는 아니다—를 증거로 내놓았던 것이다. 만약 캐런 부인이 이 점을 깨닫지 못했더라면 사기사로서는 교활한 면을 보여 주었을 것이다.

그야 어쨌든 페이션스 워스란 누구일까? 정말로 3백 년 전, 고향인 도싯을 떠나 미국으로 이주했고 그곳에서 살해당한 퀘이커 교도의 딸이었을까? 그녀의 발자취를 더듬어 볼 수는 없었다. 그러나 그녀의 고풍스런 영어를 분석한 언어학자들은 그녀가 사용하고 있는 언어·문법이 완전히 그 시대, 그 지방의 것과 일치되어 있다는 증언을 하고 있다.

그러나 비록 미스 워스가 과거에 실재(實在)했고 그녀 자신의 인생에서 발휘하지 못하고 끝낸 문학적 재능을 캐런 부인에게 쏟아 부었다 하더라도《비화(悲話)》에 나오는 고대(古代) 유태학파의 습관을, 전혀 그런 것을 배운 바 없는 퀘이커 교도의 소녀가 어떻게 알 수 있었단 말인가?

그녀는 사후(死後) 영계(靈界)의 대학교와 같은 곳에서 이처럼 광범위한 지식을 익혔던 것일까?

이런 견해를 주장하는 스피리츄얼리스트도 있다. 또 이런 지식들은 '허공의 기록'에서 얻어진 것이라고 생각하는 사람도 있다. 이 경우 작품을 만들어 내는 것은 페이션스 워스인가, 캐런 부인의 무의식인가, 아니면 양자의 공동작업일까?

명성이 높아짐에 따라 페이시엔스 워드는 공공단체로부터도 인정을 받게 되었다. 미주리에 새 주의회(州議會) 의사당이 건설되었을 때, 주의회는 그 벽을 그 지방 저술가들의 명문(銘文)으로 장식할 것을 결정하고 페이션스 워스에게도 캐런 부인을 통해서 의뢰했다. 그것은 120자 분의 문장이었다.

페이션스는 곧 캐런 부인의 손이 따라 움직일 수 있을 정도의 속도로 엮어 나갔다.

'그대 손 안에 있는 것은 모두가 하나님의 곡식 낱알이다. 낱알을 아무 곳에나 버리지 말라. 등겨조차도 하나님의 것. 먼지는 그대 형제의 것이다.'

이 글은 자간(字間)과 구두점과 문자 모두를 합쳐 꼭 120자 분으로 되어 있었다.

이윽고 위자반에서는 페이션스의 구술(口述)을 받아쓰기가 곤란해졌으며, 그녀는 캐런 부인의 마음에 직접 교신해 주게 되었다. 페이션스가 캐런 부인의 입을 빌려서 엮어 나가는 말을 캐런 부인의 남편인 존이 필기하고 그 후에 타이프로 정서했던 것이다.

페이션스는 문학적 야심을 숨기지 않았으며 자기가 어떤 의미에서는 하나님의 사자(使者)일는지도 모른다고 말했다. 아마도 그녀는 자기 자신이 일으키고 있는 이 불가사의한 현상이 사람들을 하나님과 영원한 관계로 이끌어 가는 것이라고 생각하고 있었던 것이다.

그녀는 말한다.

"내가 흔드는 손 밑에 언어가 있다. '대지(大地)는 기적과 함께 불타오를 것이다.'"

사자(死者)의 초상화를 그리는 영매(靈媒)

특수한 심령(心靈) 능력에 의해 영(靈)들의 초상화를 그리는 여성 능력자가 있다. 그 그림은 세세한 특징까지도 그리는데 마치 사진과 같다고 한다. 그녀의 능력을 통해 자동서기(自動書記) 현상의 수수께끼를 풀어 본다!

영계(靈界)에서 오는 통신을 그림으로 그린다

사후(死後) 세계에 생명이 존재함을 나타내는 증거를 실제로 받는다고 믿는 사람들이 많다. 그것은 영계에서 오는 통신이라는 형태로 우리에게 보내진다. 그 영계 통신을 받는 것은 누구나 가능한 것은 아니고, 어떤 특수한 영능력을 가진 사람에게만 가능하다고 한다.

런던에 사는 영능력자 코럴 포르그가 그 중 한 사람이다.

코럴은 이 영계통신을, 초상화를 그리는 방법으로 사용하고 있다. 그녀는 생전의 그 사람과는 일면식도 없지만 영계에서 말하고 있는 어느 특수한 파장(波長), 즉 영파(靈波)를 받음으로써 그 인물의 초상화를 마치 생전의 그 본인과 똑같게 그리는 것이다.

단지 그 얼굴 모양만 똑같이 그리는 것이 아니다. 죽어서 영계에 있는 사자(死者)들이, 생전에 애용했던 갖가지 액세서리—예컨대 장미꽃 수를 놓은 드레스, 본인이 직접 조각해서 만든 파이프, 그 밖의 여러 가지 것—까지 살아 생전의 초상화에 덧붙여 그린다.

코럴 포르그는 심령치료를 하는 의사 톰 요한슨의 아내이다. 그녀는 자동서기에 의해 영들의 초상화를 그릴 때의 심리 상태에 대해 다음과 같이 말하고 있다.

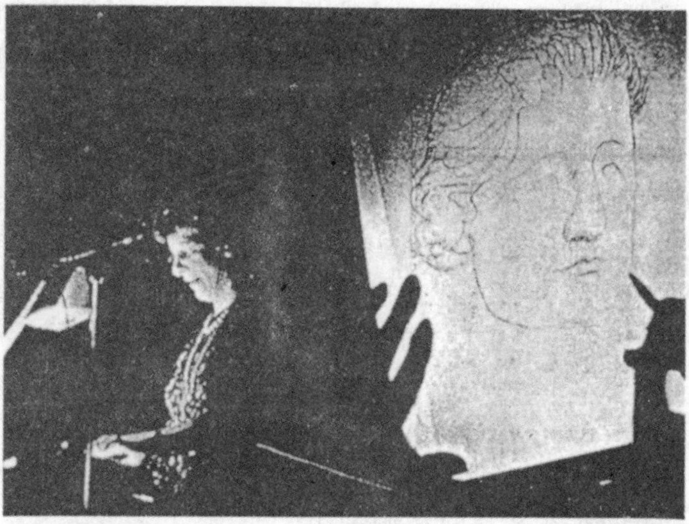

▲코럴 포르그는 자주 심령술사(心靈術師)로서의 재능을 관객들 앞에서 피로했는데 언제나 영사기(映寫機)를 사용하여, 자신이 그린 그림을 배후의 스크린에 사출(寫出)했다. 이 사진은 1980년 오스트레일리아에서 할 때의 것이다.

◀코럴 포르그가 그린 초상화(위)와 그 인물의 사진(하). 그녀는 불과 수분(數分) 만에 스케치를 끝냈다. 이것 역시 그녀의 '미지의 전달자'를 잡는 재능을 한층 더 두드러지게 해주는 것이라고 하겠다.

"나는 다만 그 사람들이 와서 비춰는 것을 느낄 뿐입니다. 특별히 무엇을 그리고자 하지 않아도 손이 스스로 움직이는데, 호흡하거나 걸어다니는 것과 마찬가지로 무의식중에 초상화가 완성된답니다."

자동서기를 하는 또 다른 영능력자의 대부분은 영에 의해 강하게 지배를 받는 경우가 많다. 즉 본인이 '무아(無我)' 지경에 들어가고 영들이 되어 버린다는 것이다. 그런데 그녀는 그런 것과는 달리 아니며 아주 묘하게 그려내는 것 같다. 그녀는 심령의 기능에 주목하고 있는 사람들을 위한 신문인 〈심령 뉴스〉에서 이렇게 말하고 있다.

"이 일을 시작했을 무렵에는 초상화를 그리는 데 필요한 자료를 유족들로부터 빌렸었습니다. 그리고 초상화를 그리는 동안 줄곧 의뢰자와 함께 있었습니다. 왜냐하면 그렇게 해야만 내가 그리는 것을 의뢰자가 잘 볼 수 있기 때문입니다."

그러나 현재 코럴은 그런 자료를 필요로 하지 않게 되었다. 왜냐하면 그녀에게 붙은 영의 힘이 강해졌으므로 유족이나 지인(知人)으로부터 자료를 빌리는 일 없이 사자(死者)들의 초상화를 생생하게 그려낼 수 있게 되었기 때문이다.

영능력이 점점 강해짐에 따라서 코럴이 그리는 초상화는 세밀함과 농밀(濃密)함을 더해 갔다. 그녀가 그려낸 인물은 실로 이 세상에 살아서 돌아온 것처럼 아름다웠으며 윤택을 발휘했다.

공개 자동서기(自動書記)로 일약 유명해지다

영능력자 코럴 포르그의 이름이 일약 유명해진 것은 대중 앞에서 그녀가 그 놀라운 재능을 발휘했을 때의 일이다. 그녀는 자신이 그리고 있는 장면이 잘 보이도록 영사기(映寫機)를 사용하여 머리 위의 스크린에 초상화를 영출(映出)했다.

어느 날 이 공개장에서 코럴은 수염을 기른 초로(初老)의 남성을 그

▲(상)코럴 포르그가 그린 초상화와 그 인물의 사진. 사진처럼 똑같다. (우하)1880년에 파리에서 태어났고 17세 때 런던의 첫무대에 섰던 천재적 오페라 가수 마리아 마리블랑은 명성의 절정기에 불행하게도 낙마(落馬) 사고로 죽었다. 그녀가 실제로 모델이 되어 그려진 초상화. (좌하)코럴 포르그가 그린 그림.

렸다. 현장에 있었던 것은 다수의 사람들뿐이었는데 그 중에 솔즈베리에서 온 필리스 템즈 부인이 있었다. 그녀는 코럴이 그린 자화상을 보고 경탄했다. 보면 볼수록 자기 할아버지인 하버트 라이트와 똑같았기 때문이다. 그녀는 흥분했고 그 자리에서 자기 할아버지임에 틀림없다고 말했다.

코럴 포르그는 템즈 부인의 말해 대하여 즉석에서,

"이것은 당신의 할아버지입니다."

라고 말하지는 않았다. 코럴은 초상화를 그리고 있는 동안 줄곧 한 가지 일에 구애받고 있었다. 그것은 그녀의 뇌리에 '그린(녹색)'이란 단어가 떠오르고 있는 것이었다. 그래서 그녀는 템즈 부인에게 질문했다.

"당신의 할아버지는 초록색의 옷을 입은 사람과 어떤 관계가 있었습니까?"

그러나 템즈 부인에게는 짐작되는 일이 없었다. 할아버지와 관계가 있는 인물이라면 먼저 할머니를 들 수 있었다. 녹색 옷이라면 할머니도 한 벌쯤은 가지고 있었을지도 모르지만 할머니가 특별히 그런 색깔의 옷을 애용했었다는 이야기는 들은 바 없었다. 그녀는 할아버지와 관계가 없는 인물로서 그린과 관계되는 인물을 기억해 내려고 했지만 잘 되지 아니했다.

코럴 포르그가 다시 말했다.

"기억해 보세요. 그 분은 그린과 관계되는 사람을 굉장히 사랑했습니다."

그 말을 듣자 템즈 부인은 가슴이 뜨거워짐과 동시에 한 가지 기억이 떠올랐다. 그린은 반드시 색깔을 가리키는 것은 아니었다. 템즈 부인의 옛 성(姓)이 그린이었던 것이다. 그녀는 그 사실을 코럴에게 고백했고, 그 초상화가 틀림없는 그녀의 할아버지임을 인정했던 것이다.

코럴 포르그를 심령의 세계로 끌어넣은 것은 그녀의 부모이다. 딸인 코럴에게 심령능력이 있음을 간과했던 부모는 그녀가 어렸을 때부터 심령치료를 받게 했었다. 또 코럴은 부모를 따라서 하로 심령자 교회에 다닐 때, 어느 영능력자로부터 장차 우수한 영감사(靈感師)가 될 것이란 말을 들었다. 그것은 그녀가 분실물의 행방, 며칠 후에 일어날 일 등을 보기 좋게 맞히는 일이 많았기 때문이다.

단, 영능력자로서 자립하기 이전에 코럴이 해두어야 할 일이 여러 가지 있었다. 그 한 가지가 미술 공부를 하는 일이었다. 그래서 고등학교를 나온 다음 하로 미술학교에 다니기로 했던 것이다.

이윽고 1950년에 심령능력이 있음을 확실히 자각한 그녀는 그 후 20년 동안 무려 9천5백 장의 자동서기에 의한 영계 사자들의 초상화를 그려냈다.

처음 무렵 코럴이 그린 초상화의 대부분은 영계의 지도자들이었다.

북미(北美) 인디언의 지도자, 수도사(修道士)라든가, 수도녀(修道女), 중국의 현인(賢人)들 등…….

그러나 그런 것들은 반드시 영계로부터 오는 통신에 의한 것이라고 판단되지 않았다. 그 누구도 그려져 있는 인물의 실재(實在)를 확인할 수 없었기 때문이다.

생전에 코럴과 만난 일이 없었던 사람임에도 불구하고 그녀의 근친자로서 그녀의 가슴에 와닿는 사람의 초상화를 그리기 시작한 것은 그로부터 몇 년 후의 일이었다.

죽은 정치가의 유년시절을 묘사하다

영계의 사자(死者)들을 마치 지상에 다시 불러온 것 같은 인상을 주는 그 초상화는 때로 그 근친자들을 이상한 감동에 싸이도록 한다. 어떤 사람은 감격한 나머지 울었으며, 어떤 사람은 이 일이 계기가 되어 심령 세계로 이끌려 가기도 했다.

코럴은 주문에 응하여 초상화를 그리지는 않았다. 특정한 인물로부터의 주문이나 기대를 직접 느끼게 되면 화필(畫筆)의 안정된 터치를 잃게 되기 때문이다. 어디까지나 저 세상에서 보내지는 영감을 캐치하고 그 영의 지시를 받을 필요가 있다.

어느 날 코럴 포르그에게 한 여성 방문자가 찾아왔다. 그 방문자는 자신의 전(前) UN사무총장이었던 하마시욀드의 전기(傳記)를 집필 중인 사람이었다. 하마시욀드는 1961년 아프리카에서 비행기 사고로 세상을 떠난 후였다.

그 여성 작가는 하마시욀드의 전기를 집필하던 중, '한 여성 영능력자를 방문하라. 그렇게 하면, 내 어렸을 때의 모습을 볼 수 있을 것'이라고, 영계의 하마시욀드로부터 명령을 받았던 것이다.

코럴은 신분도 밝히지 않은 이 방문자의 의뢰를 거절하려고 했으나 너무도 간곡히 요청해 오므로 화필을 잡았다. 영감이 떠올랐고 코럴은 화용지(畫用紙)에 위에 화필을 움직이기 시작했다.

여성 작가는 그림이 여자의 초상화였으므로 낙담했다. 하마시욀드는 버젓한 남성으로 영능력자가 그린 여성의 그림과는 조금도 닮지 않은 것 같았기 때문이다. 그녀는 이 코럴 포르그라는 영능력자의 힘을 의심하기 시작했다.

비록 명성이 있다고는 하지만, 영계에서 보내지는 영력으로 자동서기를 하다니 역시 수상쩍은 속임수가 아닐까 하고 생각했다. 그러나 그러는 동안에 그녀는 그 그림에게 기묘한 친근감을 느꼈다. 더그 함마슐트의 어렸을 때 모습이 아니더라도 그 그림이 좋아지게 되었던 것이다.

여성 작가는 코럴로부터 그 그림을 받아 가지고 집에 돌아왔다. 며

◀전(前) 유엔 사무총장이었던 하마시욀드의 전기(傳記)를 쓰던 어느 여성은 그의 유년시절의 모습을 보고 싶어서 코럴 포르그에게 의뢰했다. 그러자 코럴은 어린 소녀의 그림을 그렸던 것이다.
▲그 후 의뢰했던 여성이 발견한 하마시욀드의 어렸을 때 사진.

칠 후 많은 자료를 조사하고 있을 때 문득 한장의 사진이 눈에 들어왔고, 그녀는 경악했다.

그것은 하마시윌드가 두 살 때 어머니와 같이 찍은 사진이었다. 두 살 때의 그는 긴 머리에 원피스를 입고 어머니 무릎 위에 앉아서 사진을 찍었는데 누가 보아도 여자아이로 보일 정도였다.

코럴 포르그는 하마시윌드의 어렸을 때 모습을 영감에 의해 명확히 그려냈던 것이다.

또 코럴이 그린 한 장의 초상화가, 어느 가수(歌手)가 받은 심령의 명령이 진실임을 증명했던 예도 있다.

영국의 오페라 가수인 그레이스 브룩스는 어느 날, 영화《올리버!》의 세트에서 오스트레일리아의 가수 데이드레 데인과 만났다. 그때 데이드레가 말했다.

"당신에게는 마리아 마리블랑의 수호령(守護靈)이 붙어 있어."

"마리아라니 그게 누군데요?"

"스페인의 유명한 오페라 가수였지. 마리아의 영으로부터 수료를 받고 있다니 실로 행운이라구."

데이드레는 가수이자 영시(靈視) 능력이 있었던 것이다.

그 이후 그레이스는 마리아 마리블랑이 자꾸 신경쓰여져서 어쩔 수가 없었다. 자료를 뒤져 가며 그의 경력을 조사해 보니 마리아는 1880년에 파리에서 태어났고, 17세 때 런던에서 처음으로 무대에 올랐던, 당시 일류 오페라 가수였음을 알았다.

그러나 그 명성이 절정에 올랐을 때 그녀에게 불행이 찾아왔다. 28세 때 맨체스터에서 낙마(落馬)했고, 그것이 원인이 되어 세상을 떠났던 것이다.

그러나 그 정도만 알았을 뿐 그레이스는 마리아의 얼굴을 사진으로도, 그림으로도 볼 수는 없었다.

용기를 낸 그레이스는 어느 날 코럴을 방문해 마리아 마리블랑의 초상화를 그려달라고 부탁했다. 영감이 코럴의 화필을 움직였다. 이것이 마리아 마리블랑의 초상화라며 코럴이 한 장의 초상화를 내놓았을 때 그레이스는 반신반의했다.

그런데 어느 날 그레이스는 우연히 대영박물관(大英博物館)에서 마리아 마리블랑의 초상화를 볼 기회가 있었다. 그것은 놀라울 정도로 코럴이 그린 자동서기(自動書記)에 의한 초상화와 똑같았다. 그레이스는 감동했다.

태어나기 전의 아기도 그려내……

이 영국의 영능력자인 코럴 포르그는 세계 각국—유럽·캐나다·오스트레일리아 등—을 방문했고 또 수많은 텔레비전에도 출연했다. 오스트레일리아 여행에서는 전국으로 방송되는 '돈 제인 쇼'에 특별 출연하여 자동서기에 의해 한 장의 초상화를 그렸다.

그녀는 젊은 남성의 초상화를 그려냈고, 그 사람에게는 세 명의 형제와 몸이 약한 아버지가 있노라고 말했다. 그 스튜디오에 있던 관객 중 한 사람이 그 초상화의 장본인은 친구의 아들임을 확인했고, 그는 지난 해에 자동차 사고로 죽었다고 말했다. 그리고 그 죽은 사람에게는 세 명의 형제가 있으며 코럴이 말한 것처럼 그의 아버지는 암(癌)으로 입원중이라고 했다.

또 코럴 포르그는 1980년 캐나다에 3주일 간 체류했었다. 그 사이에 그녀는 80회씩이나 개인적인 면담을 했고 신문사의 취재에도 응했다. 그리고 남다른 영능력자인 데비드 영과 함께 강연을 했다. 그것은 영의 영혼으로부터 받은 메시지를 전달해 주면 코럴이 그 사람들의 초상화를 그려내는 형식으로 진행되었다.

그때 역시 다른 공개(公開) 실연(實演)을 했을 때와 마찬가지로 그 영혼들의 육친(肉親)이 감동하여 그 초상화들을 받아 갔다.

그러나 모든 사람이 이처럼 코럴이 그리는 초상화를, 영계에서 보내는 통신에 의한 것이라고 인정하는 것은 아니다. 회의론자(懷疑論者)의 대부분은,

"그것은 우연에 지나지 않는 것이다."

라며 부정한다. 그들은 인간이란 죽음과 동시에 그 영혼은 소멸되기 때문에 자동서기 따위는 있을 수 없다고 주장한다.

분명 영계를 보고 이 세상으로 돌아온 사람이 없는 이상 코럴의 자동서기만으로 영혼의 존재를 증명했다고는 볼 수 없을지도 모른다. 단, 사후에 금방 영혼이 소멸되어 버린다고 한다면 어떻게 코럴과 같은 영능력자가 생전에 만났던 일도 없는 인물의 생생한 초상화를 그려낼 수 있단 말인가? 그리고 우연이라고 하기에는 초상화을 그려낸 숫자가 너무 많지 아니한가.

자동서기에는 '문자(文字)'를 써내는 것과 '그림'을 그려내는 것 외에 모차르트의 사후에 완성한 〈레퀴엠〉처럼 '소리'에 의한 것도 있다. 영계가 어떤 것인지, 심령과학에서도 정설(定說)은 없지만 이미 말한 코럴 포르그처럼 특수한 영능력을 가진 인간에 대해 안다는 것은 지극히 흥미 깊은 일이다. 그것은 너무나도 우리의 상식을 초월한 것이며 실로 불가사의한 일이기 때문이다.

코럴 포르그는 오로지 영계에 있는 사자(死者)들의 초상화만을 그려냈던 것은 아니다. 때로는 태어나기 전인 태아의 초상을 그렸던 적도 있다.

또한 아직 한번도 만난 일이 없는 특정 인물을 생생하게 그려낸 적도 있다. 영국에 와 있던 노르웨이 촬영대를 위해, 그 대원 중 급한 용무로 미처 오지 못했던 카메라맨의 초상화를 그렸다. 그것은 텔레비전 프로듀서가 분명히 그 사람임을 알 수 있을 정도로 똑같은 그림이

었다.

코럴 포르그는 자신의 천부적 재능에 대해서 다음과 같이 말하고 있다.

"내 손이 스스로 움직여서 초상화를 그려내는 것입니다. 그것은 역시 나 이외의 힘인 영계에서 오는 기능에 의한 것이라고밖에 말할 수 없습니다."

아름다운 영계(靈界)와의 가교

18세의 소녀 영매(靈媒)인 플로렌스 쿡이 출현시킨 케티 킹이라는 이름의 미소녀(美少女) 물질화령(物質化靈)은 19세기의 영국을 대표하는 물리학자 중 한 사람인 윌리엄 크룩스의 연구 대상이 되었다…….

사명감을 띤 소녀령(少女靈)의 출현

플로렌스 쿡(1856~1904)은 어렸을 때부터 영시(靈視)와 영청(靈聽)에 속하는 현상을 연구해 왔는데 영능력자의 소질을 분명히 나타낸 것은 15세 때였다. 어느 파티에서 때마침 테이블 실험에 참가했었는데 손 밑에서 테이블이 스스로 움직이기 시작하더니 멎지 않을 뿐 아니라 그녀의 몸이 공중으로 떠올라 갔던 것이다. 이렇게 해서 플로렌스 쿡은 영매(靈媒)로서의 길을 걷기 시작했고 이윽고는 트랜스(Trance) 상태에서 케티 킹이라는 소녀령이 출현하게 되었다.

이 소녀령이 플로렌스의 입을 빌려서 말을 하게 된 바에 의하면 케티 킹은 교령회(交靈會)에 소녀의 모습으로 나타났을 때의 가명이라고 했다. 그녀가 이 세상에 있을 때는 애니 오엔 모건이라고 했으며 17세기 영국 국왕 찰스 2세로부터 기사(騎士)에 서품되고 자메이카의 총독에 임명되었던 전(前) 해적(海賊) 헨리 오엔 모건의 딸이었다는 것이다. 애니 오엔 모건은 결혼을 했고 두 아이를 두었는데 살인 등 악행(惡行)을 거듭하다가 22세 때 뜻밖의 죽음을 맞이했다. 이렇게 해서 영계(靈界)에 들어간 그녀는 이윽고 지상에서 범한 죄값을 치르기 위해 스피리츄얼리즘[靈交思想]의 진실을 지상 사람들에게 가르쳐 주는

▲크룩스와 팔을 낀 케티 킹. 촬영자는 불명(不明)
◀소녀시절의 플로렌스 쿡

일을 맡게 되었고, 플로렌스와 비슷한 나이의 소녀 인격(人格)을 가지고 이 세상에 돌아온 것이라고 설명했다.

케티 킹은 1872년 4월 초 자신의 모습을 물체화(物體化)시키는 일을 시도했다. 이때에는 데스마스크 모양의 얼굴이 캐비닛 커튼 틈에 나타났을 뿐이었는데 그 후 1년쯤 사이에 그녀는 전신을 보기 좋게 물질화시킬 수 있게 되었다. 그리고 마침내 영매인 플로렌스 쿡이 안에 있는 소암실(小暗室) 밖에 모습을 나타냈고, 열석자(列席者) 등과 자유로이 대화를 나누고 자기 머리와 손을 만지게까지 했다는 것이다. 그 때문에 영매인 플로렌스 쿡이 케티처럼 행세하는 것이 아닌가 하는 의심도 받았다. 그러나 윌리엄 크룩스의 증언는 그런 속임수의 가능성을 명쾌히 부정하고 있다.

다음에 크룩스의 증언을 인용해 본다. 크룩스가 케티의 요구로 교령회 방의 가스등을 끄고 황린(黃燐) 램프를 한손에 든 채 커튼 저쪽 소암실로 들어갔을 때의 일이다. 그 속에서는 영매인 플로렌스 쿡이 바닥에 웅크리고 있었다.

빛에 떠오르는 영(靈)의 모습

"나는 발밑에 신경을 쓰면서 커튼 저쪽의 소암실로 들어갔고 손으로 더듬으면서 미스 쿡을 찾았습니다. 그녀는 바닥에 웅크리고 있었습니다. 나는 무릎을 꿇고 램프에 공기를 넣었습니다. 그 빛으로 인하여 교령회를 시작했을 때와 마찬가지로 검정 비로드 옷을 입은 미스 쿡의 모습이 보였습니다. 나는 그녀의 손을 잡고 램프를 얼굴 바로 옆에 대 보았습니다. 그러나 그녀는 몸을 조금도 움직이지 않고 호흡만 조용히 계속하고 있을 뿐이었으며 분명히 의식을 잃고 있었습니다. 나는 램프를 들어 올려 주변을 밝혔습니다. 그 빛 속에 조금 전 교령회에서 본 것과 마찬가지로 물이 흐르는 것 같은 하얀

▲하얀 장의(長衣)를 전신에 걸친 모습(불완전한 물질화를 생각나게 한다)의 케티 킹과 누워 있는 플로렌스 쿡. 크룩스가 촬영했다.

색 장의(長衣)로 몸을 싼 케티의 모습이 떠오르는 것이었습니다. 그녀는 미스 쿡 바로 뒤에 서 있었습니다.

나는 미스 쿡의 손을 잡고 무릎을 꿇은 채 램프를 움직여 케티의 전신을 비추었습니다. 그것은 틀림없는 케티였습니다. 아까 내가 안았던 케티임에 틀림없었던 것입니다. 그녀는 잠자고 있는 채 내가 있는 쪽을 보고 빙그레 웃으며 고개를 까닥거렸습니다.

나는 미스 쿡 쪽으로 눈길을 돌리면서 내가 그녀의 손을 꼭 잡고 있음을 확인했습니다. 그리고 나서 램프를 들어 올려 케티의 전신을 비추며 내가 틀림없이 그녀의 모습을 눈앞에서 보고 있음을 확인했습니다. 이런 일을 나는 세 차례씩이나 반복했던 것입니다."

크룩스는 물질화되어 나타난 케티 킹의 모습을 몇 번이나 사진으로 촬영했고 그 밖에도 그녀의 용자(容姿)를 자세히 조사하여 영매인 플로렌스 쿡과의 차이를 확인하기도 했다. 그것에 의하면 케티는 플로렌스보다 11~15cm가량 키가 큰데다가 플로렌스의 귀에는 귀고리의 구멍이 뚫려 있었으며 케티의 귀에는 그런 구멍이 없었다는 점, 플로렌스의 피부는 다소 검었으나 케티는 백옥처럼 하얗다는 점 등이었다. 그리고 케티는 프로렌스보다 손가락이 훨씬 길었다는 점 등을 분명히 확인했다고 한다.

눈앞에서 모습이 변하다니……

크룩스와 마찬가지로 플로렌스 쿡의 교령회에 자주 출석하여 케티 킹과 친하게 접촉했던 영국의 여류작가 플로렌스 마리아트에 의하면 케티 킹은 그날 따라 얼굴 모습이 변화하고, 어느 때는 그녀의 목전에서 용모가 일변(一變)해 버리기도 했다는 것이다. 그때의 일을 마리아트 여사는 다음과 같이 기록하고 있다(1891년 출판된 저서 《죽음을 넘어서》에서 인용). 한편 이 문장 중 '플로리'라고 한 것은 플로렌스 쿡을 가리킴이다.

……나는 케티와 플로리가 함께 있는 장면을 여러 번 본 일이 있으며 두 사람이 다른 사람임을 조금도 의심하지 않습니다. 첫째로 케티는 때에 따라 얼굴이 변하는데 어느 때는 분명히 플로리와 비슷하지만 어느 때는 전혀 닮지 않은 얼굴이었답니다.

어느 날 밤 케티는 소암실에서 나오자 내 무릎 위에 앉았습니다. 이때 그녀의 몸은 플로리보다 살이 쪄 있어서 무겁게 느껴졌는데 얼굴은 분명 플로리와 비슷했으므로 나는 케티에게 그런 말을 해 주었습니다. 케티는 다소 난처한 표정을 지었습니다.

"알고 있어요. 그런데 아무래도 비슷해지곤 합니다. 그러나 진짜의 나, 지상에 있었던 때의 나는 지금보다 훨씬 더 예뻤답니다. 지금 그 모습을 보여 주겠습니다. 틀림없이 보여 주겠어요."

이윽고 교령회가 끝나자 케티는 소암실 안으로 들어갔는데 곧 커튼 사이로 목만 내밀고 나를 불렀습니다. 그래서 내가 곁으로 가자 옷소매를 잡아당기며 커튼 속으로 끌어들이는 것이었어요. 그 속은 생각했던 것보다 환하더군요. 엷은 커튼을 뚫고 스며드는 소암실 밖의 가스등 불빛으로 무엇이든 잘 보였습니다. 케티는 다급하다는 듯 내 옷을 잡아 끌었습니다.

"그 바닥에 앉으세요."

나는 그녀가 시키는 대로 했습니다. 그러자 케티는 또 내 무릎 위에 앉았습니다. 그러는 사이에 플로리는 깊은 트랜스 상태로 바닥에 누워 있었습니다. 케티는 그것이 플로리임을 확인하는 나에게 말했습니다.

"그녀를 만져 보세요. 손을 잡고 머리카락을 잡아당겨 보시라구요. 틀림없지요. 그녀는 플로리 맞지요?"

나는 시키는 대로 해보면서 그것이 틀림없는 플로리라고 대답했습니다. 그러자 케티는 또 이렇게 말하더군요.

"그럼 이번에는 이쪽을 보세요. 이것이 지상에 있었을 때의 나랍니다."

내가 팔을 들며 케티에게 눈길을 돌렸을 때 너무 놀란 나머지 숨을 죽여야 했습니다. 그곳에는 아까까지 있던 소녀 플로리를 닮았던 얼굴 대신 붉은 빛깔이 다소 섞인 금발이 새하얀 피부에 물결치는 얼굴, 빛나듯 아름답고 성숙한 여성의 얼굴이 있었으며 부리부리한 파랑색 눈으로 이쪽을 바라보고 있는 것이었습니다.

케티는 깜짝 놀라는 나를 보고 만족스럽다는 듯한 표정으로 말했습니다.

"어때요? 플로리보다 훨씬 예쁘지요?"

그리고 케티는 플로리의 머리카락 한개를 뽑아 들더니, 다른 한 손으로 자기 머리카락을 쥐고 나란히 내밀었습니다. 플로리의 머리카락은 검다고 해도 좋을 정도로 짙었는데 부드러워서 비단을 만지는 것 같았습니다. 한편 이때 케티의 머리카락은 탄력이 좋아서 좀처럼 끊어지지 않을 것 같은, 붉은 기가 다소 도는 금발이었습니다.……

마리아트 여사에 의하면 케티는 자신의 아름다운 나체를 그녀에게 보여 준 일이 있다고 한다.

그때의 일을 마리아트 여사는 다음과 같이 적고 있다.

케티는 뒤쪽 소암실로 나를 데리고 가자 하얀 옷을 벗고 완전한 나체가 되어 내 앞에 섰습니다.

"자, 이제는 내가 진짜 여성의 몸을 가지고 있다는 것을 아셨죠?"

그것은 정말 여성의 나체였습니다. 그것도 매우 아름다운 나체였습

◀ 교령회(交靈會)의 열석자(列席者) 사이에 서 있는 케티 킹.
▼ (우)가리 박사라고 하는 의사가 케티 킹의 맥을 보고 있는 장면. (좌) 가리 박사와 케티 킹. 케티는 살아 있는 인간과 다름없는 육체를 가지고 있었다고 한다. 크룩스 촬영.

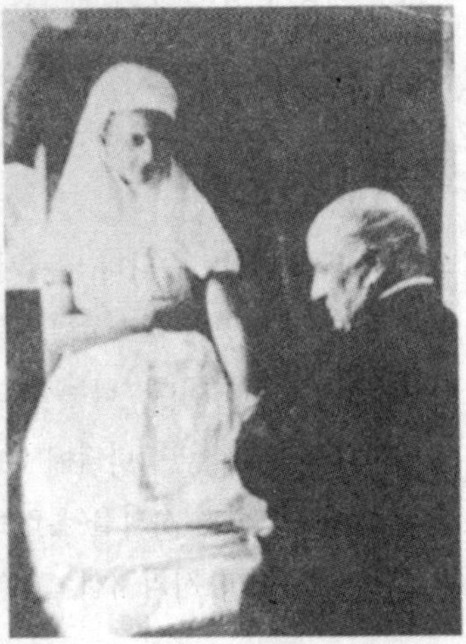

니다.

케티의 슬픈 이별

케티 킹은 1872년 처음으로 플로렌스 쿡을 영매로 하여 모습을 나타냈을 때 2년 동안만 그녀의 곁에 있겠노라고 약속했다. 그리고 1874년 5월 21일, 약속했던 날이 온 것을 플로리에게 고하고 그녀의 곁을 떠났으며 두번 다시 모습을 나타내지 않았다(단, 다른 영매에게 모습을 나타냈었다는 보고는 있다). 이 마지막 교령회는 크룩스의 집에서 있었는데 그는 케티가 플로리에게 이별을 고하는 장소에 동석할 것을 허락받았다. 크룩스는 그때의 정경을 다음과 같이 묘사하고 있다.

……케티는 나를 캐비닛(커튼이 쳐져 있는 小暗室) 속으로 불러들이자 커튼을 단단히 닫았습니다. 그리고 잠시 나와 이야기를 나눈 다음 바닥에 누워 있는 미스 쿡 쪽으로 걸어갔고 몸을 굽혀 그녀의 손을 잡았습니다.

"일어나, 플로리. 눈을 뜨라구! 나는 이제 가지 않으면 안 돼!"

미스 쿡은 눈을 떴습니다. 그리고 좀더 머물러 있었으면 좋겠다며 눈물로 호소하더군요.

"그것은 안돼 플로리. 내가 해야 할 일은 끝이 났어. 그러니까 가지 않으면 안돼!"

라고 케티는 대답했습니다. 두 사람은 잠시 이야기를 계속 나누었습니다. 그러는 동안에 미스 쿡은 흘러내리는 눈물 때문에 그 이상 입을 열 수 없게 되었습니다. 나는 케티의 부탁을 받고 미스 쿡 쪽으로 걸어가서 매우 슬피 울며 바닥에 엎어져 있는 그녀의 몸을 안았습니다. 그리고 정신을 차려 사방을 둘러보았을 때는 하얀 옷에 싸여 있던 케티의 모습은 이미 사라져서 그 어디에서도 찾아볼 수 없었습니다.

과연 진실인가?

이러한 크룩스와 마리아트 여사의 증언을 그대로 받아들인다면 케티 킹이란 이름을 가진 미소녀의 물질화령(物質化靈)이 플로렌스 쿡이란 소녀 영매의 도움을 빌려 산 인간과 다를 바 없는 모습을 이 세상에 나타냈던 것은 의심할 여지가 없는 사실이라고 할 수 있다. 그러나 그들의 증언을 결정적으로 뒷받침해 줄 물적 증거는 아무것도 없다.

분명 크룩스가 촬영한 케티의 사진은 있지만 그것조차도 회의적인 눈으로 본다면 증거로 보일 리 없을 것이다. 그 사진은 모두 하얀 옷을 걸친 아름다운 소녀가 찍혀져 있을 뿐이며, 그녀가 진짜로 물질화된 사후(死後)의 영혼임을 입증해 주는 것은 아니었기 때문이다.

단, 다음과 같은 사실은 이 사례의 진실성을 간접적으로 증명해 주는 것이라고 할 수 있다. 즉 플로렌스 쿡은 특수한 전자장치(電子裝置)까지 이용한 아주 엄격한 실험조건 하에서도 자진하여 교령회를 행하고 평소와 변함없이 케티 킹을 출현시켰다는 점, 교령 실험의 대부분은 크룩스의 집에서 실시했으므로 영매에 의한 속임수는 거의 불가능했다는 점, 플로렌스 쿡과 케티 킹이 함께 서 있는 장면을 크룩스를 포함한 9명의 열석자가 밝은 전등의 조명 밑에서 목격했다는 점 등의 사실이다.

케티 킹은 정말로 물질화된 사후령(死後靈)이었을까? 아니면 교묘한 속임수의 산물이었을까? 이 수수께끼는 스피리츄얼리즘의 역사를 장식하는 가장 극적인 사례 중 하나로서 작금에도 연구가들의 관심이 집중되고 있다. 독자 제현은 이 부록을 더 읽어나감으로써 이 아름다운 영계와의 가교가 지니는 진실성을 믿게 될 것이다.

경이로운 영매(靈媒) 파라디노

고금을 통하여 제일 철저한 연구 대상이 되었던 여성 영매 유서피아 파라디노—. 그러나 그녀는 이따금 속임수를 쓴다는 비평을 받았다. 과연 그녀의 능력은 진짜였을까?

공중에 부양(浮揚)하여 눕는다!

유서피아 파라디노의 교령회(交靈會)에 출석하는 사람은 여러 가지의 사건을 기대할 수 있었다. 무거운 가구(家具)가 자체의 의지를 가지고 있는 것처럼 심하게 움직이고, 물질화된 손이 나오기도 한다. 파라디노는 엄중하게 규제된 조건하에서 이런 현상들을 일으켰다. 교령회에서 심령 현상이 사실임을 심령 연구가들에게 확신시킴에 있어 그녀만큼 큰 공적을 세운 영매는 달리 존재하지 않는다.

유서피아 파라디노는 1854년 1월 이탈리아의 영토로서 파리와 가까운 마을의 농가에서 태어났다. 어머니는 그녀를 낳자마자 사망했고 아버지 역시 산적에게 살해당해 그녀는 열두 살 때 고아가 되었다.

그녀는 어렸을 무렵부터 기묘한 현상을 일으키고 있었는데 그 심령 능력이 분명하게 밝혀진 것은 그녀가 아직 10대 때의 일이었다. 그 계기가 또 아주 경이롭다. 1872년 다미애니라고 하는 이탈리아 사람 심령 연구가의 아내(영국 사람)가 영국 런던에 있는 어느 교령회에 출석했다. 그런데 존 킹이라는 영(靈)이 나타나서,

"나폴리에 강력한 영매가 있는데 그녀는 내 딸이자 유명한 케티 킹의 환생(還生)이오."

라고 다미애니의 아내에게 말했고 그 영매가 사는 집의 주소를 자세히

▲교령회에서의 유서피아 파라디노(중앙).

◀유서피아 파라디노는 1909년 영국 심령연구회(SPR)에서 조사를 받았다. 그녀의 교령회는 언제나 시끄러웠으며 움직임 역시 다양성에 차 있었다.

알려 주었다.

그의 말대로 그곳으로 향한 다미애니에 의해 유서피아 파라디노가 발견되었던 것이다. 다미애니는 소녀의 지도자가 되었으며 그 소녀의 능력을 개발시켜 주기 위하여 진력했다.

파라디노의 능력을 믿노라고 처음으로 공개한 과학자는 에리코레 키아이아 박사이다. 그는 1888년 스피리츄얼리즘을 무시하는 기사를 잡지에 발표했던, 유명한 정신의학자이자 범죄인류학자(犯罪人類學者)인 체잘제 롬브로조에게 공개 질문장을 보냈다.

그 공개 질문장에서 키아이아 박사는 롬브로조에게 빼어난 영매인 유서피아 파라디노의 현상을 실제로 보라면서 이렇게 권했던 것이다.

의자에 몸이 묶여 있어도 그리고 손으로 몸을 단단히 붙잡고 있어도, 그녀는 가구를 자기 쪽으로 끌어 온다든가 들어 올려 공중을 날게 한 다음 다시 마룻바닥에 서서히 내려놓을 수가 있소. 그것은 마치 가구가 그녀의 의지대로 움직이는 것 같다오. 가구를 공중에 띄우는 높이는 마음대로 조절하오. 또 벽이라든가 천장 마룻바닥에서 멋진 리듬과 억양으로 랩 소리를 낼 수도 있소.

아무리 질긴 끈으로 묶어 놓더라도 이 여성은 공중으로 떠오를 수 있소. 그리고 모든 중력(重力)의 법칙을 무시한 채 마치 침대에 누워 있듯이 공중에서 누워 있다오. 그리고 자기 손으로 움직이듯이 그리고 눈에 보이지 않는 노움(地의 精靈)의 숨결이 움직이듯이, 오르간 · 종(鐘) · 탬버린 등의 악기를 연주할 수 있소.

그녀는 도대체 몇 개의 팔을 가지고 있는 것일까요? 우리로서는 알 수가 없소. 의심이 많은 입회인들이 그녀의 수족을 잡고 있는 사이에도 다른 수족이 나타나는데 그런 것들이 어디서 나오는지 그녀 자신도 알지 못하오!

2년 후 나폴리를 방문하여 파라디노의 교령회에 초대받은 롬브로조는 깊은 감명을 받았다. 롬브로조는 바로 이 파라디노를 만났던 일이 계기가 되어 그 후 여러 해에 걸쳐 심령 현상을 연구하게 된다. 그리고 저자에 의하면 그는 마지막에 영매의 심령현상을 일으키게 하는 것은 사자(死者)의 영(靈)일 것으로 확신하게 되었다고 한다.

인간에게 덤벼드는 테이블

1892년 밀라노 위원회로 알려진 연구 그룹이 파라디노를 영매로 하는 교령회를 17회에 걸쳐서 열었다. 이 위원회가 발표한 보고서를 일부 소개하기로 한다.

'헤아릴 수 없을 만큼 여러 차례나 손이 출현했고 우리는 그것을 만져 보았다. 의혹의 여지는 이제 없다. 우리가 보고 또한 만져 보았던 것은 실로 살아 있는 인간의 손이었는데 그러는 동안 파라디노의 상반신과 양팔은 분명 우리의 시선(視線)에 잡혀 있었다. 또 그녀의 양손은 양옆구리를 끼고 있는 사람에 의해 잡혀 있었던 것이다.'

다른 영매들과는 달리 파라디노는 교령회가 한참 열리는 도중 커튼 뒤에 앉아 있는 일은 없었다. 어떤 종류의 현상이 일어나는 것을 돕기 위하여 캐비닛(커튼이 쳐진 小暗室)을 사용하기는 했었지만 언제나 그 앞에 앉아 있었다. 어둠 속에 있을 때도, 모습이 분명하게 보이는 밝은 장소에서도, 목격자들은 언제나 속임수를 쓸 수 없다는 사실을 납득할 때까지 그녀를 묶어 놓거나 의자에 단단히 잡아맬 수 있도록 허용되었었다.

밀라노 위원회 위원 중 한 사람인 파리 의과대학의 생리학 교수 샤를 리시에는 그녀의 가장 충실한 지지자 가운데 한 사람이 되었다. 유럽에서 대표적 심령 연구가 중 한 사람이었던 리시에 교수는 파라디노와 1백 회 이상이나 교령회를 했으며, 그녀의 영능력에 긍정적인 판단을 내렸던 것이다.

리시에 교수는 또 파라디노의 속임수를 방지하기 위해 실험 때 여러 가지 규제 조건을 고안했다. 그의 저서 《심령연구 30년》(1925년)에는 그녀의 교령회를 위해 특별히 주문했던 테이블에 관한 기록이 있다.

'이 테이블의 다리는 발로 들어올리기 어렵도록 끝으로 갈수록 가늘게 되어 있다. 너무 무거울 것으로 생각되는 무게 20kg의 의자였는데 우리는 그날 밤 그것으로 시험을 해 보았다. 파라디노가 그 무거운 테이블에 손가락 끝을 대자 순식간에 그것은 기울어졌고 좌우로 흔들리기 시작했으며 의자 다리에는 손도 안 댔건만 1m 정도는 충분히 마룻바닥에서 떠오르는 것이었다.'

파라디노의 영능력 중에서도 테이블 부양(浮揚) 현상은 실로 걸출하다. 토리노 대학의 병리해부학 교수인 P. 포어 박사는 알라니 박사를 포함한 과학자들과 함께 그녀를 영매로 하는 일련의 실험 교령회를 행했다. 어느 때 그녀는 자신으로서는 그 움직임을 억제할 수 없으니, 부상당하는 불상사가 있을지도 모른다며 부양하는 물체에 손을 대지 말라고 충고했다.

즉석에서 방안에 있던 테이블 하나가 공중으로 부양하여 포어 교수의 머리 위를 넘었다. 그리고 마룻바닥으로 돌아왔는가 했더니 그곳에서 몇 번 튄 다음 겨우 바닥에 의자 다리가 고정되었다. 알라니 박사가 테이블 쪽으로 다가갔다. 그러자,

'테이블은 난폭하게 다가와서 그를 밀어붙였다. 알라니 박사가 잡으려고 하자 테이블은 거칠게 탕탕 소리를 냈다. 그리고 커튼 뒤로 사라졌다. 포어 교수가 보고 있자니 그것은 공중제비를 하여 옆으로 누웠다. 그리고 어떤 힘이 작용하며 억누르듯, 한 쪽 다리가 난폭하게 빠졌다. 다음 순간 테이블은 커튼이 쳐진 소암실 속에서 날

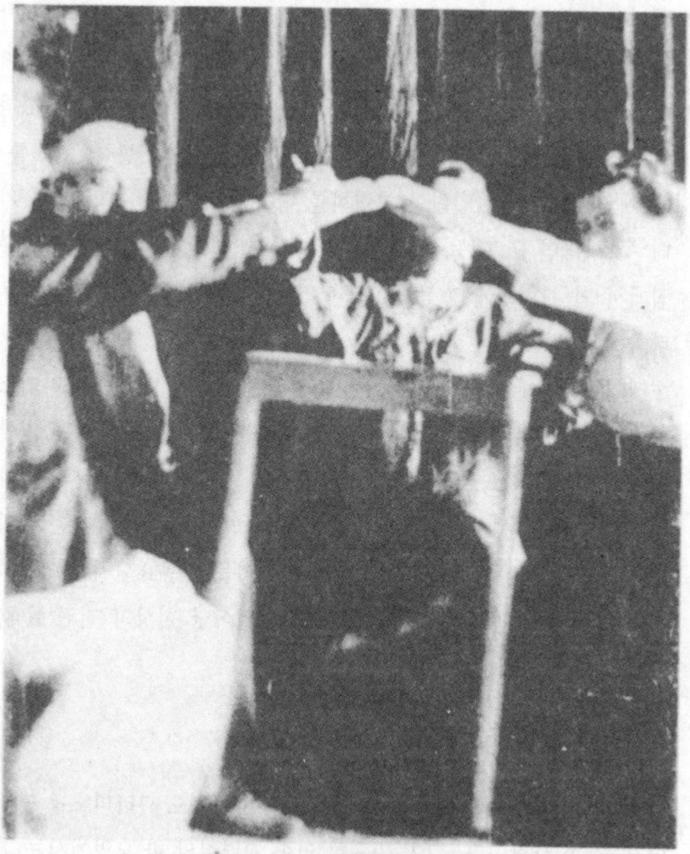

▲1906년 이탈리아 제노바의 교령회에서 테이블을 부양시키고 있는 파라디노.
◀그녀의 실험을 위해 SPR가 준비한 테이블. 속임수를 방지하기 위한 디자인이다.

아왔고 출석자 전원이 보고 있는 앞에서 분해되었다. 알라니 박사는 파라디노의 권유로 소암실 쪽까지 다가갔다. 그는 그곳에 미처 가기도 전에 분해된 나뭇조각과 어떤 혼이 부딪치는 것을 느꼈다.'

1895년 파라디노는 영국을 방문했고 영국 심령연구협회(SPR)를 위해 케임브리지에서 일련의 교령회를 행하였다. SPR 창립 멤버 가운데 두 사람인 F.W.H. 마이어르와 더 올리버 롯지가 리시에 교수의 집에서 연 교령회에 출석했고 긍정적인 보고서를 제출했었기 때문이다.

케임브리지에서 행한 교령회에 출석했던 호지슨 박사는 파라디노의 심령 현상을 부정적으로 생각했었다. 그는 영매를 감시하는 역할을 맡았는데 고의적으로 감시를 소홀히 했다. 그 결과 현상은 일어나지 않았는데 SPR는 속임수라고 단정했다. 그러나 영매가 때로는 속임수를 사용하는 것을 알고 있는 유럽의 연구가들은 동요되지 않았다. 엄격한 감시하에 행해진 교령회가 아니면 일어난 현상의 진위(眞僞)를 판단할 수 없기 때문이다.

마침내 SPR 조사원들도 인정

프랑스의 대표적인 천문학자 카뮤 프라마리옹도 파라디노를 연구한 학자 중 한 사람이다. 그가 기획한 연속 교령회의 한 모임에서는 파라디노가 너무 긴장했었기 때문에 파괴적인 현상이 발생했다.

'그녀가 눈을 향하자 소파가 다가왔는데 숨을 쉬자 물러갔다. 모든 악기(樂器)는 테이블 위에 어지럽게 놓여 있었다. 탬버린이 거의 천장 가까이에까지 날아 올라갔다. 쿠션도 그 운동에 가세하여 테이블 위에 있던 모든 것을 뒤집어 놓았다. 출석자 중 한 사람이 의자에서 멀어졌다. 그 의자—앉는 자리에 쿠션을 넣었고 검은 호두나무의 재료로 만든 식당용 의자로서 무거운 것—는 공중에 부양했

▲1910년 뉴욕의 컬럼비아 대학에서 한 교령회. 여기서 파라디노는 속임수를 썼다는 비판을 받았다.

◀프랑스의 생리학 교수인 샤를 리시에. 파라디노의 능력이 진짜임을 확신하고 있었다.

◀파라디노를 연구했던 한 사람인 프랑스의 유명한 천문학자 카뮤 프라마리옹. 그가 기획했던 교령회에서는 파괴적인 현상이 발생했다.

고 테이블 위에서 큰 소리를 냈는데 다시 원위치로 돌아왔다.'

파라디노가 유럽의 연구가들이 보는 데서 확실한 심령 현상을 계속 해 나가자 마침내 SPR도 그녀를 재조사하기로 결의했다. 1908년 세 명의 조사원이 그녀의 교령회에 출석하기 위하여 나폴리에 파견되었다.

이 세 사람, 에베러드 필딩, 히어워드 캐린튼 및 W.W. 버거리는 SPR 조사원 중에서도 가장 회의적인 사람들이었다. 그리고 마침내 그들은 목격한 현상—공중 부양, 물체 이동, 발광(發光) 현상, 랩 소리, 물질화(物質化) 현상 등—을 '속임수와는 전혀 다른' 어떤 힘에 의한 것이라는 결론을 내리고 파라디노의 영능력을 인정했던 것이다. 모두 합하여 11회에 걸친 교령회 가운데, 나폴리의 빅토리아 호텔의 한 방안에서 행한 제6회째가 끝난 다음 필딩은 다음과 같이 말했다.

"처음으로 나는 파라디노의 그 엄청난 영능력으로 심령 현상이 일어나고 있다는 절대적 확신을 가지게 되었다. 아무것도 없는 커튼에서 머리와 손이 나타나고, 아무것도 없는 커튼 뒤에서 인간의 손가락—손톱이 어디에 있는지까지 보았다—이 나를 잡았다. 그것은 틀림없고 확실한 사실로 인정되었다. 이 놀라운 여성이 커튼 밖에 앉아 있으면서, 그녀의 손과 발을 내 시야(視野) 속에서, 내 동료들에 의해 움직이지 못하도록 붙잡혀 있는 동안에 커튼 속에서는 어떤 존재가 분명 그녀의 손이 안 닿는 곳에서 몇 번이고 반복하여 내 손을 밀어냈던 것이다."

1909년에서 1910년에 걸친 7개월 동안 파라디노는 미국에 건너가 수많은 연구자들에게 감명을 주었다. 이 무렵 속임수를 사용했다는 비판이 또 일어났는데 유명한 무대 기술사(奇術師)인 하워드 서스톤은 목격한 테이블 현상이,

"속임수에 의한 것도 아니고 발이라든가 무릎, 손에 의해서 한 것도

아니다."

라고 증언하고 있다.

놀라운 물질화(物質化) 현상의 진실

그녀를 미국으로 초대한 사람은 나폴리에 파견되었던 세 명의 SPR 조사원 중 한 사람인 히어워드 캐린튼이었다. 그는 이때 있었던 미국에서의 에피소드에 대해 다음과 같이 말하고 있다.

"거의 모든 과학위원회가 그녀의 속임수를 잡아 가고자 시도했으나 케임브리지와 미국의 조사를 제외한 모든 위원회가 조사를 끝냈을 때는 그 현상들의 진실성을 확신하고 있었다."

어떤 평판이 있든 간에 파라디노의 영능력은 의심할 여지가 없다. 그녀의 교령회에서는 이따금 인간과 같은 자태(姿態)라든가 몸의 일부가 물질화되었다. 분명히 눈에 보이는 경우도 있으며 소암실(小暗室) 커튼 가장자리에서 연구자들에게 접촉하는 정도의 일도 있었다.

1902년 3월 1일 E. 모르셀리 교수와 8명의 연구자는 제노바에서 열린 이 교령회 때 이런 현상에 관하여 놀라운 체험을 한 바 있다. 모르셀리는 파라디노를 조사한 다음 그녀가 결코 탈출할 수 없도록 캠프용 침대에 묶었다. 상당히 밝은 조명 속에서 교수와 다른 출석자들은 여섯 개의 물질화령(物質化靈)이 출현하는 것을 목격했다. 유자(幽姿)가 소암실로 돌아갈 때마다 모르셀리는 서둘러서 달려가 보았는데 어떤 경우에도 파리디노는 원래 묶여 있던 채로 있었다. 리시에 교수 역시 그녀의 물질화 능력을 증언하고 있다.

"30명 이상이나 되는 매우 회의적인 과학자들이 오랜 실험을 한 후에는 살아 있는 것 같은 물질이 그녀의 몸에서 나온 것을 확신했다."

1901년 6월 16일 조셉 벤자노 박사가 출석한 교령회에서는 몇 개나 되는 환상의 손이 물질화되어 출석자들을 만졌다. 환상의 손은 마지막으로 벤자노 박사의 손을 잡았다.

"내 손이 또 하나의 손에 잡혀 들려졌고 물질화상(物質化像)에 끌려갔다. 길고 풍만한 이마, 가늘고 긴 머리카락이 윗부분을 감싼 넓은 이마에 내 손이 닿는 것 같은 인상을 받았다. 그런 다음 내 손은 여전히 이끌린 채 다소 갈고리 모양의 코에 닿았고 다시 내려가서 입술과 뾰족한 턱의 턱수염을 더듬었다.

턱에서 다시 들어 올려지자 이윽고 열린 입 앞에 달했고 그곳에서 부드럽게 밀쳐졌다. 다시 손에 이끌린 채 인지(人指)가 입 속으로 들어갔고 윗니를 따라 더듬어 나갔다. 오른쪽 어금니가 네 개 빠져 있었다."

벤자노 박사는 그 물질화령이 몇 년 전에 사망한 아주 가까운 친척 중 한 사람임을 확인했다. 그는 그 인물의 어떤 치아가 빠져 있었는지 분명하게 기억할 수는 없었다. 나중에 조사해 보니 그것은 물질화령의 치아와 일치하고 있음을 알았다.

미국에서 한 실험을 마지막으로 파라디노는 국제적 활동에는 종지부를 찍었고 그 후 1918년 죽음을 맞기까지의 8년 동안 모국인 이탈리아에서 교령회를 열며 심령 현상을 계속 일으켰다.

오늘날에 이르기까지 유서피아 파라디노는 수수께끼에 싸여 있으며, 그녀의 능력에 대해서는 논의가 끊이지 않고 있다. 그러나 그녀가 20세기의 심령 연구에 있어 가장 큰 역사적 의의를 지니고 있다는 것에는 의심의 여지가 없다. 그리고 또 그녀는 현대에서 가장 위대한 영매였다고도 할 수 있으리라.

죽은 사람을 살린 영능력자(靈能力者) 에버 C

프랑스의 여성 영매 에버 C는 엄밀한 실험 조건하에서 수백 장에 이르는 아주 선명한 사진을 남겼고 물질화(物質化) 현상의 과학적인 연구에 획기적인 진보를 가져다 주었다. 그녀의 실험 모습을 자세히 소개한다.

이집트 공주(公主)의 영(靈)이……

에버 C의 본명은 마르테 베로이며 프랑스 육군 장교를 아버지로 하여 1890년 알제리의 알제에서 태어났다. 에버 C가 처음으로 물질화 현상을 나타냈던 것은 알제리 주둔 프랑스군의 노엘 장군 집에서 열린 가정 교령회(交靈會)에서인데, 이때 그녀는 아직 만 14세도 되지 않은 어린 소녀였다. 그러나 이미 노엘 장군의 아들 모리스와 약혼하고 있었다. 이 모리스는 그 후 얼마 안 되어 콩고에서 죽고 말았는데 에버 C의 교령회는 그 후에도 장군 집에서 계속되었으며 1905년에는 샤를 리시에가 멋진 전신물질화(全身物質化) 현상의 출현을 심령 연구가로서는 처음으로 관찰·확인했다.

이때 리시에는 엑토플라즘 덩어리에서 인간의 전신(全身)이 만들어져 가는 과정을 눈으로 확인하고 그 양상을 다음과 같이 증언하고 있다.

"처음 커튼 앞 마룻바닥에 손수건을 펼쳐 놓은 것 같은 백색 투명한 엑토플라즘 덩어리가 나타났고 그것이 점차 마룻바닥 위에서 인간의 머리 모양을 갖추어 나갔습니다. 그리고 몇 초 후에는 그것을 지탱하는 몸체가 마룻바닥에서 똑바로 위쪽을 향해 뻗어 올라오더니 망토를 입은 작은 몸매의 사나이가 모습을 나타내는 것이었습니다.

그 사나이가 커튼 앞을 무심히 두어 걸음 걸어가는가 생각했더니 마치 함정 속에 빠지기라도 하듯 그 몸체가 마룻바닥으로 가라앉으면서 모습이 사라졌습니다. 물론 그곳에 함정 따위는 있지 않았었지요…… .”

리시에는 또 아름다운 이집트 공주의 유자(幽姿)가 물질화되는 것도 보았다. 이 공주는 금발머리에 금색 장식을 한 모습으로 완벽하게 물질화되었는데 웃으면 진주와 같은 이가 보였다고 한다. 어느 날 밤, 교령회에서 그녀는 자신의 머리를 한 웅큼 자르라고 했다. 리시에는 이때 있었던 일을 다음과 같이 말하고 있다.

“…… 내가 위쪽에서 머리를 자르려고 하자 커튼 뒤쪽에서 손이 나타났고 내 손을 잡아 내렸습니다. 그래서 나는 그녀의 머리가 난 부분에서 15cm 정도 위쪽으로 가위를 넣었지요. 그리고 내가 우물쭈물하고 있자니 그녀는 ‘어서 빨리’라며 낮은 목소리로 말하자마자 모습을 감추고 말았습니다. 이때 자른 머리는 지금도 나에게 있습니다. 그것은 비단 실처럼 가늘고 보들보들한 머리인데 현미경으로 검사한 결과 인간의 머리카락임이 증명되었고 색깔 역시 천연 그대로의 것임이 확인되었지요. ……한편 마르테(에버 C를 가리킴)의 머리카락은 검정색에 가까울 정도로 짙고 또 그녀는 머리카락을 짧게 자르고 있었습니다.”

흰옷의 남성 물질화상(物質化像)

그 후 에버 C는 피손 부인이라고 하는 심령 연구에 열을 올리던 프랑스 부인의 양녀(養女)가 되었다. 그리고 1909년부터 4년간에 걸쳐, 주로 파리에서 슈렝크 노팅 남작(男爵)이 하던, 유명한 실험의 피험자(被驗者)가 되었다. 이 실험은 속임수가 절대 불가능한 조건하에서

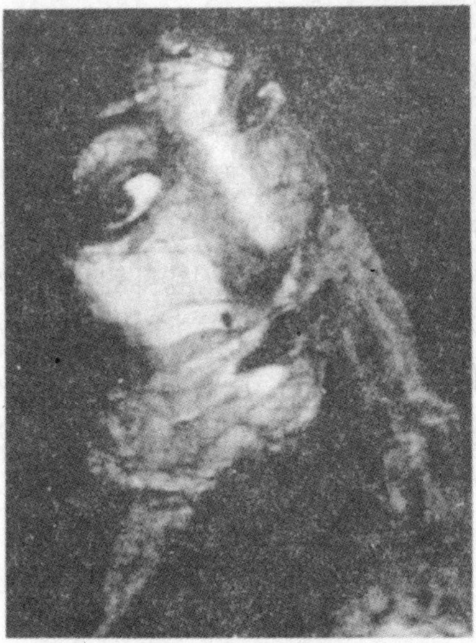

▲1913년 5월 19일에 있었던 슈렝크 노팅의 실험에서 나타난 백의(白衣)의 남성 물질화상

◀1918년 2월 26일의 구스타프 쥬레이의 실험에서 공중에 뜬 물질화상. 눈의 표정은 마치 살아있는 인간 그대로이다. 얼굴의 하부는 아직 물질화가 불완전하고 또 이 물질화의 입에서 엑토플라즘이 나오는 것을 알 수 있다.

행해졌다. 실험에 사용된 방이 엄중하게 관리되었던 것은 물론이고 에버 C는 실험하기 전과 후에 엄밀한 신체검사(신체 중 어딘가에 속임수를 위한 재료를 감추었는지 여부를 확인하기 위한 검사)를 받았다. 또한 의복도 특별히 준비된 것을 입고 실험에 임했던 것이다. 더구나 실험실에는 플래시라이터를 갖춘, 당시로서는 고성능 사진 촬영장치가 몇 대나 갖추어져 있었으며 에버 C가 나타내는 현상을 여러 각도에서 사진 찍을 수 있도록 되어 있었다.

이 4년간에 걸친 일련의 실험에서 슈렝크 노팅이 관찰하며 사진으로 찍은 현상은 리시에가 알제에서 목격했을 때처럼 완전한 것은 아니었다. 전신(全身)의 물체화상은 조금밖에 나타나지 않았고 전체적으로 기묘하게 편평(扁平)한 상(像)이 많았던 것이다. 그러나 엑토플라즘에서 인간의 모습이 형체로 나타나는 물체화 현상의 전과정이 엄격한 실험 조건하에서 낱낱이 관찰되고 사진에 기록되었다는 의의는 크다고 할 수 있다. 엑토플라즘과 물질화 현상의 진실된 과학적 연구는 이 슈렝크 노팅의 실험으로부터 시작되었다고 한다.

다음으로 슈렝크 노팅의 저서인 《물질화 현상기》(1920년)에서 에버 C가 성직자(聖職者) 같은 남성의 전신(全身) 물질화상을 출현시켰을 때의 기록을 간추려서 소개하겠다. 한편 슈렝크 노팅의 실험은 언제나 적색광(赤色光)이 비취는 속에서 행해지며 램프는, 처음에는 한 개였는데 나중에는 여섯 개(합치면 1백 와트를 넘는다)가 사용되었다. 영매인 에버 C는 광선의 직사(直射)를 피하기 위해 좌우로 열리는, 커튼이 쳐져 있는 소암실(小暗室) 속에 앉아서 커튼을 반쯤 열고 양손이 보이도록 자세를 취하고 있었다. 또한 실험자가 밖에서 그녀의 두 손을 계속 붙잡고 있는 경우도 많았다.

1913년 5월 19일.

출석자—피손 부인 및 필자(슈렝크 노팅)

최초의 신체검사, 실험용 의복 및 실험 순서는 모두 전회와 같았다. 에버 C는 파란 가운만을 입은 모습으로 실험실에 들어갔고, 필자로부터 실험용 튜닉 타이츠를 받아서 가운과 바꿔 입었다. 그리고 커튼으로 칸막이한 캐비닛(소암실) 안에 들어가서 의자에 앉았는데 평소와 마찬가지로 머리털, 입, 귀 및 손바닥 등을 조사했다. 캐비닛과 의자 등을 사전에 조사한 것은 두말할 필요도 없다. 이렇게 해서 검사가 끝난 다음 피손 부인이 에버 C를 최면 상태로 유도했다.

오후 8시 21분, 백색광(白色光)을 끄고 적광색(赤光色)만의 조명을 켰다. 에버 C의 두 손은 커튼 앞에 내밀어졌고 실험을 하는 동안 계속해서 우리의 눈에 보이는 상태로 있었다. 이것은 그녀가 일어섰을 때도 마찬가지이다.

8시 25분, 호흡이 깊어지더니 현상이 나타나기 전의 특유한 신음소리를 내기 시작했다.

8시 35분, 피손 부인이 에버 C의 두 손을 잡았다. 에버 C의 신음소리와 몸을 비트는 동작이 격렬해졌다.

8시 37분, 피손 부인이 에버 C의 손을 놓았다. 그러나 에버 C의 손은 우리의 눈에 보이는 위치에 있었다. 에버 C는 고통을 견디기 어렵다는 듯 신음을 하며 떨었고 심히 흥분 상태가 되더니 수족이 차가워졌다.

8시 40분, 에버 C의 신음소리는 한층 더 격해졌으며 마치 오랜 시간 고통이 심한 수술을 받고 있는 환자와 같은 상태가 계속되었다.

……중 략……

8시 55분, 에버 C의 머리 오른쪽 옆에 하얀 물질의 덩어리가 나타났다. 이것을 보던 우리는 물질화 현상의 진행이 적광색의 직사(直射)에 의하여 조금이라도 방해되지 않도록, 에버 C의 두 손이 보이는 곳바로 위에서 커튼을 닫았다.

9시 0분, 에버 C는 밖에서 보이도록 두 손으로 커튼을 붙잡은 채 의자에서 일어났다. 커튼은 아직 닫혀진 채로 있었다.

9시 3분, 에버 C는 갑자기 몸을 떨더니 비명을 지르면서 의자 속으로 넘어졌다. 우리가 그녀의 손을 잡으려고 했을 때 그녀의 왼쪽 팔 위쪽에 커다란 물질의 덩어리가 나타났고 위쪽으로 이동하는 것이 보였다.

9시 20분, 에버 C는 다시 일어섰고 살그머니 오른쪽으로 움직여 캐비닛 구석에 섰다.

9시 25분, 에버 C는 피손 부인의 손을 잡자, 마치 종(鐘)의 줄을 잡아당기듯 몇 번이나 상하로 움직였다.

9시 30분, 에버 C는 피손 부인의 손을 놓자 오른쪽 커튼을 잡으며 말했다.

"줄리엣(피손 부인)! 그를 부르세요. 그가 보입니다."

9시 35분, 에버 C는 서 있은 채 오른쪽 커튼을 열기 시작했다. 피손 부인의 눈에는, 이미 그녀가 두 차례 사진을 찍은 적이 있는 '도르스 미카'란 남성의 전신 물질화상이 보였다.

9시 38분, 에버 C가 커튼을 넓게 열자 내 눈에도 에버 C의 배후에 마치 그녀의 몸에 의지하듯 서 있는 하얀 옷을 입은 남성의 모습이 보였다. 나는 재빨리 플래시라이터를 점화했다. 그 순간 이 전신 물질화상은 전광석화(電光石火)와 같은 속도로 사라지고 말았다.……(후략)

이때 찍힌 사진이 289페이지 상(上)의 사진이다.

쥬레이 박사에 의한 관찰

이 슈렝크 노팅의 실험에 이어, 프랑스 심령 연구가인 구스타프 쥬레이가 1917년 12월부터 이듬해 3월에 걸쳐 에버 C에 의한 물질화 현

▲철투철미한 실험을 반복하며 에버 C의 물질화 현상을 실증한 두 명의 위대한 연구가, 리시에(우)와 슈렝크 노팅(좌).

상 실험을 반복했다. 장소는 파리의 쥬레이 연구실로서 매회 에버 C의 양어머니인 피손 부인 외, 국립 파리병원의 M. 칼메트 박사와 소르본 대학의 생태심리학 교수인 쥬에르 코티에 등, 제삼자가 입회했다.

쥬레이의 실험도 속임수의 가능성을 철저히 배제한 것으로서, 조명도 현상의 실태를 정확히 파악하는 데 충분히 밝을 수 있는 백색 전등의 반사광이나 적색광을 사용했다.

실험 전후에 행해진 신체검사라든가 실험실의 관리는 슈렝크 노팅이 했던 실험의 경우와 마찬가지로 지극히 엄중하여, 어떤 방법에 의한 속임수도 절대로 불가능했다.

쥬레이의 실험에서는 전신 물질화상은 나타나지 않았는데 에버 C의 몸에서 여러 가지 형태로 나타나는 엑토플라즘에 의해 살아 있는 인간과 다름없이 보이는 두부(頭部)의 물질화 현상이 관찰자들의 눈앞에서 빈번하게 형성되었다. 그럼 다음에 쥬레이의 관찰 기록 중 그 일부를 자세히 소개하기로 한다.

1918년 1월 15일, 오후 8시 30분.

출석자—피손 부인, 루크루 씨(쥬레이의 연구소 조수), 샤로 박사, X 박사 및 필자(쥬레이 자신).

실험의 준비 및 방법은 평소대로 캐비닛의 커튼을 반쯤 연 상태로, 적색광의 조명.

에버 C의 신음소리는 15분 후에 평소의 단계에 도달했다. 그때 에버 C의 왼쪽 어깨에 세로 15cm, 가로 10cm 정도의 크기인 백색 엑토플라즘 덩어리가 나타났다. 그것은 처음에는 아주 희미하게 보였지만 점차 확실하게 보였다. 그러다가 다시 희미하게 변했고 그 후에 또 분명해졌는데 이번에는 점점 커졌다. 그리고 그 속에서 나는 사람의 얼굴이 떠오르는 것을 보았다. 그것은 무정형(無定形)의 물질에 싸인 오렌지 크기의 얼굴로서 평평하고 모양 자체도 일그러져 있었다. 분명히 알 수 있었던 것은 이마로부터 눈, 코에 걸친 부분만이었으며 얼굴의 하반부는 주변의 물질과 거의 구별되지 않았다.

이 엑토플라즘 속에서 나타난 얼굴은 이윽고 에버 C의 왼쪽 어깨로부터 머리 정수리의 다소 오른쪽으로 위치를 바꾸었다. 사진은 두 장을 찍었는데 유감스럽게도 |플|래시라이터의 밝기가 불충분하여 모두 실패로 끝났다.

1918년 2월 7일.

지난 1월 15일에 했던 실험과 거의 다름없는 현상이 일어났는데 이번에는 사진 촬영에 성공했다.

1918년 2월 12일, 오후 5시.

출석자—피손 부인, 드 베슴 부인, 루크루 씨 및 필자. 실험 준비와 방법은 평소와 같았다.

오늘의 에버 C는 대단히 의욕적이었다. 에버 C는 연구실에 도착했을 때 나를 향해 이렇게 말했다.

"벌써 만 하루 동안 줄곧 느끼고 있습니다만 한 여인이 모습을 나타내고 싶어서 내 옆을 떠나지 않고 있습니다."

에버 C는 최면을 걸자 곧 트랜스 상태에 빠져들었다. 그리고 평소와 마찬가지로 출산(出産)할 때와 같은 신음소리를 내기 시작했는데 이윽고 조금씩 조용해졌다.

그 동안에는 아무 일도 일어나지 않았다. 나는 오늘 하는 실험은 실패하게 될 것이란 생각이 들었다. 그때 피손 부인이 갑자기 소리쳤다.

"보여요. 저기 커튼 쪽에!"

나도 그곳을 보았다. 열려진 커튼 사이로 한 여성의 두부(頭部)만이 공중을 떠돌다가 모습을 나타냈던 것이다. 그것은 앉아 있는 에버 C의 머리 위를 오른쪽에서부터 움직이고 있었다. 물질화는 완전했다. 크기도 보통사람의 두부와 같았으며 혈색이 좋은 아름다운 얼굴이었다. 우리는 무의식 중에 낮은 목소리로 찬탄의 말을 하면서 그 공중의 얼굴을 바라보았다.

나는 눈앞에 펼쳐진 놀라운 광경에 열중하여 프래시라이터의 버튼을 누르는 일조차 잊었는데, '그녀'가 커튼 뒤로 숨고만 다음에서야 겨우 정신이 들었다. 그 사이의 인상은 아주 선명했었는데 현상의 지속 시간은 불과 몇 초에 지나지 않았다.

그로부터 40~50분 동안 '목에서 윗부분만의 그녀'는, 어느 때는 보통 인간의 두부와 다름없는 크기로, 또 어느 때는 그보다 훨씬 작은 모습으로 출현과 소멸을 반복했다. 그 사이에 '그녀'는 계속 선명한 모습으로 나타났는데 플래시라이터를 촬영할 기회는 한 번도 잡지 못했다.

그러나 최후로 '그녀'는 보통 인간보다 3분의 2 정도 크기의 머리 부분을 에버 C의 가슴 위에 파묻었다. 나는 비스듬히 옆을 향한 그 얼굴에 카메라를 들이대고 플래시라이터의 버튼을 눌렀다. 플래시 빛이 꺼진 다음 나는 역시 목 윗부분만의 '그녀' 모습을 에버 C의 무릎 위에서 보았다.

작은 인간의 얼굴이 나타났다

1918년 2월 26일, 오후 5시.

출석자는 지난번과 마찬가지였다. 준비와 방법 역시 평소와 마찬가지였다.

에버 C는 금방 평소와 마찬가지로 트랜스 상태에 빠져들었다. 그러자 지난번(2월 12일) 실험에서 사진에 찍혔던 여성과 아주 비슷한 여성의 얼굴이 커튼 사이에서 갑자기 나타났다. 그것은 보통 인간과 다름없는 크기의 얼굴이었는데 순간적으로 모습이 사라져 버렸기 때문에 사진을 찍을 틈이 없었다.

그리고 이번에는 에버 C 몸 주변에 나타난 안개와 같은 물질에서 똑같은 여성의 얼굴이 형성되었다. 이때의 물질화상(物質化像)은 그다지 선명하지 않았다. 그러면서도 그것은 비교적 잘 보이다가 또 희미해지는 등의 상태를 반복하면서 에버 C의 가슴, 머리, 혹은 어깨 등으로 기대는 장소를 바꾸는 동안에 그 모습은 바람처럼 사라지고 말았다.

그 후 이번에는 에버 C의 입에서 엑토플라즘이 유출(流出)되었다. 그것은 손가락 두 개 정도의 굵기인 줄 모양이었는데 턱에서 조금 왼쪽으로 흘러내리는가 했더니 그 끝이 둥글게 부풀어 올랐으며 조금 전과 다른 얼굴이 나타났다. 그다지 선명한 물질화 현상은 아니었지만 나는 플래시라이터의 버튼을 눌렀다. 에버 C는 몸을 움찔했으나 물질화 현상은 사라지지 않았다.

이윽고 그 얼굴은 엑토플라즘과 함께 에버 C의 머리 왼쪽으로 올라갔고 귀보다 조금 높은 곳에서 멈추었는데 그곳은 에버 C 머리로부터 20cm 가량 떨어진 공중이었다. 그리고 그 위치에서 갑자기 얼굴 모양이 확실해졌다. 그때 나는 두 장의 사진을 찍었다(289페이지의 사진).

1918년 3월 1일.

출석자는 전회(前回)와 마찬가지였고 준비와 방법도 평소와 같았다.

에버 C는 연구실에 도착하자 나에게 이런 말을 했다.

"오늘은 지금까지 했던 것과는 다른 포즈를 취하고 싶다고 합니다."

이 실험에서 일어난 현상의 내용은 전회(前回) 때와 거의 같았다. 즉 목 윗부분만의 물질화 현상이 때로는 커튼이 열려진 곳에 갑자기 나타나고, 때로는 안개와 같은 물질의 집합체에서 형성되며, 또 때로는 에버 C의 입에서 흘러나온 엑토플라즘의 끝에서 생겼던 것이다.

전부 네 장의 사진을 찍었는데 그 중 두 장은 플래시라이터의 빛이 불충분하여 잘 찍혀지지 않았다. 그러나 그 중 한 장에서는 2월 12일에 찍은 사진과 똑같은 얼굴임을 식별할 수 있었다. 그녀가 전과는 달리 왼쪽을 향한 포즈로 찍혔음이 확인되었다.

성공한 다음 두 장의 사진에는 지금까지 찍혔던 여성이 아닌 다른 여성의 얼굴이 찍혀 있었다. 이 여성의 시선과 얼굴도 왼쪽을 향하고 있었다.

1918년 3월 8일 오후 5시.

출석자—M. 카르메트 박사(국립 파리 병원장). 피손 부인, 드 베슴 부인, 루크루 씨 및 필자. 실험의 준비와 방법은 평소와 같았다.

최면을 건 지 한 시간쯤 지나서 에바 C는 평소와 마찬가지로 신음소리를 내기 시작했으며 그 소리가 커지자 그녀의 왼쪽 어깨 위에 하얀 엑토플라즘의 덩어리가 나타났다. 그것은 점점 커졌으며 마침내 그 속에서 작은 사람의 얼굴이 나타났다. 이 물질화상은 이윽고 에바 C의 가슴으로 옮겨졌고 자기 입에서 나오는 무정형(無定形)의 엑토플라즘에로 지탱되는 형태로 그곳에 고정되었다.

이 두부(頭部)만의 여성 물질화상은 그때부터 사라졌다가 나타나기를 반복하면서 에바 C 가슴으로부터 머리 옆, 턱 밑, 무릎 위, 혹은 양팔 사이로 자주 위치를 바꾸었다.

1918년 3월 11일 오후 5시.

출석자—카르메트 박사, 피손 부인, 드 베슴 부인, 루크루 씨 및 필자. 준비와 방법은 평소와 똑같았다.

이 실험에서도 역시 캐비닛의 커튼은 처음부터 끝까지 반쯤 열려져 있는 상태였으므로 나는 물질화 현상의 전과정을 내 눈으로 관찰할 수 있었다.

현상은 40~50분쯤 기다린 후에 시작되었다. 우선 오렌지 크기의 조그마한 안개덩어리가 에바 C의 왼쪽에 접(接)하여 공중에 출현했고 이윽고는 그녀의 오른쪽 가슴 쪽으로 위치를 바꾸었다. 그것은 처음에는 그다지 확실치 않은 증기(蒸氣)덩어리처럼 보였는데 그러는 동안 밀도가 늘어나면서 서서히 커졌다. 그리고 점차 분명하게 보이는가 했더니 다시 희미해졌다가 또 분명해졌다.

그때 우리는 엑토플라즘 덩어리 속에 작은 인간의 얼굴이 떠오르는 것을 보았다. 잠시 후 그것은 엑토플라즘의 하얀 스카프를 뒤집어쓴 여성의 얼굴이 되었다. 목의 윗부분만이 깨끗하게 물질화되어 있었다.

이 물질화상은 에버 C의 몸을 따라 공중에서 가슴으로부터 무릎, 손, 그리고 머리 위와 머리 옆으로 자주 움직이고 있었다. 또 몇 번이나 갑자기 모습을 나타냈다가는 사라지곤 했는데 마지막으로 에버 C의 입 속으로 빨려들어 가듯 모습을 감추었다. 그때 에버 C는 이렇게 소리쳤다.

"무엇인가가 변해 가는데 이것은 힘입니다!"

그 순간 캐비닛의 커튼이 바람에 휘날리듯 흔들렸다. 이때 에버 C는 양손을 무릎 위에 놓고 있었는데 우리는 그 손을 누르고 있었다.

이 실험에서는 여러 장의 사진을 찍었고 모두 성공했다.

그 어떤 속임수도 불가능

이상의 기록과 사진을 선입감을 가지지 않고 냉정하게 검토한다면 에버 C에 의한 물질화 현상이 속임수가 아님을 누구나 확인할 수 있을 것이다.

에버 C는 실험을 하기 전에 먼저 입고 있던 옷 모두를 벗어야 하며 입 속까지(때로는 性器까지도) 조사를 받아야 했으므로 인형의 머리 같은 소도구를 캐비닛 속에 가지고 들어간다는 것은 불가능하다. 가령 누군가의 손을 빌려 가지고 들어간다 하더라도 에버 C는 실험하는 동안 두 손을 보이는 곳에 내놓고 있든가, 실험자의 손으로 눌러야 하는데다가 언제나 가까운 곳에서 실험자들에게 감시당하고 있으므로 목격된 것과 같은 복잡한 현상을 속임수로 만들어 낼 리 만무하다.

첫째 에버의 입에서 흘러나온다거나 수증기덩어리처럼 공중에 출현하는 등의 엑토플라즘에서 살아 있는 인간 그대로의 얼굴이 형성되어 가는 현상을 도대체 어떤 속임수로 만들어 낼 수 있단 말인가?

무엇보다도 실험할 때 촬영된 사진이 현상의 진실성을 대변해 주고 있다. 그 사진들에 찍혀져 있는, 불가사의한 눈초리의 여성들이야말로 진실을 말해 주는 '산 증인'이 아니겠는가?

인간의 얼굴을 그토록 사실적이고 생생하게, 또 표정이 풍성하게 재현시킨다는 것은 그 어떤 속임수로도 불가능할 것이라고 나는 생각하고 있다.

물질화상(物質化像)은 왜 나타나는가?

이야기는 앞뒤가 바뀌어지는데 슈렝크 노팅이 1909년부터 4년간에 걸쳐 관찰하고 사진으로 찍은 에버 C에 의한 물질화 현상은 이미 설명한 것처럼, 리시에가 알제에서 목격했을 때와 같이 완전한 것은 아니었다. 마치 종이 위에 그려진 것처럼 편평한 상(像)이 많고 때로는 당시 저명인들의 얼굴을 신문 등에서 오려낸 것으로 생각되는 형태로 나타났던 것이다.(어떤 때는 〈르 마르와르〉란 잡지 이름의 활자조차도 나타났다.)

이것은 언뜻 보기에 속임수임을 증명하는 유력한 증거처럼 생각되는데 실은 그렇지 않다. 당시 심령 연구가들이 중시하고 있던 '사념조형물(思念造形物 : thougth forms)'이란 개념과 일본의 후쿠라이(福來友吉) 박사가 세계에 공포한 '염사(念寫 : thought graphy)'의 개념에 의해 이처럼 언뜻 보기에 '수상한' 물질화상이 생기는 이유를 명쾌히 설명할 수 있는 것이다.

'사념조형물'이란 마음속에 그려진 이미지가 그대로 물질화된 것을 가리키는 말로서 그 배경에는 여러 가지의 의식 내용을 직접 물질계(物質界)에 투영하여 형태를 이루어 내는, 마음의 미지의 창조력을 인정한다는 생각이다. 즉 우리의 마음에는 그것을 생각하고 그려내는 대로 육체를 변형시킨다거나, 사념(思念)하는 이미지 그대로를 엑토플라즘으로 물질화시키는 힘이 비장되어 있다는 생각으로서 리시에라든가 쥬레이, 슈렝크 노팅 등은 이 생각을 분명히 지지했었다.

그들의 생각에 의하면 에버 C가 나타낸 물질화 현상은 그 구조로 보아 두 종류로 대별할 수 있다. 즉 한 가지는 방금 설명한 '사념조형물'이 만들어지는 현상이며 또 한 가지는 에버 C와는 다른 인격—아마도 사자(死者)의 영(靈)—이 그녀의 잠재의식에 기능하여 자신의 모습을 물질화시키는 현상이다. 그리고 후자의 경우는 남겨져 있는 여러 장의 사진에서 볼 수 있듯이 언뜻 보기에도 현상의 진실성을 납득할 수 있는 예가 많은데, 전자의 경우는 에버 C의 잠재의식 속에 숨겨져 있었던 기록—예컨대 잡지라든가 신문에서 보았던 사진의 기록—이 적극적인 역할을 해내기 때문에 마치 거기서 오려낸 것으로 생각되어지는 물질화상이 출현된 것으로 생각되는 것이다.

쥬레이가 물질화의 초기 단계에서 여러 번 편평한 상(像)이 출현되는 것을 목격한 것도 이런 생각을 간접적으로 증명하는 것으로 해석되고 있다. 그야 어쨌든 속임수가 불가능하다는 것을 실험자로서, '알고' 있던 쥬레이 등에게 있어 사념조형물의 개념은 당연한 귀결이었다. 그리고 이 추론을 다른 방향에서 증명하는 실험상의 증거를 제공한 것이 일본의 후쿠라이 박사에 의한 염사(念寫) 현상의 발견인 것이다.

염사란 마음의 미지(未知)의 힘—혹은 염력(念力)—에 의해 사진 필름이 감광(感光)되어 어떤 상(像)을 출현시키는 현상을 가리키는데 1911년 도쿄제국대학(東京帝國大學)의 심리학 조교수였던 후쿠라이 박사가 발견했다. 후쿠라이 박사는 속임수가 절대로 불가능한 조건하에서 실험을 반복하여 이 현상의 진실성을 의심할 여지없이 증명했다. 또한 영능력자의 마음속에 그려진 이미지가 그대로 사진 필름 위에 투영되어 상(像)이 생기는 것을 세계에서 제일 먼저 밝혀 냈던 것이다.

마음에 사진 필름 위의 감광(感光) 물질을 자유자재로 변화시키는 힘이 비장되어 있다면 그 힘은 당연히 엑토플라즘에도 똑같이, 아니 더 강하게 작용할 것이다.

이처럼 염사의 발견은 사념조형물의 개념에 구체적이고 물적(物的)인 증거를 제공함과 동시에 슈렝크 노팅이 관찰한 것처럼, 기묘하게 편평한 물질화상이 어떻게 해서 나타나느냐는 의문에 명쾌히 해답할 수 있는 가능성도 밝혀 냈다.

손 모양에 새겨진 장문(掌紋)

폴란드의 영능력자(靈能力者)인 프라넥 크루스키는 엄밀한 실험 조건하에서 영수(靈手)의 물질화에 성공했다. 그리고 그는 그 물적인 증거로서 지문(指紋)과 장문(掌紋)까지 자세히 볼 수 있는 '양초 형(型)'을 여러 개나 남겼다.

작가이자 시인인 영능력자

프라넥 크루스키(1874~ ?)는 폴란드의 작가이자 시인으로서 1920년에 쥬레이가 그를 파리에 초대하여 실험을 할 때까지는 영매(靈媒)로서의 활동은 거의 하지 않았었다. 그러나 그는 태어나면서부터 뛰어난 영능력자였던 듯하며 어렸을 때부터 거의 매일 밤 죽은 동생과 여동생의 유령과 대화를 한다거나, 체외유리(體外遊離)를 경험하며 생활했었다고 한다.

크루스키는 1919년 초에, 역시 폴란드의 영능력자로서 이미 영매로 알려져 있었던 영 구지크(1875~1928)의 교령회(交靈會)에 출석했을 때 그 물리 영매(物理靈媒)로서의 능력을 발견했다. 그리고 그의 현상 양상을 전해 들은 쥬레이가 그를 파리의 국제초상심리현상 연구소(國際超常心理現象硏究所)로 초대하여 리시에, 그리고 프라마리옹 등과 함께 실험을 반복하여 여러 가지 놀라운 물리 현상을 관찰함과 동시에 영수(靈手)의 '양초 형(型)'을 뜨는 데 성공했던 것이다.

실험은 11월 초부터 12월 말에 걸쳐 14회 행해졌으며 그 중 11회에서 분명한 물질화 현상과 발광(發光) 현상(영적인 빛의 출현), 혹은 접촉 현상(영의 손 등에 의한 超常的 접촉감의 지각)이 확인되었다. 실험 중의 조명에는 극히 어두운 적색광(赤色光)이 사용되었는데 영매인 크루스키는 실험자에게 계속 두 손이 잡혀 있었으므로 속임수는 전혀 불가능했었다.

또 실험을 한 방은 연구실의 지하실에 있었으며, 두 개밖에 없는 출입구에는 안쪽에서 자물쇠가 잠겨져 있었으므로 실험 중에 제삼자가 들어온다는 것은 불가능했다. 실험을 하기 전과 하고 난 후에 영매의 신체검사를 했었음은 두말할 나위도 없다.

이렇게 엄중한 실험 조건하에서 여러 가지 물리적 현상이 차례로 발생했다. 크루스키가 반(半) 트랜스 상태에 빠져들자 희미한 빛을 발하는 수증기 모양의 엑토플라즘이 그의 몸 주위에 출현했고 그것이 차츰 응축되어 인간의 손과 얼굴 모양이 되었다. 또 불가사의한 빛의 덩어리가 여러 개나 출현하여 공중에서 서로 날아다녔다. 쥬레이는 이 현상이 시작되던 모습을 다음과 같이 묘사하고 있다.

'……그런 다음 어두운 조명 속에서 희미한 빛을 발하는 수증기 모양의 물질이 영매(靈媒 : 크루스키)의 주위에 나타났고 그 대부분은 그의 머리 위에서 빛나는 구름처럼 떠다녔다. 그리고 그 속에 증기의 응축점(凝縮點)을 연상케 하는 광점(光點)이 여러 개 생기는 것이었다. 이 광점들의 대부분은 작게 보이는 채로 금방 사라졌는데 그 중 몇 개는 빛을 더해 가면서 커지더니 이윽고 인간의 손가락이라든가 얼굴의 일부를 현출(現出)했다. 그리고 마지막에는 손과 얼굴의 완전한 물질화상이 출현했다.'

'빛나는 구름'에서 얼굴과 손이 출현

처음에 나타난 '빛나는 구름'은 대개 크루스키의 몸 주위를 떠다녔는데 때로는 2m 이상이나 위쪽에서 움직이는 것도 있었다고 한다. 이 인광(燐光)을 발하는 엑토플라즘의 안개 속에서 주위보다 밝은 빛의

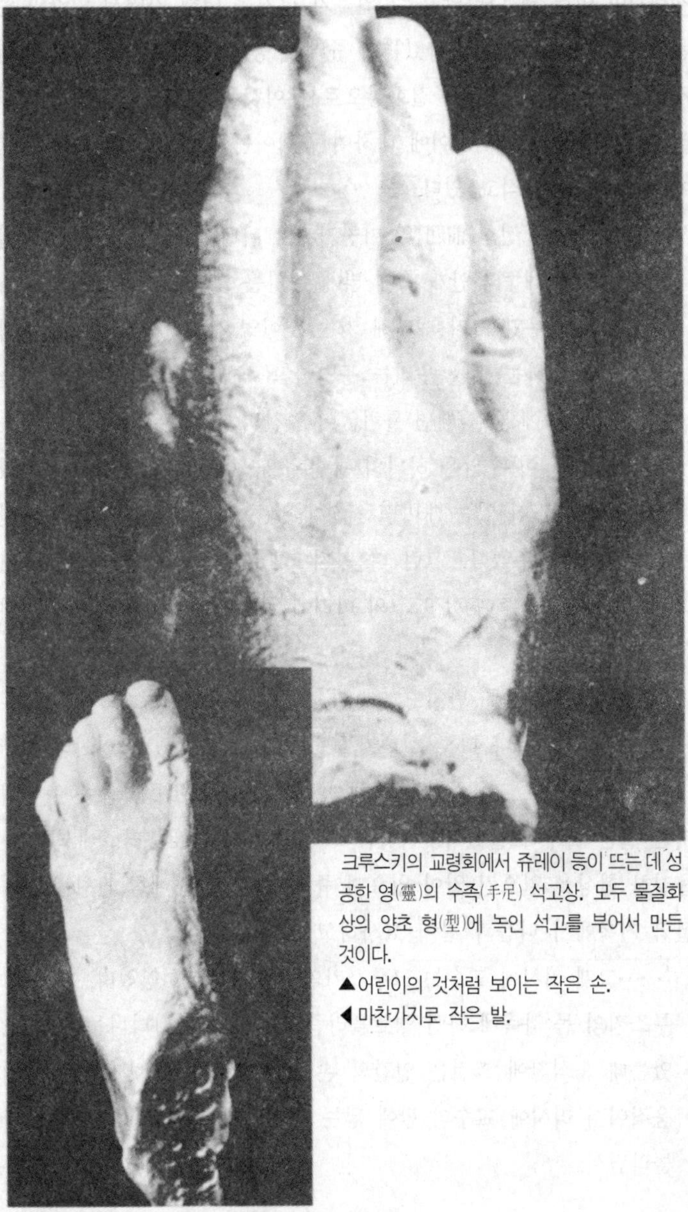

크루스키의 교령회에서 쥬레이 등이 뜨는 데 성공한 영(靈)의 수족(手足) 석고상. 모두 물질화상의 양초 형(型)에 녹인 석고를 부어서 만든 것이다.
▲어린이의 것처럼 보이는 작은 손.
◀마찬가지로 작은 발.

점(點)이 여러 개 나타났고 그 일부가 크기를 더해 가면서 인간의 얼굴과 손 모양을 만들어 나갔는데 쥬레이 등이 가장 빈번하게 목격한 것은 손가락 부분만의 물질화상으로서 이것은 실험자들에게 선명한 접촉감을 느끼게 했다. 이에 대하여 쥬레이는 12월 27일의 실험 기록에 다음과 같이 적고 있다.

'광점(光點)은 전회(前回)와 마찬가지로 나타났다. 인광(燐光)을 발하는 엑토플라즘의 안개 속에 밝게 빛나는 빛의 점이 여러 개 나타났고, 그 세부가 크기를 더해 가는 것이었다. 그 광점들이 손가락 모양으로 변하는 것을 우리는 분명히 목격했다. 그리고 그 광점들이 우리의 몸에 닿을 때면 틀림없이 인간의 손, 혹은 손가락에 닿는 느낌이었다. 아주 밝은 하나의 광점은 2m 이상이나 위에서 움직였고, 영매가 앉아 있는 캐비닛 천장에 20초 이상이나 머물러 있으면서 주변을 비추었다. 그런 다음 지그재그로 움직이면서 포토츠키 백작 쪽으로 춤추며 갔고 그의 머리에 닿았다. 그때 백작이 이렇게 말했다.

"누가 내 머리를 만지고 있어."

이런 현상을 나나 다른 실험자들도 똑같이 관찰했던 것이다.'

에버 C와 달리 크루스키는 점체상(粘體狀)의 엑토플라즘을 출현시키는 일은 아주 드물었다. 이따금 그런 종류의 엑토플라즘에서 멋진 물질화 현상을 일으킨 일이 있으며 쥬레이는 그 한 예를 11월 14일의 실험 기록에서 다음과 같이 묘사하고 있다.

'……그때 리시에 교수는 크루스키의 왼손을 잡고 있었다. 나는 크루스키의 몸 좌측에 하얀 엑토플라즘의 덩어리가 나타나는 것을 보았는데 순식간에 그것은 인간의 손 모양이 되는가 했더니 재빨리 움직여서 리시에 교수의 팔에 닿는 것이었다. 그러자 교수는 깜짝 놀라면서,

"닿았다. !"

고 소리쳤다. 교수의 눈에는 그 손이 안 보였던 것이다.'

영수(靈手)의 '양초 형(型)'을 뜨다

이처럼 크루스키가 일으킨 손의 물질화 현상이 멋진 것이었기 때문에 쥬레이 등은 그 손의 물질화상의 '양초 형(型)'을 뜰 것을 시도했다. 이와 똑같은 시도는 이미 디스페랜스 부인이라든가 에그린튼 등, 유명한 영능력자를 대상으로 하여 몇 명인가의 연구자들이 성공하고 있었는데 속임수 설(說)을 완전히 부정시킬 만한 엄밀성을 갖춘 실험의 예는 아직 보고되고 있지 않았다. 그래서 쥬레이 등은 속임수가 절대 불가능한 조건하에서 물질화 현상의 결정적인 증거가 되는 양초 형을 뜨고자 시도했던 것이다.

이 목적을 위해 쥬레이 등은 온수(温水) 위에 녹은 양초(파라핀 양초)를 띄운 원형용기(圓形容器)를 준비했다. 이것을 영매 앞 60㎝ 정도 떨어진 곳의 빈 테이블 위에 놓고 물질화 현상을 일으키는 지적(知的)존재 — 즉 영계(靈界)의 주민 — 에게 물질화된 손을 그곳에 넣었다가 빼는 동작을 몇 번 반복하도록 부탁하는 것이다.

물질화된 손에 붙은 양초는 공중에서 곧 굳어지므로 이런 동작을 반복하는 동안에 물질화상은 어느 정도 두꺼운 양초로 전체를 싸게 되며 그 시점에서 그 속의 손을 비물화시켜서 받으면 굳어진 양초의 막(膜)이 장갑과 같은 모양으로 남겨지게 된다. 그런 다음 이 '양초 장갑'(당연한 일이지만 망가지기 쉽다)에 석고를 녹여 가지고 살살 흘려 넣으면 물질화된 영(靈)의 손과 아주 똑같은 석고상을 얻을 수 있게 된다.

이 쥬레이 등이 했던 시도는 성공했고 모두 합쳐 9개의 '양초 형'을 얻게 되었다. 그 중 7개가 손의 물질화상이고 나머지는 발과 남성의 입을 포함한 턱의 상(像)이 각각 1개씩이었다. 손과 발은 모두 작아서 어린이의 것으로 보인다(305페이지의 2점). 입 가장자리의 상만은 성인의 것과 똑같은 크기였다.

엄밀한 화학실험(化學實驗)에 의한 증명

이 실험에서 얻어진 '양초 장갑'은 극히 부서지기 쉬운 것으로서 누군가가 몸에 숨겨서 밖으로 가지고 나간다는 것은 도저히 있을 수 없는 일이며 이미 설명했듯이 엄격한 실험 조건하에서는 그 밖의 공작도 전혀 생각할 수 없는 일이었다. 그러나 쥬레이는 어떠한 비판적인 자에게도 속임수가 절대로 불가능했었음을 확인시켜 주기 위해 세밀한 연구를 몇 가지인가 더 했다.

다음에 쥬레이가 쓴 11회째 실험(12월 31일에 있었다)의 기록을 다소 길게 인용하겠는데, 이 실험이 얼마나 신중한 태도로 진행되었었는지는 독자 제현이 판단해 주기 바란다.

……리시에 교수와 나는 파라핀의 양초에 어떤 시약(試藥)이 되는 화학물질을 혼입시켜 간단한 화학시험을 하기로 결정했다. 나는 몇 종류인가 검토한 다음에 콜레스텔린(콜레스테롤)을 선택했다. 따뜻하게 용해된 1,200g의 파라핀 양초에 5g의 콜레스텔린을 섞으면, 시험에 충분한 정색반응(呈色反應 : 發色 또는 變色을 수반하는 化學反應)이 얻어지는 것이다. 시험을 하는 데는 실험에서 얻은 '장갑'에서 소량의 양초를 떼어내고 클로로포름에 녹인 다음 황산(黃酸)을 가하면 된다. 앞에서 말한 것처럼 사전에 콜레스텔린을 혼입시킨 양초가 시료(試料)라면 그것은 분명히 빨갛게 정색(呈色)한다. 콜레스텔린을 포함하지 않는 보통 양초라면 이런 반응은 일어나지 않는다.

콜레스텔린의 혼입(混入)은 실험하기 직전에 완전한 비밀 속에서 하

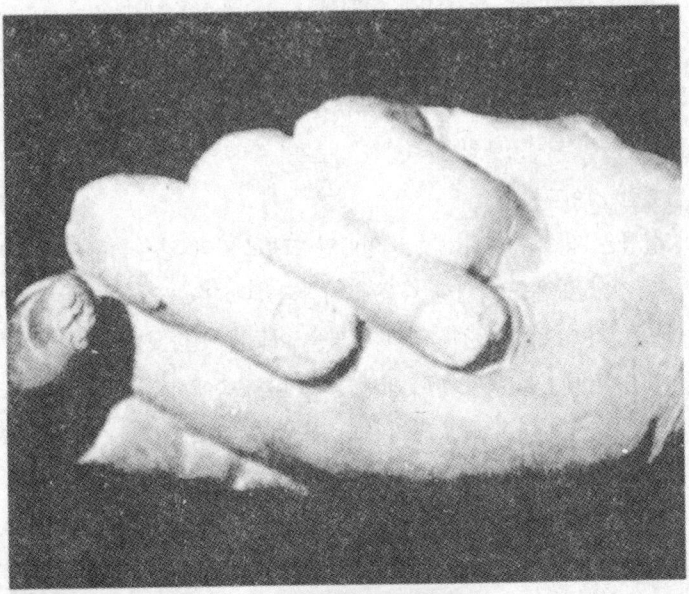

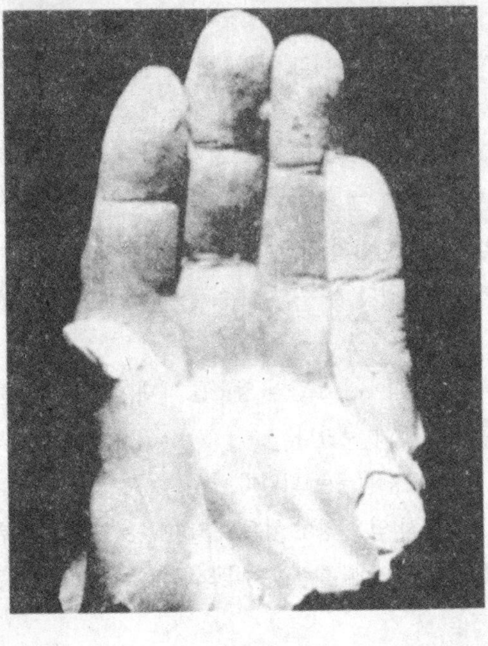

1921년 9월 바르샤바의 크루스키네 자택에서 한 실험 때 얻은 석고상.

▲양초 막(膜)을 완전히 뗀 상태. 손가락을 이처럼 구부린 모양의 양초 장갑을 인공적으로 만든다는 것은 절대로 불가능하다.

◀새끼손가락 뿌리의 양초 일부가 벗겨진 것을 보면 세세한 장문(掌紋)까지 석고에 찍혀 있다는 것을 알 수 있다.

므로 이 화학 실험에 의하여, 실험에서 얻어진 '장갑'이 바로 그 장소에서 만들어졌음을 결정적으로 증명할 수 있다. 이렇게 해서 우리는 전회(前回)와 마찬가지로 파란 색소를 아무도 모르게 섞는데다가 시약(試藥)으로 콜레스텔린도 혼입한 양초를 준비하여 12월 31일의 실험에 임했던 것이다.

실험은 평소와 마찬가지로 영매인 크루스키의 양손을 실험자들이 꼭 붙잡고 있음을 확인한 다음에 시작되었다. 나는 현상이 발생되기 쉽도록 하기 위하여 적색광의 조명을 어둡게 했다.

잠시 후 테이블 위에 놓여 있던 용기(容器) 속에서 '바삭' 소리가 났고 크루스키 가까이에 있던 리시에 교수와 포토츠키 백작 및 내가 있는 쪽으로 용해된 양초 방울이 날아왔다. 이런 일이 몇 차례 반복되었으며 크루스키가 에너지를 소모하고 지쳐 있을 때 나는 또 적색광의 조명을 밝게 했다. 그러자 테이블 위에 양초의 '장갑'이 두 개 놓여 있는 것이 보였다

이것은 정확히 말해서 장갑이 아니라 어린이 것과 같은 발의 '양초형'이었다. 또 하나는 어른인 남성의 입 가장자리와 턱만이 나타나 있는 '양초 형'으로서 상하의 입술과 턱수염을 식별할 수가 있었다. 이 양초형들을 자세히 조사했는데 그 푸른 기가 도는 색조(色調)가, 테이블 위에 남아 있던 양초—실험하기 직전에 푸른 색소를 전회(前回)보다 양을 늘려 은밀히 섞어 두었던 것—와 아주 똑같다는 것을 확인했다.

그 후 곧 나는 발의 양초 형에서 소량의 양초를 떼내어 클로로포름에 녹이고 그것에 황산을 섞어 보았다.

예상대로 시료는 빨갛게 정색(呈色)되었다.

이것에 의하여 이 실험에서 얻은 양초 형은 우리가 준비한 양초로부터, 그 장소에서 만들어진 것임에 틀림없음이 의문의 여지없이 입증

되었던 것이다.

장문(掌紋)·지문(指紋)까지 있는 손 모양

이렇게 해서 크루스키에 의한 물질화상의 진실성을 확신한 쥬레이는 1921년 9월에 바르샤바를 방문했고 다시 실험을 했다. 이때는 크루스키네 자택의 한 방에서 실험하였는데 그 방은 실험을 하기에 앞서 철저히 조사되었다. 실험 방법은 이전과 똑같이 엄밀한 것이어서 속임수가 불가능했던 것은 변함이 없다.

이 바르샤바의 실험에서는 파리에서 했을 때보다 훨씬 잘 만들어진 '양초 장갑'이 얻어졌다. 테이블 위의 용기 속에 들어있던 용해된 양초의 양(量)을 전보다 훨씬 많게 했는데 이것은 완전한 '장갑'을 만들기 쉽게 했다.

동시에 자신의 집이라고 하는 정신적·육체적으로 안정된 환경이 크루스키의 영매 능력에 바람직스런 작용을 했기 때문일 것으로 생각된다.

309페이지의 사진은 이때 얻은 양초 장갑에 석고를 부어 넣었다가 응고시킨 것이다. 아래의 사진은 아직 양초의 막(膜)을 떼어내지 않은 상태의 것으로서 새끼손가락 뿌리 쪽의 양초가 일부 벗겨져 있는 곳을 보면 자디잔 장문(掌紋)이 아래쪽 석고에 찍혀져 있는 것을 알 수 있다. 이 양초의 막(膜)—즉 '양초 장갑'을 형성하고 있는 막—은 아주 얇으며 두께는 1mm도 되지 않았다. 이것만 보더라도 이런 양초 형을 인공적으로 만든다는 것이 불가능함은 분명하다.

똑같이 위쪽 사진은 양초 막이 완전히 벗겨져서 석고상만이 남아 있다. 손가락을 이런 식으로 구부린 형태에서 인공적으로 양초 장갑을 만든다는 것은 절대로 불가능하다.

쥬레이는 1922년 4월부터 5월에 걸쳐 다시 바르샤바를 방문하고 크

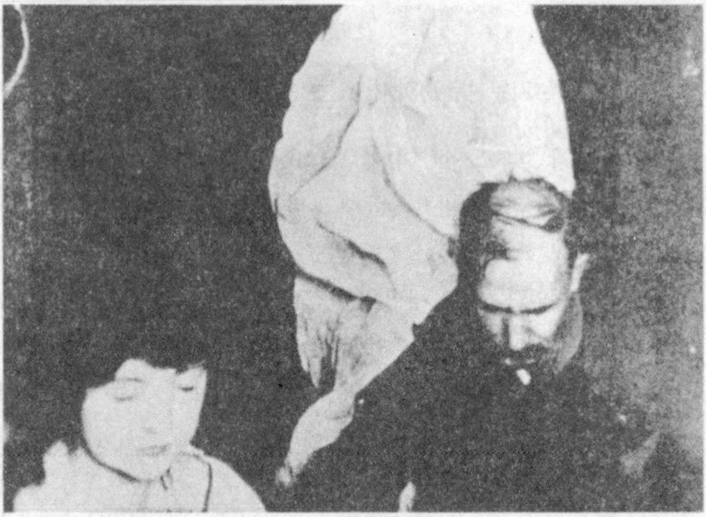

▲교령회에서의 프라넥 크루스키(우). 쥬레이 등의 엄밀한 화학실험 결과가 그의 양초 장갑의 진실성을 말해 주고 있다.

루스키에 의한 물질화 현상의 실험을 반복했다. 이때에는 전회(前回)보다 더 상태가 좋은 양초 장갑을 얻을 수 있었다. 이 사진에서는 지문까지 확실히 분별할 수 있다. 이처럼 손가락을 꼭 낀 형태에서 인공적으로 양초 장갑을 만든다는 것은 절대로 불가능한 일이다.

빛을 반사하고 돌아다니는 손

이상 소개한 것처럼 쥬레이가 남긴 실험 기록과 사진은 적어도 영수(靈手)의 물질화에 관한 한, 크루스키가 나타낸 물질화 현상의 진실성을 의문의 여지없이 입증해 준다.

크루스키가 실험하는 동안 줄곧 양손을 잡히고 있었던 일이라든가 '양초 장갑'이 틀림없이 그 장소에서 만들어진 것을 증명하는 화학실험의 결과만으로도 속임수 설(說)을 부정하기에는 충분한데, 더욱 결정적인 사실이 우리의 눈앞에 제시되었던 것이다. 즉 두께가 1mm도

안되는 양초의 막(膜)—조금만 힘을 가해도 완전히 부서진다—으로 손가락을 복잡한 형태가 되게 구부린다거나 양쪽 손가락을 꼭 끼고 있는 인간의 손에서, 지문과 장문까지 정밀히 재현시킬 수 있는 '장갑' 모양의 형태를 만든다는 것은 여하한 수단으로서도 인공적으로는 절대 불가능하다는 사실이다.

이 사실에 의하여 쥬레이의 실험은 크루스키에 의한 물질화 현상의 물적(物的)인 증거를 가져다 주었다는 결론을 내릴 수 있다. 즉 이 사진들이 제시하고 있는 것은 실로 엑토플라즘에서 물질화된 영(靈)—필시 사자(死者)의 영—의 수족(手足)인 것이다.

끝으로 쥬레이의 실험 기록을 다시 한 번 이용하겠다. 처음 것은 1922년 5월에 발표된 보고의 일부로 바르샤바에서 크루스키의 현상을 관찰했을 때의 것이다.

'……그리고 이때에는 미발표된 새 증거를 발견했다. 공중에 떠 있던 손이 용해된 양초 속에 담기는 것을 우리는 확실하게 볼 수 있었던 것이다. 그 손은 인광(燐光)을 방사하고 있었으며 손가락 끝은 밝은 광점(光點)을 이루고 있었다. 또 우리의 눈앞에서 서서히 움직여 테이블 위에 있는 용기 쪽으로 가자 용해된 양초 속으로 들어가 2,3초간 그 속에서 움직인 다음 여전히 인광을 방사하면서 밖으로 나왔다. 그리고 실험자 중 한 사람의 손 위에 양초 장갑을 남겨 놓고 사라져 버린 것이다.'

쥬레이는 또 1921년 시행했던 크루스키에 의한 물질화의 실험에서 다음과 같이 아름다운 현상도 목격했었다.

'……그 직후에 멋진 발광 현상이 일어났다. 한 개의 손이 투명한 살갗 전체에서 빛을 반사하며 공중에 돌아다니는 것이었다. 그것은 손가락을 이상한 모양으로 구부리고 있었으며 얼음처럼 빛나는 무엇인가를 손바닥에 싸고 있었다. 실로 숨막힐 정도로 아름다운 광

경이었다.'

대부분의 독자 제현은 이제 쥬레이의 이런 기록의 진실성을 의심하지 않을 것으로 필자는 생각한다.

물질화령(物質化靈)이 행동한다

위대한 영매가 했던 물질화 현상의 경이(驚異)를 소개해 왔는데 이번에는 심령사(心靈史)에 이름을 남긴 그 밖의 물리(物理) 영매들을 몇 사람 더 소개하겠다. 그들은 모두 에버 C, 크루스키, 쿡 등과 비교하여 결코 뒤지지 않는다.

소녀령(少女靈) 요랜드를 불러낸 디스페랜스 부인

15세의 아랍인 소녀 요랜드는 유명한 영국인 물리영매인 엘리자베스 디스페랜스 부인의 지도령(指導靈)이다. 요랜드는 신출귀몰하는데다가 다소 장난기가 있다. 교령회(交靈會)에서 요랜드가 모습을 감추어 버리는 순간을 본 사람들은 요랜드가 틀림없는 물질화령임을 확인함과 동시에, 그녀가 어디서나 볼 수 있는 15세쯤 된 소녀라는 점에 미소를 짓고 만다.

요랜드는 지극히 '인간적'이다. 어느 교령회에서 한 출석자가 두르고 있던 스카프가 마음에 들자 불쑥 손을 내밀어 그것을 가로챘다. 그리고 그녀가 비물질화(非物質化)했을 때 스카프도 함께 사라져 버렸다.

다음 교령회에서 그 스카프를 몸에 두르고 출현한 요랜드는, 돌려달라는 출석자의 요구를 무시하고 스카프를 내놓지 않았다. 그때도 요랜드는 20명이나 되는 목격자들 앞에서 안개 속으로 녹아들듯 사라졌다. 어찌된 셈인지 스카프만이 마룻바닥 위에 남아 있었다. 출석자들이,

'그렇지, 요랜드가 스카프를 잊고 간 거야.'

라고 생각한 순간, 스카프도 요랜드와 마찬가지로 안개 속으로 서서히 사라져 갔다.

디스페랜스 부인은 영국의 초기 물리 영매(物理靈媒) 중 한 사람으로서 물질화령의 출현이 속임수에 의한 것이 아님을 증명하고자 하는 연구자들에게 기꺼이 협력하고 사진 촬영을 승낙한 일까지 있었다.

1880년 뉴캐슬에서 있었던 교령회에서 생각이 모자라는 한 출석자가 '프렌치 레디'로 알려진 물질화령에 의문을 품고 영(靈)을 잡으려고 했다. 영은 곧 사라지고 말았는데 디스페랜스 부인은 그 폭동(暴動)에 의해서 폐(肺)에 출혈(出血)이 있었고 그로부터 오랫동안 몸이 아프다는 호소를 했다. 똑같은 사건은 그 후에도 두 번이나 발생했다. 그러나 디스페랜스 부인의 불가사의한 물질화 현상이 속임수라고 하는 자는 아무도 없었다.

허가 없이 물질화령에 손을 댄다든가 교령회 안에 불을 켜거나 하면 유자(幽姿)를 형성하고 있는 '엑토플라즘'이 굉장한 속도로 영매의 몸으로 돌아가고자 하기 때문에 영매의 심신(心身)에 많은 손상을 가져다 준다. 그러므로 굉장히 위험한 것이다.

한편 물질화 현상이 백일하에서 일어났었던 사례도 몇 가지 보고되어 있는데 디스페랜스 부인도 성공했다.

영국 수상(首相)도 감명을 받은 윌리엄 에그린튼

런던의 영매인 윌리엄 에그린튼의 공적은 수많은 회의주의자들을 납득시킨 일이다. 유명한 기술사(奇術師)인 해리 켈러는 그의 교령회에 출석한 다음 감격한 나머지 다음과 같은 말을 했다.

"나는 목격한 현상이 전혀 설명할 수 없다는 결론에 도달한 것을 인정하지 않을 수 없다. 이 영력(靈力)은 분명히 진짜이다."

그 교령회에서는 놀랍게도 켈러와 에그린튼 등 두 사람이 공중에 부

▲디스페렌스 부인의 지도령(指導靈)인 15세의 아랍인 소녀 요랜드의 물질화상.

◀엘리자베스 디스페렌스.

양(浮揚)했던 것이다.

에그린튼의 교령회에 정기적으로 출현하는 지배령 중 한 사람인 애프드 우라는 한쪽 팔에 재산이 될 만한 루비 목걸이와 십자가, 반지, 보석 등을 몸에 지니고 있었다. 또 다른 교령회에서는 수염을 기르고 장의(長衣)를 입은 사나이가 물질화되어 한 출석자에게 옷과 수염을 조금씩 떼어 보라고 한 적도 있었다.

에그린튼은 그 후에도 변함없이 교령회를 열었고 수많은 저명인사에게 감명을 주어 왔는데 후에 그는 '석판필기능력(石板筆記能力)'을 개발했다.

질문받은 영이 그 해답을 작은 검정색 석판에 쓰는 아주 놀라운 현상이다. 1884년 10월 29일, 영국 수상 윌리엄 글래드스턴이 에그린튼을 방문하여 스페인어, 그리스어, 프랑스어로 극비(極秘)의 질문을 썼다. 그 질문에 대한 각 해답이 각국의 언어로 쓰여졌다. 이 현상에 깊은 감명을 받은 수상은 후에 영국 심령연구협회에 가입을 할 정도였다.

그러나 한편으로는 부정적인 사람도 있었다. 에그린튼의 속임수를 발견했다고 주장한 사람이 있었다. 그러나 아이러니하게도 그는 회의주의자가 아니라 스토크톤의 사제(司祭)이며 나탈(당시 영국의 식민지였던 남아프리카의 한 지방)의 대집사(大執事 : 기독교에서의 主教, 司祭보다 서열이 낮은 제3위의 聖職)인 토머스 코리였다.

그는 열성적인 심령 연구가로서 특히 프란시스 워드 맨크라고 하는 영국의 물질화 영매의 열렬한 지지자였다. 본디 세례파의 목사였다가 후에 직업 영매자가 된 맨크는 사기 행위로 고소를 당한데다 1876년 11월, 핫더즈필드의 교령회 종료 후 자실(自室)에서 발견된 '소도구'를 증거로 3개월간의 금고형에 처해졌었다. 그러나 그 당시 남아프리카에 가 있던 코리 대집사는 어디까지나 맨크가 지닌 능력의 진실성을

▲ 런던의 영매(靈媒) 윌리엄 에그린튼.

◀ 1880년대 그의 교령회에서 물질화된 두 개의 영(靈)을 프랑스의 화가인 티소우가 멋지게 그려냈다. 이 두 개의 물질화령은 아직 수의를 입고 있다.

강력히 주장했다.

물질화 현상의 난점(難點)은 그 진실성을 증명하는 형태의 증거가 남겨지지 않는다는 것이다. 그래서 심령연구가인 윌리엄 오크스리는 맨크의 물질화령의 존재를 '기록'하는 방법을 제안했다. 물질화령의 손과 발의 '양초 형(型)'을 뜨려는 것이다. 그러나 1876년 맨체스터의 교령회에서 뜬 양초 형(型)은 불완전한 것이었다.

완전한 수족(手足)의 양초 형(型)은 그 후 크루스키가 멋진 모양으로 떠내는 데 성공했다.

물질화령에게 물건을 사러 보낸 조지 스프릭스

영국 커디프의 구두 수선공인 조지 스프릭스에 의한 물질화 현상은 너무나도 멋진 것이어서 오히려 그 진실성을 의심받을 정도였다. 그러나 그의 교령회에서는 속임수에 대비한 예비지식을 충분히 가진 사람들로부터 이 현상들을 목격한 증언이 있었다.

스프릭스의 초상능력(超常能力)은 1870년대 후반 웨일스의 스피리츄얼리스트 회합에서 개발되었다. 처음에는 투시 능력과 자동서기가 중심이었는데 이윽고 전신의 물질화 현상을 일으키게 되자 그 정점(頂點)을 맞이했다.

1880년 11월, 그는 그 능력을 가지고 오스트레일리아로 이주했다. 오스트레일리아의 저명인사, 즉 빅토리아주 하원의원이었던 도노반은 18개월 동안 스프릭스의 교령회에 출석하여, 스프릭스의 물질화 현상에 감명받았는데 그 체험으로 저서 《스피리츄얼리즘의 증거》를 출판할 정도였다.

오스트레일리아에서 있는 스프릭스의 교령회에서 실로 놀라운 현상이 일어났다. 그전에 두 번쯤 교령회를 방문한 적이 있는 시드니의 여성에게 편지를 쓰고 싶다는 말을 했던 것이다.

그는 종이나 펜을 받아들더니 3페이지나 되는 편지를 썼고 봉투에 넣은 다음 수신인인 시드니 여성의 주소 성명을 썼다. 그러나 우표를 가지고 있는 사람이 없었다. 그러자 영(靈)은 출석자 중 한 사람으로부터 6펜스를 빌려 가지고 교령회가 열리는 방에서 나갔다. 그리고 옆집 가게로 우표를 사러 갔던 것이다.

유령이 우표를 사러 간다는 말을 듣자 가게 주인은 겁을 먹고 당황하여 영에게 거스름돈 주는 것을 잊어버렸다. 영은 교령회 방으로 돌아온 후에서야 거스름돈을 안 받았다는 사실을 알아차리고 얼른 가게로 다시 갔다. 가게 집 주인은 기절할 만큼 놀라서 당황했다. 그는 거스름돈을 준 다음 가게 문을 닫고 그냥 잠자리로 들어갈 정도였다.

편지는 우체통에 넣어졌고 마침내 답장이 왔다. 그 답장은 다음번 교령회에서 스프릭스가 다시 그 영을 물질화시키기를 기다렸다가 개봉되었고 그 내용이 공개되었다.

스프릭스의 물질화 능력은 그로부터 6년 후에 소실되었으며 그 대신 심령 진단능력이 몸에 붙었다. 그는 1900년 영국으로 돌아왔고 1903년부터 1905년에 걸쳐 런던 스피리츄얼리스트 동맹 본부에서 무료로 의료상담을 하였다.

영의(靈醫)를 물질화시켜서 치료케 한 아이사 노사지

이탈리아의 영능력자인 아이사 노사지의 교령회에서는 의학(醫學)이 중요한 역할을 하고 있다. 그녀의 물질화 현상은 아마도 지난날 기록되어 있는 것들 중에서도 가장 경이적인 것이라고 할 수 있으리라.

그녀는 1940년대에 이미 소문난 영매로서 각 지역의 교회를 방문하여 애포트 현상, 직접 담화, 물질화 현상 등의 공개 실연을 했다. 그러나 특히 요청을 받았던 것은 그녀의 지배령 중 한 사람인 영의(靈醫) 레놀즈 박사의 심령치료였는데, 후에는 그의 치료 활동을 위해 노

산발란드의 유스테드 아베이의 부지 안에 특별히 교회가 세워질 정도였다. 이윽고 그녀의 영능력은 더욱 강해져서 물질화된 레놀즈 박사가 스스로 환자에게 '무혈(無血)' 수술을 하기에까지 이르렀다.

다음의 한 구절은 아이사 노사지의 영매능력을 다룬, 영국의 공군 대령 G.S.M. 인서르의 저서 《정해진 길》에서 인용한 것이다.

우리는 방을 정돈하고 레놀즈 박사와 일을 할 때면 늘 그렇게 했듯이 하얀 옷과 마스크를 몸에 착용했다. 제1차 세계대전 때 비행기 파일럿이 되기 이전, 최신식 프랑스 병원에서 연구를 했었기 때문에 그것은 나에게 있어 새로운 일이 아니었다. 두 명의 환자가 들어왔다(두 사람 모두 헤르니아에 걸려 있었다). 다른 질병이 병발한 첫 번째 환자가 발가벗고 수술대 위에 누웠다. 또 한 사람은 가까이에 있는 의자에 앉았다. 왜건(손수레)이 있었으며 나는 그 위에 있는 기구를 체크했다. 핀셋, 탈지면, 트레이, 대야가 있었다. 그러나 놀랍게도 붕대를 자르는 가위말고는 칼 종류는 하나도 없었다. 작고 하얀 펜슬라이터는 있었다.

나는 비상구를 조사하고 자물쇠도 조사했다. 자물쇠가 잠겨져 있고 안쪽에서 빗장이 걸려 있다는 점, 문턱에는 매트가 놓여 있어서 틈을 막고 있다는 점 등을 확인했다. 교회로 통하는 안쪽 문을 잠그려고 했을 때 영매가 아직 나타나지 않았음을 알았다. 문을 다시 한 번 열자 노사지가 들어왔다. 불이 꺼지고 누군가가 기도하기 시작했다. 그녀는 평소와 마찬가지로 의자에 앉았다. 의자 양쪽에는 커튼이 쳐졌다.

기도가 끝나자마자 트럼펫 소리가 울려 퍼졌고 레놀즈 박사의 귀에 익은 목소리가 우리들 전원에게 인사를 했다. 그 목소리는 이어서 환자를 안심시키고 지시를 내리기 시작했다. 나는 트레이에 탈

◀▼어느 물리 영매의 체험을 근거로 한 물체화 현상의 3단계. 영매의 명치 부근으로부터 나오는 것으로 보이는 안개 모양의 것이 확실한 형태를 형성해 나간다. 그것은 물체(어포츠인 경우)·동물·인간 등의 모양을 이루기는 하지만 항상 마지막에는 해체된다.

지면을 모으는 역할을 명령받고 수술대 쪽으로 걸어갔다.

트럼펫 소리가 조용해지더니 돌연 박사가 수술대 저쪽에서 물질화되었다. 그는 작은 체격이다. 노사지는 깊은 트랜스 상태에 빠져 있었다.

레놀즈 박사는 우선 핀셋과 소독약에 담근 탈지면을 집어들었고 환부에 칠했다. 헤르니아는 배꼽 근처였다. 나는 트레이에 그 탈지면을 받아들었다. 그리고 내가 보는 앞에서 환자의 몸 위에 놓여진 박사의 손이 그 속을 파고들었고 거의 안 보이게 되었다. 그는 손을 뻗어 핀셋과 탈지면을 들어 올렸다. 나는 모두 합쳐 여덟 개의 더러워진 탈지면을 받았다.

물질화된 영의(靈醫)는 환자의 기분이 좋아진 것을 확인하고—그는 전혀 고통을 느끼고 있지 않았다—펜슬라이터로 환부를 조사했다. 상처도 상흔도 보이지 않았다. 레놀즈 박사는 그로부터 다음 수술을 할 때까지 휴식을 취하고 싶다고 말했으며, 이어서 비물질화되었던 것이다.

실로 어마어마한 내용이 있는 모습 그대로 구체적으로 기록되어 있다. 아이사 노사지도 또한 진실로 영(靈)의 물질화에 성공했었던 위대한 영매 중 한 사람이다.

불가사의한 외과의(外科醫) 아리고

남아메리카 브라질에 탁월한 기술을 가진 한 명의 심령수술사(心靈手術師)가 있었다. 그 사나이의 이름은 호세 아리고! '영(靈)의 인도함'을 따라 빈사 상태인 사람을 녹이 슨 나이프 한 개로 수술하고 치료한 사나이의 피란만장했던 생애를 추적해 본다.

빈사 상태인 부인을 나이프로 수술

죽음 직전에 있는 부인에게 종유(終油)의 비적(祕跡 : 카톨릭교의 비적 중 하나. 신자의 임종 때 육체의 고통을 없애 주고 심신에 위안을 주기 위해 몸에 향유를 바르는 의식)을 하기 위해 사제(司祭)가 도착했다. 황혼에 호응하듯 양초에 불이 켜졌고 육친과 친구들은 침대 곁으로 모여들었다. 금방 숨이 넘어갈 듯, 가쁜 숨을 몰아쉬는 환자로 인해 침통한 공기가 실내에 흐르고 있었으며 슬픔에 잠긴 표정을 짓고 있는 사람들은 눈시울을 적시고 있었다. 그녀는 자궁암(子宮癌)이었다. 사제는 종유 의식을 끝마쳤다.

이제 부인의 생명을 구해낼 길은 없었다. 부인의 생명은 금방이라도 끊어지려 하고 있었다. 브라질의 시골 마을 콩고냐스 드 캄보에서 있었던 일이다.

그때다. 갑자기 방안에 있던 사람 중 한 사나이가 달려 나가더니 부엌에서 커다란 나이프를 들고 들어왔다. 사나이는 주위에 있던 사람들에게 뒤로 물러나라고 말한 다음 중환자가 덮고 있던 모포를 젖혔다. 그리고 손에 들고 나이프를 부인의 질(膣) 속에 넣는 것이었다.

그는 칼을 몇 번이나 난폭하게 휘젓더니 빼내고 이번에는 손을 집어

넣었다.

빼낸 그의 손에는 그레이프프루트 정도의 종양(腫瘍)덩어리가 쥐어 있었다. 사나이는 다시 부엌으로 가서 설거지통에 나이프와 종양덩어리를 놓자 그 옆에 있던 의자에 지친 듯 주저앉아서 흐느껴 울기 시작했다.

주변에 있던 사람들은 그 사이에 포승에 묶여 있듯 그 모습을 지켜보고 있을 뿐이었다. 한 마디 말도 없이 주먹을 꼭 쥔 채 사나이가 수술하는 장면에 눈길을 빼앗기고 있었던 것이다.

제정신을 차린 친척 중 한 사람이 의사에게로 달려갔다. 이윽고 의사가 서둘러 쫓아왔다. 환자는 침착하게 있었다. 조금 전까지 죽은 사람처럼 창백했던 얼굴에는 핏기가 돌았고 아무런 고통도 느끼지 않는 것 같았다. 의사는 '수술'에 의한 출혈도 없고 그 밖에도 나쁜 영향은 없노라고 말했다. 전후 사정 이야기를 일부나마 들은 의사는 부엌에 가서 설거지통에 있는 종양덩어리를 조사했다. 분명 자궁암 같았다.

이 기이하고 기적적인 사건은 당사자인 두 사람의 인생을 완전히 바꾸어 놓았다.

부인은 죽기 직전에 다시 살아났고 건강을 완전히 회복했으며 그 후 행복한 여생을 보냈다.

'수술'을 했던 사나이인 호세 아리고는 부인을 수술했던 일을 전혀 기억하지 못했는데 그 후 심령수술의 의사가 되어 일생을 보내게 된다.

아리고의 소문은 이 입에서 저 입으로 전해졌다. 그러자 의사가 포기한 환자들이 모두 아리고를 찾아오게 되었다. 이렇게 해서 아리고는 아주 자연스럽게 심령수술사가 되었다.

그렇기는 했지만 그는 갑작스럽게 심령능력을 몸에 익힌 것은 아니다. 소년시절에 기묘한 빛과 불가사의한 목소리를 접한 이후 서서히 스스로 영능력을 감지했었던 것이다.

명의(名醫)의 영(靈)이 붙어 있었다

아리고의 진료소는 아침 7시에 문을 연다. 언제나 2백 명에 이르는 사람들이 줄지어 기다리고 있었다. 아리고는 환자를 대할 때, 트랜스 상태에 빠지고 독일어 방언(方言)으로 이야기한다. 이것은 1918년에 죽은 독일인 아돌파스 프리츠 박사가 아리고를 통해 수술을 하고 있기 때문이다.

아리고는 환자를 벽에 붙여서 세워 놓고 소독도 하지 않은 나이프로 수술한 다음, 입고 있는 자기 옷에 그 나이프를 문지르는 식으로 재빠르며 거칠은 치료를 했다. 그런데도 환자들은 통증이나 공포를 느끼지 않았었다고 한다. 피도 거의 나오지 않았으며 상처는 금방 아물어서 며칠 후에는 완치되곤 했다.

아리고는 어느 환자나 다 수술을 했던 것은 아니다. 환자를 바라보기만 할 뿐 아무 질문도 하지 않고 진단을 했으며 약을 재빠르게 처방하여 적어 주는 것이다. 처방한 약은 대개 굴지의 제약회사 것으로서 잘 알려진 약이었다. 그러나 복용량과 약을 섞는 비율은, 종래의 의약 상식으로는 이해되지 않는 것이었다. 더구나 효과는 아주 좋아서 그 약을 먹는 사람은 거의 다 치유되었다.

1950년대로부터 1960년대에 걸쳐 아리고는 브라질의 국가적 영웅이었으며 그의 기적적 치료의 최신 기사가 신문에 보도되지 않는 날은 하루도 없었다. 그것을 읽고 브라질뿐 아니라 세계 각지에서 환자가 아리고에게로 몰려왔다.

그 무렵 아리고에게 깊은 흥미를 가진 인물이 있었다. 초상현상(超常現象) 연구가로 이름이 높은 뉴욕의 안드리아 프하리치다. 프하리치는 아리고에게 깊은 관심을 기울이다가, 의사단(醫師團)을 이끌고 아리고의 심령수술을 조사하기 위해 브라질로 날아왔다. 그는 아리고의 수술 장면을 보는 것만이 아니라 필름에 담기 위해 카메라를 준비해 왔다. 프하리치는 그때의 일을 다음과 같이 이야기하고 있다.

"사람들은 차례대로 나왔습니다. 모두가 병든 환자였지요. 큰 갑상종양(甲狀腫瘍)을 앓고 있는 환자가 있었습니다. 아리고는 작은 과도(果刃)를 손에 들자 종양을 떼내어 환자의 손 위에 놓았지요. 그리고 더러운 천으로 절개한 부위를 닦았으며 환자는 돌아갔습니다. 피는 거의 나오지 않았습니다."

프하리치는 그 자신이 아리고의 환자가 되어 심령수술을 받는 기회를 얻었다. 마침 팔에 커다란 양성종양(良性腫瘍)이 나 있었으므로 그것을 떼어 달라고 아리고에게 부탁했다. 그 순간 아리고는 조금도 주저하는 일 없이 프하리치의 팔을 잡더니, 나이프를 들고 아주 빠르게 수술을 끝냈다. 통증은 조금도 없었으며 문자 그대로 눈 깜짝할 사이에 종양은 흔적도 없이 사라졌다. 프하리치는 깊은 감동과 함께, 떼어낸 종양과 수술하는 모습을 찍은 필름을 가지고 의사단과 함께 미국으로 돌아왔다.

무자격 진료라 하여 투옥되다

아리고는 의사로서는 무자격이었다. 그로 인하여 마침내 1956년 아리고는 무자격 의료행위로 고발당했다. 그 사람 덕택으로 중증 질환을 고쳤다며 수많은 사람들이 자진하여 증언을 했지만, 그것이 오히려 경찰측에게는 유리한 증거가 되고 말았다. 공소(控訴) 이후 8개월 감형이 되었는데 아리고는 실형을 받게 되었고 벌금도 물게 되었다. 그러나 투옥되기 직전 쿠비체크 대통령의 특사로 겨우 수난을 면하게 되었다.

8년 후 아리고는 또다시 고발당했다. 쿠비체크는 이미 대통령 자리

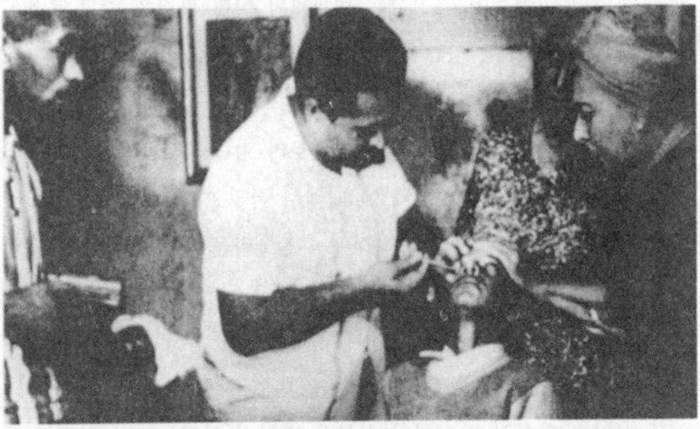

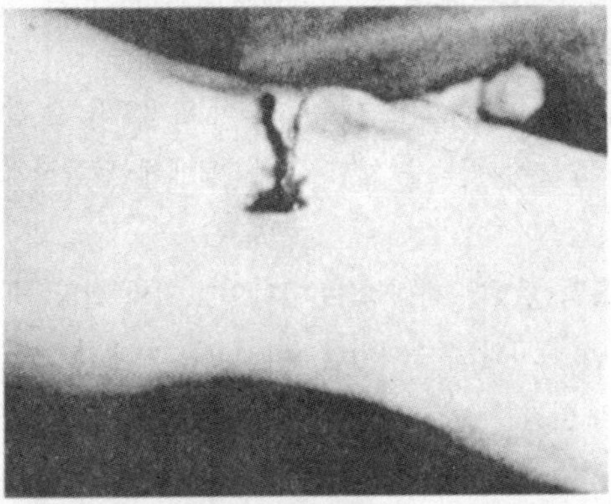

▲아리고가 거실에서 어려운 수술을 하고 있는 장면.
◀초상현상 연구가인 안드리아 프하리치가 자기 팔에 나 있던 양성종양(良性腫瘍)을 제거해 달라고 아리고에게 부탁하자, 그는 팔을 깊숙이 도려내고 종양을 절제했다.

◀프하리치의 수술에서 아리고가 사용한 소독하지 않은 나이프. 그의 수술은 비위생적인 도구류와 간단한 조명을 사용했으며 마취도 전혀 하지 않았는데 환자들은 통증도 두려움도 느끼지 않았다고 한다.

에서 물러나 있었으며 아리고는 16개월의 실형 판결을 받고 투옥되었다. 7개월 후에 공소 미결인 채 석방되었는데 결국 1965년, 다시 2개월간 복역했다.

아리고의 공소를 담당했던 사람은 로마 카톨릭 교도인 필리페 이메지 재판관이었다. 그는 아리고에 대해서 거의 아는 것이 없었다. 그러나 이 사건을 조사해 나감에 따라서, 이 놀라운 심령수술을 자기 눈으로 보지 않고는 판결내리기가 어려울 것으로 생각했다. 그렇게 생각되자 그대로 있을 수 없어서, 이메지 재판관은 검사 자리에 있던 친구를 데리고 예고 없이 콩고냐스 드 캄보를 방문했다.

두 사람은 당연한 일이지만 신분을 밝히지 않았는데 아리고는 그들이 재판 관계자임을 금방 알아차리고 수술하는 자리 바로 옆에서 구경할 것을 권했다. 아리고는 자신이 하고 있는 수술이 위법임을 잘 알고 있었다. 그러나 가짜 수술이 아님을 재판 관계자들에게 납득시키고 싶었던 것이다.

두 사람이 처음에 목격한 것은 백내장(白內障)으로 거의 실명(失明)에 가까운 상태에 있던 환자의 수술이었다. 아리고는 이메지 재판관에게 수술 도중 환자의 머리를 누르고 있어 달라는 부탁을 했다. 너무 뜻밖의 요청에 이메지 재판관은 깜짝 놀랐다. 그리고 구역질이 날 것 같은 것을 참기로 했다. 심령수술하는 것을 가까운 곳에서 볼 수 있는 절호의 찬스였기 때문이다.

"그가 손톱 깎는 가위 비슷한 것을 손으로 집는 것이 보였습니다. 자신이 입고 있던 스포츠 셔츠로 그것을 문질러서 닦자, 소독도 안 하고 환자의 각막(角膜)에 그대로 찔러 넣는 것이었습니다. 환자는 의식이 분명했는데 안색 하나 변하지 않더군요. 불과 몇 초 안에 각막이 떼어내졌습니다. 검사 친구와 나는 너무 놀란 나머지 말도 못하고 그냥 서 있을 뿐이었지요. 그런 다음 아리고는 무명 조각을 집어 들고 기도하듯 중얼거렸습니다. 그러자 돌연 몇 방울의 액체가 그 천 위에 나타났는데 아리고는 그것으로 환자의 눈을 문질러 주더군요. 우리는 모든 일을 아주 가까운 거리에서 보았습니다. 그 여성 환자는 이미 완쾌되어 있었습니다."

라고 이메지 재판관은 말했다.

이메지 재판관은 실제로 수술하는 장면을 가까이에서 보고, 아리고는 과학적 연구의 대상이 될 수 있는 아주 놀라운 인물임을 확신했다. 그러나 법률을 굽힐 수는 없었다. 아리고가 심령수술로 남을 돕고 있다 하더라도 그 행위는 위법이며 처벌하지 않으면 안 된다. 이메지 재판관은 감형시킬 수 있는 여러 가지 재료를 찾아내어 불과 2개월의 실형을 선고했을 뿐이다.

최고재판소는 아리고에 대한 상고(上告)를 받아들였다.

1965년 11월 8일 아리고는 석방되었다.

자신의 죽음을 며칠 전에 예지(豫知)

저명한 의사인 렉스 박사도 이메지 재판관과 마찬가지로 수술중인 환자의 머리를 누르고 있으면서 아리고의 수술 장면을 목격했던 사람 중 하나이다. 렉스 박사는 한 시간 반 동안 네 번의 수술 장면을 보고 압도당했다. 아리고가 하는 수술은 보통 과학상식으로는 도저히 설명할 수가 없었다. 그러나 환자는 실제로 치유되고 있었다. 또 렉스 박사는 아리고가 하는 약의 처방에 대해서 불만을 가지고 있었다.

"도저히 적절한 처방이라고는 할 수 없습니다. 몇 가지 약은 이미 시대에 뒤떨어져 있는 것이었는데 아리고가 처방한다는 이유로 지금까지 제조되고 있답니다."

라고 렉스 박사는 말했다. 그러나 아리고의 처방은 언뜻 보기에 시시한 것 같지만 절대적인 효과를 나타내고 있었다.

암(癌)이 온몸에 퍼져 있는 폴란드의 젊은 여성인 경우도 그러했다. 그녀는 처음 장(腸)이 안 좋은 것 같아서 상파울루의 진료소를 찾았었다. 그때 암이란 사실이 밝혀졌다. 악성종양(惡性腫瘍)이 횡행결장(橫行結腸)을 뒤덮고 있음을 알아냈고 인공 항문(人工肛門)을 만들어서 끼웠다. 그 후 악화되어 중앙 암연구병원에 입원했는데 암은 그녀의 몸 구석구석까지 마수를 뻗히고 있었으며 도저히 치료가 불가능하다는 것이었다.

체중은 반으로 줄었고 안색은 사색으로 변했다. 그녀의 남편은 필사적으로 그녀를 구해 달라며, 친구인 주립심장연구소(州立心臟硏究所)의 엑스레이 전문가 호세 오르텐시아 데 마딜로 박사에게 매달리며 울부짖었다.

마딜로 박사는 최후의 수단으로 그녀를 아리고에게 맡기기로 했다. 콩고냐스 드 캄보로 가는 길은 절망 가운데에서도 한 가닥 희망을 걸어 보는 아주 괴로운 여행이었다. 세 사람은 고생 끝에 겨우 아리고의 진료소에 도착했다.

죽음 직전에 있는 환자의 남편은 오스트리아인이었으므로 프리치 박사(아리고)와 독일어로 대화했다. 용태에 대해서 질문한 아리고는 중환자를 한번 힐끗 보고,

"이것을 마시면 좋아질 것입니다."

라며 약을 처방했다.

상파울루로 돌아가는 길은 역시 괴로웠지만 그래도 무언가 미래에 광명을 느끼게 하는 여행이기도 했다. 상파울루에 도착하자 그녀는 1주일도 채 안 되어 회복되는 기미가 보이기 시작했다. 그리고 6주일 후에는 체중이 원상 상태로 돌아왔다. 물론 식욕도 좋았으며 안색도 붉은 기를 띠었다.

다시 아리고를 찾아가자,

"이제 위기는 넘겼습니다. 아무 걱정 마십시오."
라며 다시 두 가지 약을 처방해 주었다.

세 번째 방문하자 아리고는 그녀에게 이제는 완치되었다며 인공 항문을 떼어내도 아무 이상이 없을 것이라고 했다. 상파울루에서 인공 항문 장치를 제거하는 수술이 시작되었고 복부를 열어 보니 암은 그림자도 찾아볼 수 없음을 외과 의사들은 확인했다.

1971년 1월, 아리고는 자동차 사고로 사망했다. 사고가 있기 며칠 전, 그는 친구들에게 이제는 못 만날 것이라고 말했다는 것이다.

이제는 그의 심령수술의 비밀을 해명할 길이 없다. 아리고 자신은 예수 그리스도와 프리치 박사를 믿는다는 것 외에 아무런 설명도 하지 않았다. 그러나 그의 수술로 치유된 사람이 많이 있었다는 사실은 지금도 여전히 남아있다.

원격(遠隔) 치료의 비밀을 캔다

존 케인의 심령치료는 최면요법이라든가 집단 히스테리를 이용한다는 비난을 받고 있으면서도 세계적으로 높이 평가되고 있다. 그 특징인 원격 치료와 집단 치료의 테크닉은 무엇일까?

치료 불가능한 환자를 구해내라!

"몸의 이곳 저곳 근육이 약해졌고 마비되어 움직일 수 없게 되었습니다. 똑바로 설 수도 없고 등을 구부릴 수도 없으며 엎어진 자세에서 일어날 수도 없습니다."

다발성경화증(多發性硬化症)으로 고생하는 발레리 우딩의 몸은 날로 쇠약해졌다. 치유 불가능이며 효과적인 약도 없다고 말한 의사는 끝내 발레리 우딩을 포기했다. 발레리에게는 고통 속에 몸을 던지는 날만이 남아 있을 뿐이었다. 이 발레리를 실로 지옥의 바닥에서 구해낸 것은 존 케인의 심령치료였다.

"처음 치료를 받기 직전에는 다소 신경이 흥분되어 있었습니다. 어차피 고칠 수 없다는 포기상태나 비슷한 생각, 그래도 역시 조금은 기대를 가지고 있었지요. 그런데 케인 씨의 치료가 시작되자 어쩐지 꿈속에서 붕 떠 있는 듯하고 아주 편안함을 느꼈습니다. 의식이 없어진 것은 아니었습니다. 자신의 눈이 떠 있다는 것은 잘 알 수 있었습니다.

그리고 상쾌하고 편안함과 비슷한 의식이, 나와 같은 몸으로는 도저히 할 수 없고 요가·발레볼·유도·물구나무서기 등을 차례로 해내는 나 자신의 모습을 보고 있었던 것입니다."

발레리 우딩은 의사도 포기했던 몸이 케인의 심령치료로 얼마나 자유로운 움직임을 되찾을 수 있었는지를 이처럼 이야기해 주었다.

발레리 우딩은 오늘도 또 영국 머시사이드주 사우스포트에서 하는 집단치료에 참가한다. 홀 중앙에서는 각기 질병으로 고통받고 있는 환자들이 집단치료를 받고 있다. 그들은 아무 고통도 없이 물구나무서기, 요가의 포즈, 그리고 격렬한 굴신운동(屈伸運動)을 반복하고 있다. 때마침 홀 바닥을 맹렬한 힘으로 재주넘는 자가 있었다. 머리가 바닥에 부딪치는 쾅 소리가 홀에 울려 퍼진다. 아프지 않을까? 상처는 나지 않을까? 이상한 일은 다른 환자와 부딪치거나 상처를 입는 사람이 없다. 50명이나 되는 환자들이 한꺼번에 움직이고 있는데도 말이다.

원격 치료에서 대리(代理) 치료로

리버풀에서 태어난 케인은 어렸을 때부터 자기가 불가사의한 치료능력을 가지고 있다는 사실을 알고 있었다. 두통으로 고생하는 어머니에게 진심에서 우러나오는 동정의 마음으로 이야기를 하고 손을 얹으면 두통이 낫는 것이다. 그러나 그 무렵에는 아직 친구들과 복싱·유도·요가·댄스 등, 왁자지껄하게 떠드는 것이 좋기만 해서 그 방면으로는 마음이 향하지 않았다.

1960년 케인의 나이 20세일 때, 여러 가지 직업을 전전하던 경험을 살려 머시사이드주 보라시에서 대장간을 시작했다. 이 사업이 잘 되어서 약 10년 후에는 연수(年收) 약 1억 원을 벌어들이게 되었다. 부(富)를 상징하는 롤스로이스를 타고 다니며 케인은 득의양양했다. 그러나 남모르게 계속해 오던 심령치료에 조금씩 흥미를 불러일으키게 되었다.

1971년 마침내 케인은 결단을 내렸다. 자신의 길은 심령치료에 한

평생을 바치는 일이라고—. 여러 모로 고민하던 끝에 내린 결론이었지만 일단 결단을 내리자 케인의 행동은 재빨랐다. 그때까지 고생 끝에 쌓아올린 사업도 과감히 동생에게 물려주고 심령치료가로서, 바다와도 같고 산과도 같은 미지의 세계로 한 발짝 내디뎠다.

1973년 이때까지 손바닥 치료를 해 오던 케인에게 첫번째 전기(轉機)가 찾아왔다. 환자는 자궁(子宮)을 절제한 젊은 여성이었다. 절제한 후 의사도 못 알아차릴 만큼 고통당하고 있었던 것이다. 케인은 평소대로 손바닥을 환자에게 댔다. 그 순간 돌연 케인도 환자도 트랜스 상태에 빠져들었는데 그러는 동안 환자인 여성은 허리로부터 뒤쪽이 빠지는 듯한 병세(病勢)인 사람으로서는 상상도 할 수 없는 동작을 반복했던 것이다. 이윽고 이런 일이 있은 다음 케인은 환자의 의식을 변화시키고 트랜스 상태에 의한 치료를 도입하게 되었다.

제2의 전기(轉機)는 원격 치료라고도 할 수 있는, 멀리 떨어져 있는 환자도 치료할 수 있음을 깨닫게 된 일이다. 이 일은 실로 뜻밖의 경위에 의해서였다. 때마침 케인의 사진을 보고 있던 사람이 순간적으로 의자에 쓰러졌고 깊은 최면 상태에 빠져든 것이다. 물론 사진을 본 사람 모두가 트랜스 상태에 빠져드는 것은 아니다. 그러나 어떤 사람에게는 분명히 적용되었다.

그 일에 더하여 놀라운 일이 판명되었다. 케인의 평판을 들은 환자들이 날로 불어나자 직접 치료를 하는 것은 케인으로서 어렵게 되었다. 그래서 케인은 조수 한 사람에게 자기와 똑같은 의식(意識)을 가르친 다음 환자에게 시험해 보았다. 그러자 조수의 치료에도 환자는 반응을 나타냈고 마침내 트랜스 상태에 빠져드는 것이었다. 케인 대신 환자의 육친이라든가 친구에게 치료를 대행시킬 수 있다는 결론이었다.

매일 케인을 찾아오는 환자는 1백 명이나 되었다. 그리고 치료 집회

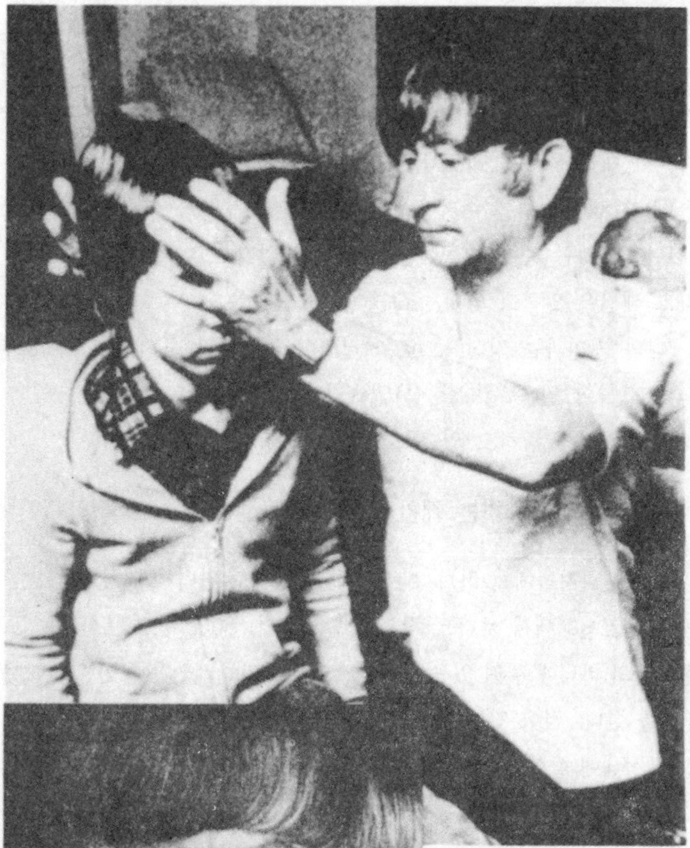

▲아이를 치료중인 케인. 그는 환자의 의식상태를 변화시키는데, 똑같은 상태가 그의 사진을 보기만 해도 일어난다는 것을 알았다.

◀존 케인. 그의 심령치료 능력은 세계적인 평가를 받고 있다. 여러 난치병으로 괴로워하는 사람들을 구해냈던 것이다.

에는 그 몇 배나 되는 사람들이 병을 고치려고 모여들었다. 케인 혼자서는 도저히 직접 치료를 할 수 있는 환자의 수가 아니었다. 그래서 진료소에서도 집회장에서도 환자였던 사람이 치유를 받고 조수도 일하면서 대리 치료를 하도록 했다.

"내가 치료 허가를 주기만 하면 그것을 할 수 있는 것입니다. 그러나 치료하는 중에 그들에게는 의식이 없지요."

라고 케인은 말하고 있다. 조수 중 한 사람은,

"나와 케인과는 정신적으로 연결되어 있습니다. 그렇게 생각하지 않으면 이 일은 설명할 수 없습니다."

라며 솔직하게 말하고 있다.

집단치료에 도전하는 케인

케인이 환자들에게 직접 치료를 하지 않아도 완벽하게 치료되는 능력은 치료집회에서 보다 극적으로 발휘된다. 50명 정도의 환자는 홀 한복판의 바닥에 깔려 있는 매트리스에 앉는다. 케인은 우선 '조사(照射)'를 한다. 앉아 있는 환자들 앞에서 무릎을 꿇고 서서히 가벼운 트랜스 상태에 들어가고 팔(케인에 의하면 납덩어리처럼 무겁게 느껴진다고 한다)을 펼친다. 10초가 채 되기 전에 홀에 있는 환자들 모두가 '조사(照射)'를 받고 트랜스 상태가 된다.

"태양신경총(太陽神經叢 : 下腹部)에 전파(電波)와 같은 것이 움직이는 것을 느끼고 그것이 차츰 온몸에 퍼져 가는 것입니다. 아프거나 가려운 일은 전혀 없습니다. 치료받는 도중 내내 나는 눈을 감고 있는데 자신의 몸에서 일어나고 있는 일은 확실히 알 수 없지만 몸을 조금도 움직일 수 없답니다."

'조사'에 대해서 한 환자는 이렇게 설명했다. 이것은 환자들이 이구동성으로 하는 말이다. 평균 약 30분 가량 트랜스 상태는 계속된다.

▲치료 집회. 다수의 환자에게 대처하기 위하여 케인은 조수를 고용하고 있다.

◀발레리 우딩. 다발성 경화증(多發性硬化症)인데 케인의 치료에 의해 질병을 극복할 수 있다고 확신하고 있다.

그 중에는 어느 암 환자처럼 2시간이나 트랜스 상태로 있는 경우도 있는데, 일어나고 싶어도 전혀 움직일 수 없는 사람도 있는 것 같다.

수많은 연구가, 의사, 그리고 케인 자신이 케인의 치료에 대한 해명을 시도했으나 지금까지 그 대부분이 수수께끼로 남아 있다. 케인의 치료법을 인정하지 않는 일부 사람들은 '집단 히스테리'라든가 '최면술'이라고 주장한다.

그러나 버밍엄 공예대학(工藝大學)의 강사이며 정신치료학의 전문가인 마르콤 휴즈 박사는 실제로 케인의 치료 집회를 보았다. 그곳에서 휴즈 박사는 참가했던 환자에게 질문을 했고 세세하게 조사했다.

"전원이 혼수상태에 빠져 있으면서 의식의 상태가 변화했습니다. 이 트랜스 상태로 유도하는 데 최면술은 사용되지 않았습니다. 그리고 암시(暗示)도 사용되지 않았구요. 왜냐하면 환자 중에는 세 살 안팎의 아기도 있었는데 그 아이가 케인의 능력을 믿고 있다는 것은 상상도 할 수 없는 일이기 때문입니다. 이 아이도 치료받는 동안 의식이 변화되었던 것입니다."

라고 케인의 치료에 대해 말하고 있다. 그렇다면 심리학자는 어떻게 보고 있을까? 머시사이드의 도널드 브라이징 박사는 치료 중인 케인을 보고 다음과 같이 말했다.

"치료 집회에서 일어난 일은 정말로 놀라운 일이었습니다. 케인의 뛰어난 능력을 인정하지 않을 수 없을 것입니다. 집단의 의식상태를 변화시키는 힘은 발군이었으며 대단히 효과적인 것이었습니다."

두 박사의 논평은 패트 사이쿠스의 저서인 《그대는 존 케인을 알고 있는가》에 실려 있는 내용이다. 이 흥미진진하고 실증적(實證的)인 책에는, 도저히 생각할 수 없는 조건하에서 성공한 33건의 치유 실례(實例)가 실려 있다. 그것은 다른 과학적인 방법으로부터 종교적인 방법에 이르기까지, 그 어떤 치료법으로 고치지 못했던 환자들을 완쾌시킨 케인의 힘을 멋지게 입증하고 있다.

치료는 영혼이 인도해 주는 대로……

영국의 사우스웨일스주(州)에 사는 메어리 프라이스는 골관절염, 장부조(腸不調), 위궤양, 호흡기 장해 등으로 고생해 왔다.

다리가 아파서 걸을 수 없었으며, 집 밖의 공기는 그녀에게 유해(有害)하다는 것이었다. 아직 열일곱 살의 젊은 나이인데 자기는 얼마나 불행한 사람이냐며 비관할 뿐이었다.

창문 밖으로 보이는 사람은 저토록 건강하고 행복한데……. 그러나 자신은 집안에서 휠체어나 굴리고 다니는 신세였다. 그런데 1979년 케인의 치료를 1주일 간 받은 후, 그녀는 진통제도 휠체어도 필요 없게 되었다. 실로 그녀에게는 기적이 일어났던 것이다.

이런 결과가 어떻게 케인의 치료에서 얻어질 수 있었을까? 케인 자신도 명확하게 알지 못한다.

"정직하게 말해서 어떤 힘, 그것은 아마도 영혼의 힘이 아닌가 생각되는데 그것이 나에게서 작용하는지는 알 수 없습니다."

라고 케인은 정직하게 말하고 있다. 그는 영적인 존재가 인도해 주는 것으로 믿는 듯한데 단정은 할 수 없다.

무엇보다 치료에 관한 압도적인 사실이 있다. 다른 어떤 치료법으로라도 고치지 못한 병을 치유시켰다는 분명한 사실—적어도 병마로 괴로워하는 환자에게 있어서는 그것만으로 충분하다. 케인이 해온 경이적인 심령치료의 해명보다도 자기네들의 고통을 치유시켜 준 케인의 심령치료 그 자체가 더욱 중대한 관심사인 것이다.

존 케인의 이런 일은 심령치료에 대하여 우리에게 많은 것을 가르쳐 주었다. 그야말로 심령치료라는 것을 사람들에게 이해시키는 열쇠를 쥐고 있는 소수의 인간 중 한 사람이다.

비운(悲運)의 비행선 R 101호

대영제국(大英帝國)의 위신을 건 비행선 R 101호는 인도로 처녀 비행을 하던 도중에 큰 사고를 일으켜 재로 화해 버렸다. 그리고 묘한 소문이 나돌았다. 죽은 비행선의 선장 어윈의 영혼이 영매(靈媒)를 통해 사고의 진상을 말하고 있노라고…….

최신예(最新銳) 비행선 추락 염상(炎上)

한밤중에 프랑스의 시골 변두리에서 사람들의 눈을 피하여 토끼 덫을 놓고 있던 밀렵자(密獵者) 브제느 라보르는 때아닌 엔진 소리를 듣고 하늘을 올려다보았다. 그러자 등불을 켠 거대한 비행선이 앞으로 꼬꾸라지는가 했더니 그의 옆쪽 불과 90m 정도 되는, 낮은 언덕의 중턱에 곤두박질하며 떨어지는 것이 아닌가.

다음 순간 굉음과 섬광, 폭풍에 그는 날려가 버렸다. 불꽃의 붉은 기둥이 밤하늘을 태웠고 염상(炎上)하고 지옥 속에서 절규하는 소리와 함께 필사적으로 도망치고 있는 사람의 그림자가 보였다. 몸까지 불에 타 버릴 것 같은 열 때문에 그는 더이상 구경하고 있을 수 없었다. 때는 1930년 10월 5일 오전 2시, 북프랑스 보베에서 일어난 사건이었다.

라보르가 목격한 것이야말로 4년이란 세월에 걸쳐 건조한 대영제국의 위신과 영광의 상징인 신예 비행선 R 101호의 마지막 모습이었다. 그것은 전장(全長)이 무려 237m에 이르렀다. 그 거대한 비행선이 순식간에 48명의 승객, 승무원들의 목숨과 함께 잿더미로 화해 버렸고, 그 후로 예정되었던 대규모적인 비행선 개발 계획은 무산되었을 뿐만

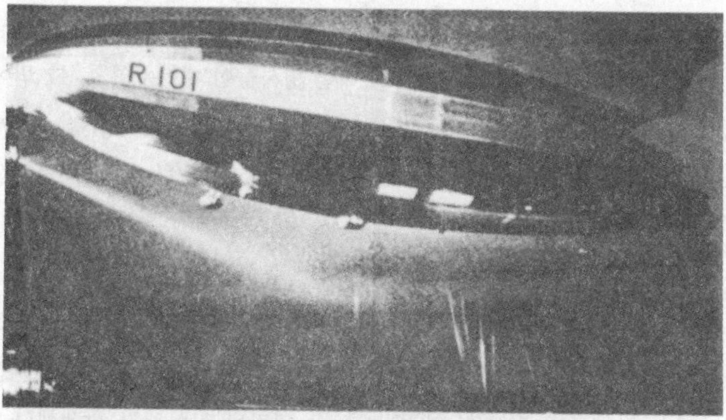

▲(상)카딘튼으로 계류되어 스포트 라이트를 받고 있는 R 101호. 당시 최대의 비행선으로 그 격납고는 대영제국 최대의 건조물이었다. (하)골격만이 두드러지게 불타서 떨어진 R 101호의 잔해. 참사의 원인을 풀 만한 단서는 무엇 한 가지도 없었다.

아니라 영국의 위신을 여지없이 실추시키고 말았던 것이다.

생존자는 불과 6명이었다. R 101호에게 있어 이 비행은 사실상 처녀비행이었으며 사람들의 기대를 받고 영국의 모항(母港)을 이륙한 지 불과 몇 시간 후의 비극이었다.

승객으로는 항공성(航空省)이 초대한 명사들이 대다수였고, 그 밖에 이 비행선 개발의 총지휘를 맡았던 항공상(航空相) 톰슨 경(卿), 설계자인 리치먼드 중령까지 사망한 미증유(未曾有)의 큰 실책을 범하고 말았다.

5일 새벽 5시 30분, 파리발(發) 로이터 통신에 의해 추락 사실이 영국 본토에 전해지자마자, 절대 불침(不沈)을 자랑하던 초호화 여객선 타이타닉 호의 조난에 필적하는 대소동이 일어났으며, 즉시로 원인 구명을 위한 사문위원회(査問委員會)가 설치되는 사태가 발생했다.

R 101호는 세계에 흩어져 있는 식민지들을 연결하며 취항할 예정이던 만큼 목적지 인도로 가려던 참이었다. 그러나 불과 도버 해협을 건너자마자 어이없이 스크랩 덩어리로 화해 버린 것은 실로 충격적인 사고임에 틀림없었다.

그런데 그로부터 이미 반세기 이상이 지난 지금까지도 이 사건이 화제에 오르는 것은 이 사고와 연관되어 발생한 어떤 특수한 사정이 있기 때문이다.

그 사건이란 '큰' 사건 전후에 이따금 일어나는 심령 현상, 그 누구도 명확히 밝혀내지 못했던 사고 원인을 납득할 수 있도록 설명해 준 일이다.

이 심령 현상에 대해서는 나중에 자세히 설명하겠지만 만약 이것이 확인된다면 교령(交靈) 그 자체의 사실이 증명될 뿐만 아니라 사후(死後)에 영혼이 실재한다는 사고방식을 증명하게 된다. 다시 말해 심령 연구에 있어서는 획기적인 국면이 열리게 되는 중대한 사례가 되는 것이다. 그리고 사실 이 사건은 심령사상(心靈史上) 드물게 보는 사건이 되었던 것이다.

사고는 예지(豫知)되어 있었다

우선 전조(前兆)가 있었다.

그러므로 최신 기술을 다 동원하여 건조한 이 자만(自慢)의 비행선이 추락하자 영국의 모든 국민이, 아니 전세계가 놀라움을 금치 못했다. 하지만 전혀 동요하지 않는 소수의 사람들도 있었다.

1928년 3월 3일, 제 1 차 세계대전의 영웅인 하인크리프는 대서양 단독 횡단 비행을 시도했다가 소식이 끊겼다. 열심히 수색을 했지만 유체(遺體)는 발견되지 않았다. 그런데 3월 31일, 영매(靈媒)인 베어톨리스 아르 부인의 위자반(盤 : 알파벳이 쓰여진 보드 위에서 指示駒를 움직여 영감을 읽어내는 도구)에,

"아내와 대화하고 싶다……."

라는 하인크리프로부터의 메시지가 나타났다.

그것을 전해 들은 미망인은 셜록 홈스의 작가로 너무나 유명한 코난 도일과 함께 소문난 영매인 아이린 갤레트 부인(347페이지 참조)을 찾아가서 교령회를 열었다.

그러자 여러 가지 이야기 가운데 하인크리프의 영(靈)은 특히 R 101호에 대하여 말하기를,

"비행선의 성능은 도저히 그 임무를 견디어 내지 못하오. 프랑스를 강타하는 태풍을 만나게 될텐데 기적이라도 일어나지 않는 한 그들은 절망적이오."

라고 전하는 것이었다. 이제 와서 보니 실로 주목해야 할 예언이었다. 물론 놀란 코난 도일은 그 사실을 항공성에 알렸지만 그들은 조금도 귀를 기울이려 하지 않았다.

건조(建造)하던 중의 불행한 대립

그런 경고에 주의를 기울이는 사람이 없는 채로 계획은 진행되었고 사고를 당한 것인데, 이번에는 사고 직후에 가진 몇 번의 교령회에서 죽은 비행선 선장의 영(靈)이 나타나 사고 원인을 호소하는 놀라운 사건이 일어났다. 사람들은 또다시 큰 쇼크를 받았다.

그것을 소개하기에 앞서 R 101호에 대해 간단히 소개해 둘 필요가 있겠다.

현재로서는 찾아볼 수 없게 된 거대한 비행선, 즉 경식(硬式) 비행선이 어떤 기술적 난점(難點)을 지니고 있었는지, 또 R 101호가 어떤 상황 속에서 탄생했는지를 최소한 알고 있지 않으면 교령회에서 얻어진 증언이 얼마나 설득력이 있는 것인지를 정당하게 판단할 수 없겠기 때문이다.

1924년, 영국 정부는 온세계의 식민지에 다수의 여객을 태우고 다닐 수 있는 비행선 선단(船團)의 제조 계획을 입안했다.

이 계획은 극히 야심적인 것이었다. 비행선의 자중(自重)은 90톤, 거기에 60톤을 적재 가능한 중량으로 보고, 14만m^3에 이르는 수소(水素) 부양력(浮揚力)으로 총합계 150톤이나 되는 거체(巨體)를 공중에 띄운다. 비행선의 순항 속도는 시속 1백km로서 당시 비행선의 상식을 초월하는 경이적인 것이었다.

실제 건조에는 민간기업인 에어숍 갤런티사(社)와 항공성(航空省)이 따로따로 1척씩 담당하기로 결정했다. 이것이 원래 실패의 시초라고 할 수 있을 것이다.

거액의 자금을 요하는 국가적 대사업이며 세계에서 그 유(類)를 찾아 볼 수 없는 목표인 만큼 그들의 앞에는 수많은 이론상의 문제와, 나아가서는 기술적으로 해결하기 어려운 난점들이 가로놓여 있었다.

▲사고에 관한 정부의 사문위원회(査問委員會). 추락의 확실한 원인을 규명해 낼 수는 없었다.
◀ 아이린 갤레트. 그녀는 사고로부터 2일도 되기 전에 R 101호의 죽은 선장(船長)과 '대화'했다.

그런데도 불구하고 양자(兩者)는 최후까지 협력 체제를 취하지 않았을 뿐 아니라 서로 상대방을 앞지르려는 대항 의식만이 무성했었다.

단 자매선(姊妹船)인 R 100호를 건조한 민간회사 쪽에는, 살아 생전에 이미 전설적인 기술자로 유명했던 밴즈 워레스를 위시한 천재적 기술자들이 있었는데다가 사회(社會), 정계(政界)로부터의 간섭도 적지 않았다.

한편 런던의 베드포드 근교, 카딘턴에 있었던 전시중(戰時中)의 비행선 기지(基地)를 재이용한 항공성의 R 101쪽은 정치적 간섭을 빈번히 받았다. 또 기술자도 완고했다. 엔진의 선택 한 가지만 보더라도 휘발유보다 화재 위험성이 낮다 하여 새로이 설계한 디젤 엔진을 끝까지 찬성하지 않았다. 결국에는 중량과다라고 하는 비행선의 치명적 결점을 안은 채, 부득이 가스 자루를 새로이 중앙복부에 설치하는 무리한 방법을 취하게 되었다.

그 때문에 철골과 와이어가 복잡하게 얽히는 구조가 되었으며, 그만큼 가스 자루가 골격(骨格)에 닿고 마찰을 일으키기 쉬운 위험을 수반하게 되고 말았다.

즉 선체(船體)는 크게 흔들리게 되었으며 악영향을 피할 수 없었다. 그 때문에 가스 주머니가 구조물에 압박당하게 되면 밸브로부터 가스가 조금씩 새 나온다. 새어 나온 가스가 선체를 감싸면서 외피(外皮)와의 사이에 차면, 하찮은 화기(火氣)라든가 불꽃만 튀더라도 금방 인화(引火) 폭발하고 마는 것이다.

난항(難航)과 추락 원인의 구명

한편 R 100호의 기술자는 새로 설계한 디젤 엔진이 너무 무겁다는 사실을 알게 되자 곧 신뢰성을 보장받고 있는 롤스로이스제(製)의 휘발유 엔진으로 바꾸었다. 그리고 일찌감치 1930년 7월, 아무 예고 없이 시험 비행을 성공시켰고 캐나다의 몬트리올까지 왕복하는 쾌거를 올렸다.

두 척의 비행선 중 우수한 성능을 가진 비행선이 장차 양산형(量產型) 비행선의 원형(原型)이 되기로 결정되었으므로 카딘턴 기지에서는 라이벌측의 성공에 초조함이 더해 갔으며, 그보다 성능이 좋은 것을 만들어 과시해야 할 필요성에 뒤쫓기고 있었다.

또 R 101호는 항공상(航空相)인 톰슨 경(卿)의 정치적 야심의 소도구이기도 했다. 톰슨 경은 10월로 예정되어 있는 제국의회(帝國議會)가 개최될 때까지 인도 왕복을 하고 그 성과를 바탕으로 하여 인도 총독의 지위를 얻고자 하였다. 그러나 비행선의 정비(整備)가 뒤따르지 못하여 9월에 출발하려던 예정은 빗나가고 말았다. 10월 초는 야망 실현을 위해 더이상 미룰 수 없는 시기였다.

그 때문에 충분한 내공성능(耐空性能)의 테스트도 하지 못한 채, 아무 실정도 모르는 다수의 초대객들을 태우고, R 101호는 은색찬연하게 빛나는 모습으로 인도를 향해 계류탑(繫留塔)을 떠났던 것이다.

10월 4일 오후 6시 36분의 일이다.

안전성에 있어서는 1만 분의 1의 우연성을 배제한다면 집에 있는 것과 마찬가지라고 톰슨 경이 호언장담했는데도 불구하고 최종 스피드 테스트를 여행 도중에 하지 않을 수 없었다는 점, 이륙하는 단계에서 4톤이나 되는 물을 버리지 않으면 양력(揚力)이 부족되었었다는 점만 보더라도 이 출발이 얼마나 무모한 짓이었는지 짐작할 수 있다.

8시 21분, 런던 통과를 타전(打電).

9시 35분, 도버 해협에 면한 헤스팅스 통과.

2시간쯤 지나자 심한 비와 강한 남서풍을 헤치면서 해협을 넘어 프랑스의 연안 도시 디에프 근교를 통과.

한밤중, 프랑스 북부의 소도시인 아베비르 남쪽 24km 지점에서 여유있는 어조로 모든 것이 순조롭다는 타전을 했는데 그것을 마지막으로 소식은 단절되었다.

그리고 오전 2시 지나서 라보르가 사고를 목격했던 것인데 외부에서 추락 염상(炎上)을 보았을 뿐이지 원인을 알아낸 것은 아니다. 통신 내용에서도 사고에 직접·간접으로 연관될 만한 이변(異變)은 전혀 짐작할 수 없었다. 또 소수의 생존자는 모두 잠을 자고 있었으며 선장을 위시하여 조선(操船)에 관계했던 사람은 전원 사망하고 말았다.

다만 오전 1시경 불과 90m 고도(高度)로—전장(全長) 237m의 비행선이—보베 방향으로 비행하는 것을 본 사람이 있었을 정도이다.

정부의 사문위원회(査問委員會)는 열심히 조사 심의를 했지만 사고 원인과 연관되는 결정적 물증을 잡을 수는 없었다. 이듬해 제출한 사문위원회의 결론은, 전부(前部)의 가스 주머니 중 하나에서 돌연 가스가 빠지며 급속 강하하여 사고가 났다는 지극히 허술하고 애매한 추측을 내렸을 뿐이다.

요컨대 사고 직후는 물론 현재에 이르기까지 사고 원인은, 공식적으로는 불명(不明)인 것과 마찬가지이다.

죽은 선장(船長)의 영(靈)이 출현!

그런데 사고에 대한 세상의 관심이 점차 높아져 갈 때, 죽은 선장의 영이 나타나서 사고 원인을 자꾸 호소했다. 이로써 사건은 더욱 쇼킹한 양상을 띠어 가게 되었다.

사고가 난 지 이틀이 지난 오후, 수년 전에 해리 프라이스가 설립한 런던의 전영심령연구소(全英心靈硏究所)에 4명의 인물이 은밀하게 모였다.

초청을 한 프라이스는 기지(機知)가 풍부한 부호로서 연구소를 개설했을 정도였으며 물론 심령 현상의 정열적인 연구가였다. 그는 영혼

▲사고로 죽은 사람들의 시체는 런던의 웨스트민스터 홀에서 국기에 싸여 관 속에 안치되었다.

▲R 101호의 선장이었던 공군 대위 H. 카마이켈 어윈. 그의 영성(靈聲)에 의한 증언은 사문위원회에 도움이 되었을까…….

의 실재(實在)라든가 초자연 현상을 믿되, 열심히 믿는 심령주의자에 대해서는 심한 적개심을 가지고 있던 사람이다. 다소 이상한 성격의 소유자였던 것이다.

3명의 손님 중 한 사람은 영매(靈媒)인 아이린 갤레트 부인이었다. 그녀는 영능력을 실제로 체험한 자라면 모두가 감명을 받고 있는 그런 여성이었다. 이 부인도 영계(靈界)의 사자(死者)로부터 오는 메시지를 트랜스 상태에서 전해 주고 있음에도 불구하고 스피리츄얼리스트로 분류되는 것을 싫어했다.

나머지 두 사람은 오스트레일리아의 저널리스트인 이안 코스터와 그가 데리고 온 속기사였다.

커튼을 쳐서 다소 어둡게 한 방안에서 갤레트 부인은 곧 트랜스 상태에 들어갔다. 고대(古代) 동양인의 영(靈)이라고 자처하는 지배령 우바니가 평소처럼 나타났다. 이번에는 부인의 목소리를 통해 프라이스의 죽은 독일인 친구로부터 단편적인 메시지가 전해졌다.

프라이스는 몇 달 전에 죽은 코난 도일의 영이 출현하지 않았으므로 낙담하고 있는 듯했다. 영매인 갤레트 부인은 언제나 교령회의 목적은 모르는 채 참가한다. 그런데 프라이스의 생각은 친구였던 코난 도일이 R 101호 건에 대하여 이미 항공성에 경고했던 일을 잘 알고 있었으므로 그가 출현한다면 사고 원인에 대해서 무엇인가 말해 줄 것으로 믿었던 것이다.

그러나 그 기대는 여지없이 무너지고 말았다.

이어서 갤레트 부인은 강도 높은 트랜스 상태에 빠져들었고 남성의 목소리로 눈물을 흘리면서 어뷘 혹은 어윈(R 101호의 선장은 카마이켈 어윈 공군 대위였다)의 이름으로 힘차게 떠들기 시작했다.

"엔진 성능에 비교해 경식(硬式) 비행선의 중량은 과대했어. 엔진도 너무 무거웠고. 실용양력(實用揚力)의 여유가 너무 없었지."

목소리는 억양이 컸으며, 고조되는 감정을 억지로 제지하는 것 같았다. 프라이스와 코스터는 갤레트 부인의 입에서 연이어 나오는 기술용어(技術用語), 자기네들도 들어 보지 못한 그 기술용어에 아연실색했다.

"총부양력(總浮揚力)의 계산에 오차가 있었어. 새 승강타(昇降舵) 방식은 아주 엉터리였으며 금방 고장이 났었지. 오일 파이프가 막혔어. 탄소와 수소의 혼합은 전혀 잘못이었고…….

순항고도(巡航高度)에는 오르지도 못했어. 테스트 역시 마찬가지 결과였고. 그 누구도 비행선의 성능을 완전히 파악하고 있지 못했으며 승무원 수도 너무 적었어. 연료 펌프의 상태도 나빴고 공기 펌프는 고장. 냉각 장치는 사용 불가.

장거리 비행을 할 수 있는 날씨가 아니었지. 비행선의 선체에 침수(浸水), 선수(船首)가 강하(降下)…….

앞으로 할 원인 조사에서는 기낭(氣囊 : 가스 자루)의 상부(上部) 구조에 탄력성이 모자랐음을 알게 될 거야……. 부가(附加)된 중앙부는 정말로 심했어……. 너무 무거웠지."

교령회는 사고 원인에 대해 훨씬 예상을 능가하는 것으로서 실로 만족할 만한 결과를 얻었다. 선장 어윈이라면 그 비행선에 대하여 모든 것을 알고 있는 것이 당연하리라.

그다지 성과를 올리지는 못했지만 아직 이 단계에서는 사문위원회도 활동을 시작하지 않았으므로, 부인으로서는 도저히 알 것 같지 않은 전문용어가 빈번히 튀어나왔다. 그리고 후에는 카딘턴 기지에 있던 전문가 윌 찰튼에 의해, 선장 이외에는 알 수 없었던 사실이 부인의 말 속에 포함되어 있음이 확인되었다. 부인의 말이 얼마나 중대한 증언인지 판단할 수 있을 것이다.

또 비행선 건조(建造)에 수반하는 여러 문제를 이미 알고 있는 우리에게는 모든 설명에 고개가 끄덕여질 뿐이다.

선장의 영(靈)은 다시 호소한다!

선장을 위시하여 죽어 간 승무원들에게 있어서는 단지 우연이라고 넘기기에는 견딜 수 없을 정도로 통한(痛恨)의 사고였으리라. 이 교령회에서도 심령연구사상(心靈硏究史上) 특필해야 할 것이 있으며 사람들 사이에서 일대 센세이션을 불러일으켰는데, 이 증언을 다시 확실하게 보충하는 심령현상이 반복되었다는 것이다.

3주일쯤 후, 정부의 공식 사무위원회를 하루 앞두고 그것을 기다리기라도 한 것처럼 올리버 비러즈 대령에게 어윈의 영이 출현했다. 서부전선(西部戰線)에서 싸운 역전의 용사였던 그는 이 사고로 수많은 친구를 잃었었다. 어윈도 잘 아는 사이이며 특히 항공국장(航空局長)인 브랭커는 항공성에 근무하던 직속 상관이기도 해서, 출발하던 당일에는 그가 자동차로 기지(基地)에까지 데려다 주었었다.

회의를 하루 앞두고 그의 집에 묵으러 온 친구와 가족들이 모두 침실에 들어간 다음 홀로 자기 방에 남아있던 그는, 어쩐지 어윈이 자기 방안에 있는 듯한 인상을 강력히 받고 압도되었다. 그런 다음 목소리도 안내면서 어윈이 그의 마음속에 직접 호소하였다.

"당신과 꼭 이야기를 하고 싶소. 모든 일이 너무 심했어요. 우리는 살인자나 마찬가지지요. 부탁이니 나로 하여금 이야기좀 하게 해주시오."

다음 날 아침 비러즈는 어제 밤에 있었던, 믿기지 않는 체험을 친구에게 이야기했다.

결국 아이린 갤레트 부인을 통한 교령회가 10월 31일부터 여러 차례에 걸쳐 실시되었다.

교령회는 프라이스와 할 때와는 다른 형식으로 했다. 단지 어윈의 호소를 듣는 것만이 아니라, 부인을 통해 비러즈 대령은 선장 어원의 영과 자유로이 대화도 했던 것이다. 더구나 회(回)를 거듭할수록 선장 이외의 승무원들, 그리고 브랭커 국장(局長)까지 출현했다. 그 대화를 요약해 본다.

대령 : 토요일에서부터 일요일 사이에 일어났던 일을 모두 이야기해 주게.

선장 : 비행선은 몇 톤이나 중량을 초과했소. 그 조립은 서투르기 짝이 없었고……. 기낭(氣囊)의 골재(骨材) 강도(强度)도 부족되었소.

대령 : 잠깐 기다리게. 처음부터 다시 얘기해 봐.

선장 : 아아, 출발 전인 오후, 가스 계측기의 바늘이 불안정하게 오르내렸소. 새고 있었던 것인데 아무리 해도 멎지 않더라구요.

대령 : 좀더 자세히 설명해 주지 않겠나?

선장 : 소의 창자〔大腸膜〕로 만든 얇은 껍질에 구멍이 난데다가 강도(强度)도 불충분했소. 그 때문에 기낭이 마치 풀무처럼 계속 움직였는데 가스 내압(內壓)이 높아지고 밸브에서도 새고 있었지요. 기관장(機關長)에게 말했소. 일기도(日氣圖)를 보고 부하와 검토한 다음 가스 상태를 고려하면서 예정대로 출발할 수밖에 없다는 결론을 내렸지요. 일기는 점점 더 악화되었기 때문이오. 결국 날씨가 더 나빠지기 전에 도버 해협을 건너고 르 부르제에 정박(停泊)할 생각이었소. 우리는 내심(內心) 두려움을 감추기 위해 일부러 웃어 보이면서 도망치듯 잉글랜드를 떠났소.

프라이스와 비러즈는 서로 상대방의 교령회를 알지 못했었다. 그들은 각각 다른 증언을 들었고, 모두 항공성과 사문위원회에 통보했는데 완전히 무시당했다.

R 101호 사건은 심령 현상으로서는 고전적(古典的)인 대사건 중 하나가 되었다. 지금까지 설명해 온 바에서도 알 수 있듯이 그 이유로 다음의 몇 가지가 있다.

첫째로 누구나 모두 알고 싶어하는 사고 원인을 사문위원회의 결론보다 훨씬 더 납득이 가는 형태로, 더구나 사건 당사자밖에 모르는 사실을 거듭 이야기하고 있다. 그만큼 충격적인 증언으로 세상 사람들의 주목을 끌게 되었던 셈이다.

둘째로, 영매인 갤레트 부인의 '무의식에서 나온 말'로는 설명할 수 없을 정도로 수많은 전문용어가 구사되었다는 것이다.

셋째, 본디 부인은 의심받을 만한 인물이 아닌데다가, 교령회에 참가했던 인물들도 신뢰받을 만한 재료를 갖추고 있다.

이미 앞에서 말했던 것처럼 프라이스는 스피리츄얼리스트에 대해 일가견을 가지고 있었을 뿐 아니라 코난 도일도 용감히 공격해야 직성이 풀릴 정도의 경골한(硬骨漢)이다. 부정(不正)한 영매의 수법을 혼내 주는 인물로서 세계적으로 유명했었다. 코스터로 말하자면 초상(超常) 현상 따위는 좀처럼 믿지 않는 회의론자이다. 비러즈 대령 역시 지위도 명예도 있는 훌륭한 인물이다.

따라서 넷째로 만약 이 교령회의 증언들에 부정이 있었다고 가정한다면 갤레트 부인 한 사람의 소행일 것으로 간주하는 것은 아무래도 무리이다. 더군다나 양쪽의 교령회 멤버들이 한통속이 되어 허위로 심령 현상을 속였다고는 볼 수 없다.

그리고 단 한 사람도 굳이 그런 짓을 할 만한 동기를 찾아볼 수 없으며 그런 짓을 함으로써 이익될 사람도 없다.

그러나 반대로 이런 현상들을 진실이라고 가정하면 어떻게 될 것인가? 그것이 얼마나 중대한 의미를 가지는지는 충분히 이해할 것으로 생각한다.

즉, 비행선 사고의 원인과 진상이 완전하게 구명(究明)되는 것은 물론이고 그것을 설명했던 교령회와 선장 어윈의 영이 존재한다는 것도 부정할 수 없게 된다. 그리고 사후(死後)의 영혼, 그 영혼의 존재도 증명되는 것이다.

그러기에 사고 직후부터 시작된 논쟁은 이미 반세기(半世紀) 이상이 지났음에도 불구하고 격렬한 찬반론(贊反論)의 응수 속에 계속되고 있는 것이다.

영현상(靈現象)에서 과학성을 찾으려 한 영매

유다른 영능력을 가지고 있으면서 오랜 세월에 걸쳐 그 재능을 유감없이 발휘했던 아이린 갤레트 부인! 그녀는 자신의 영능력에 대한 과학적인 해명을 원했으며 현실적으로 실험을 시도했던 영매였다.

미국에서 한 사이코메트리 실험

1931년 아이린 갤레트는 미국 심령연구협회(美國心靈硏究協會 : ASPR)에 초대되어 처음으로 미국을 방문했다. 당시의 미국은 대공황(大恐慌) 속에서 혼란에 빠져 있었는데 아이린은 신기하게도 모국에서는 느낄 수 없었던 신선함을 맛보았다. 아이린은 유람차 미국에 건너온 것은 아니다. 자신의 영능력을 피력하고 또 연구가들과 실험을 하기 위해 멀리 대서양을 건너온 것이다.

뉴욕에서 교령회를 연 다음 심리학자인 로렌스 루샨과 실험에 들어갔다. 그리고 노스캐롤라이나로 날아가서 듀크대학의 J. B. 라인 박사와 윌리엄 맥도걸 교수 밑에서 초감각적지각(超感覺的知學 : ESP) 실험의 피험자(被驗者)가 되었다. 여기서는 ESP 실험의 상세한 점은 다루지 않겠는데 미국에서 한 실험이 대성공을 거두었다는 점만은 기록해 두겠다.

로렌스 루샨은 5백 시간 이상이나 소비하며 갤레트 부인의 심령 능력을 연구했다. 철저하게 질문하면서 영능력을 확인하기 위한 실험을 거듭해 나갔던 것이다. 갖가지 실험 가운데 뭐니뭐니 해도 그 백미(白眉)는 사이코메트리의 실험이었다.

사이코메트리 실험이란 여러 가지의 물체에 손을 대 보고, 그 물체의 유래(由來), 경위 등의 인상을 말하는 실험이다. 물론 피험자는 그 물체를 볼 수가 없고, 손으로 만져 본 다음 마음속에 떠오른 인상을 실험자에게 전하는 것이다. 그 물체는 당연히 역사가 있는 것, 영혼이 깃들어 있는 것으로 생각되는 것이 선별된다.

갤레트 부인의 실험에 사용되었던 것은 물고기의 화석(化石), 포대 조각, 베수비오 화산(火山)의 돌, 그리스의 옛날 화폐(貨幣), 고대(古代) 바빌로니아의 석판(石版) 등이었다.

이런 물체들은 하나하나 얇은 종이로 포장한 다음 상자 속에 넣어진다. 그리고 그 상자를 마닐라지 봉투 속에 넣고 번호를 매긴다. 이 정도만 해도 그 속의 물체는 전혀 안 보이겠지만 보다 더 확실성을 기하기 위해 그 봉투를 다른 사람으로 하여금 더 큰 봉투에 넣도록 하고 별도의 번호를 쓰게 하는 것이다.

그러므로 완전히 준비되었을 때는 번호가 적혀 있는 큰 봉투만 있을 뿐이며 어떤 물체가 어느 봉투 속에 들어있는지 아는 사람은 한 사람도 없게 마련이다.

천 조각 하나로 가출인(家出人)을 발견

실험이 시작되었다. 갤레트 부인은 한 봉투를 만지더니 이렇게 말했다.

"뜨겁군요. 나무와 종이를 태우는 것보다 훨씬 강한 열(熱)인데요. 그리고 물, 흐르는 물…… 눈물……."

루샨이 봉투를 열어 보니 그 속에서 나온 것은 베수비오 화산(火山)의 돌이었다. 화산의 대폭발과 함께 펄펄 끓는 용암(鎔岩)이 흘러나왔고 인가(人家)들을 덮치면서 혀를 내둘렀다. 그 밖의 물건에 대해서도 똑같은 결과가 나왔다. 갤레트 부인의 영능력은 이제 의심할 여지가 없는 것이 되었다.

이 실험을 준비하던 중, 루샨의 비서로 일하던 젊은 여성이 바빌로니아의 석판(石版)을 상자 속에 넣을 때 그것을 손으로 문질러 보았다. 석판에는 예리한 날이 서 있어서 비서는 손가락 두 군데에 상처가 났었다. 2주일 후 그곳에서 2천 4백 km나 떨어진 플로리다에서 루샨이 갤레트 부인과 실험을 할 때, 부인은 한 봉투를 들어 보더니 그 즉석에서,

"이것에는 두 명의 여성이 관계되어 있군요. 젊은…… 젊은 여성입니다. 그리고 젊은 피, 그 여성에게는 아직도 아물지 않은 상처가 한 군데, 두 군데…… 그렇습니다. 두 군데 있습니다."

그 후 루샨은 갤레트 부인의 대답이 적중했음을 알았다. 그것은 실로 경탄할 가치가 있는 영능력이었다.

갤레트 부인이 실험을 하고 있을 무렵, 루샨은 미국 중서부(中西部)의 어느 마을에서 한 사나이가 증발되었다는 소문을 들었다. 그는 일부러 그 사나이의 집에까지 달려갔고 사나이의 셔츠 천을 한 조각 떼내어 내모 반듯한 천으로 자른 다음 뉴욕으로 돌아왔다.

그리고 루샨은 곧 그 천을 갤레트 부인에게 주고 그의 인상(印象)을 물었다. 부인은 손으로 그 천을 만져 보고 한참 바라보더니, 그 시점에서는 루샨도 모르고 있었던, 행방불명된 사나이의 용모에 대하여 정확한 묘사를 해 나갔다.

그런 다음 그 사나이는 13세에서 15세 사이에 가족중 한 사람을 잃었다는 말까지 덧붙였다.

그 후의 조사에서 사나이는 14세 때 그 아버지가 가족들을 버렸으며, 소식이 끊어졌음이 판명되었다. 또 갤레트 부인은 캘리포니아의 라 호라에 그 사나이가 있다고도 말했다. 조사 결과 그 사나이는 집을 나간 후 라 호라에 가 있었다는 사실도 밝혀졌다.

▲젊었을 때의 아이린 갤레트. 아일랜드의 종교 투쟁에서 희생된 그녀는 이윽고 종교를 거절. 영매로 이름을 떨친 후에도 수많은 스피리츄얼리스트의 교조적인 주장에 자주 화를 냈었다.

◀그녀가 죽은 후 그 일은 그녀의 딸이 계승했다.

백부(伯父)의 영(靈)이 출현하여 예언하다

1893년 3월 17일 아이린 갤레트는 아일랜드 공화국의 미스주(州)에서 태어났다. 아버지는 스페인 사람이었다. 아이린이 태어난 후 2주일 만에 어머니는 물에 빠져 자살했고 다시 몇 주일 후에는 아버지까지 스스로 생명을 끊고 말았다. 아직 눈조차 제대로 뜨지 못했던 아이린에게 있어 이때도 어떤 느낌이 있었던 것일까? 비극의 의미도 모르는 갓난아이였는데 말이다.

결국 아이린은 백부와 백모 부부의 손에서 자라나게 되었다. 이 부부는 친자식 이상으로 아이린을 사랑했고 깊은 이해심을 보였다. 그러나 백부도 아이린이 소녀티를 벗은 무렵 세상을 떠나고 말았다. 백부가 죽은 지 2주일 쯤 되었을 때 아이린은 젊고 당당한 백부가 자기 앞에 서 있는 것을 느꼈다.

"아이린, 내가 죽었으니 생활해 나가기 어렵겠지만 큰엄마를 도우면서 열심히 살거라. 너는 공부를 열심히 하는 거야. 2년 이내에 틀림없이 런던에 나가서 공부하게 될 것이니까."

라고 그 백부는 예언했다. 아이린은 깊이 감동했다. 제정신이 들자 그녀는 무슨 말을 하려고 했는데 백부는 슬그머니 사라졌다. 그러나 그 예언은 모두 그 후에 현실로 나타났다.

어렸을 때부터 막연하게나마 자신의 영능력에 대해 지각(知覺)했던 아이린이었는데 사후(死後) 생존(生存)의 진실을 깨달은 것은 바로 이 순간부터였다.

이윽고 아이린은 스피리츄얼리즘과 접하게 되고 뜻을 세운 다음 제임스 H. 매켄지의 지휘하에 심령능력(心靈能力)—특히 트랜스 영매능력—을 개발해 나갔다. 그리고 사랑하는 사람을 앞세워 보낸, 수많은 사람들의 마음에 영언(靈言)을 전해 주고 사후 생존의 분명한 증거를 제시했던 것이다.

자신의 영능력에 의문을 갖다

1930년 영국의 비행선 R 101호 사건(앞에서 소개했다) 때 아이린은 트랜스 영매 — 트랜스 상태에 빠지고 사자(死者)가 그 입을 통하여 사람들에게 말하는 영매 — 로서 크게 활약했다. 이 놀라운 사례는 지금까지도 수많은 연구가들이 사후 생존의 가장 강력한 증거 중 하나로 높이 평가하고 있다. 그것은 두말한 것도 없이 아이린 갤레트 부인에 대한 평가와도 연관된다.

그러나 갤레트 부인 자신은 자신의 능력에 대하여 주변 사람들보다 회의적이었다. 부인에 의하면 통신의 내용이 초상적(超常的)인 것임은 인정하는데 그것이 곧 영계에서 오는 것이라고 단정할 수는 없다는 것이다.

영능력에 대한 그녀의 중립적(中立的)이라고도 할 수 있는 입장은 자신의 '지배령(支配靈)'에 관해서도 마찬가지였다. 그녀를 통해 작용하는 '지배령'은 그로부터 몇 세기나 전 인도의 군인이었던 우바니와 12세기에 이집트 사라딘 궁정에서 의사로 있었던 압풀 라지프다.

갤레트 부인도 처음에는 그들을 영계에 있는 보조자(補助者)로 생각했던 듯하다. 그러나 그러던 중 의문을 품게 되었고 마침내는 그녀 자신의 잠재의식에서 생겨난 2차적 인격이 아닌가 하는 생각을 하게 되었다. 그 진상을 규명하기 위하여 트랜스 상태에 있는 그들의 인격과 각성시(覺醒時)의 자신의 인격을 비교하는 실험을 추진해 나갔다.

연구자들은 몇 시간에 걸쳐 우바니 및 압풀 라지프와 이야기했고 다시 몇 시간, 갤레트 부인과 지배령들에게 단어(單語) 연상 테스트도 하였다. 그러나 유감스럽게도 이 실험에서 결정적인 결론을 얻어 낼 수는 없었다. 왜냐하면 어느 연구가는 우바니를 갤레트 부인의 '분리 인격(分離人格)'이라고 판단했는데, 다른 연구가는 두 지배령은 각기 독립된 인격이라고 결론지었기 때문이다.

갤레트 부인 자신의 생각은 후년(後年)에 출판한 《무수한 목소리》에 나타나 있다.

'나는 어느 쪽이냐 하면 지배령들은 나 자신이 가지고 있는 잠재의식의 주(主)라고 생각한다. 영능력을 훈련하던 젊은 시절 무의식 중에 그들을 받아들인 것이리라. 지배령들은 내가 언제나 그들의 일에 대해 공정함과 동시에 경건한 태도를 유지해 나가고 있다는 것을 잘 알고 있다.'

또 후에는 이런 말도 덧붙이고 있다.

'나는 지배령들을 영적(靈的) 존재로서 전면적으로 받아들이는 일은 없다. 단 그들 자신이 영적 존재라고 믿고는 있다.'

또다시 두 지배령이 표면화되어 수수께끼는 한층 더 심각해졌다. 그 하나인 테글타는 이상(理想)이 인격화된 존재라고 주장했으며 또 하나인 라마는 생명력이 인격화되었다고 자칭했다. 그리고 이 두 지배령은 인간의 육체를 가지고 이 세상에 태어났던 경험은 없었다고 한다.

심령 연구에 대한 열정적인 배려(配慮)

아이린 갤레트는 보통 신(神)과 연관되는 영매의 이미지와는 거리가 먼 존재였다. 밝고 쾌활한 개성과 항상 의문을 던지는 자세를 가지고 있었다. 영매로 활동하는 것말고도 다방과 호텔을 경영했으며《투모로》라는 문예잡지까지 주재하고 있었다. 후에 이 잡지는 문예 노선을 변경하여 심령 연구를 전문적으로 다루게 되었다고 한다.

그녀는 세 번 결혼하고 세 자녀를 잃었다. 한 아이는 탄생 직후에 그리고 두 아이도 자라다가 병사(病死)했다. 1951년 갤레트 부인이 뉴욕에 설립한 초심리학 재단의 일은 현재 그녀의 딸이 계승하고 있다.

심령 연구에 많은 공헌을 한 아이린 갤레트는 1970년 프랑스의 르피오르에서 사망했다. 다시 한 번 말하지만 갤레트 부인은 초상현상의 진실성에 대해서는 확신을 가지고 있었다. 그녀가 의문을 가지고 있었던 것은 수많은 사람들이 아주 간단하게 영매 현상을 영혼 존재의 가설(假設)로 받아들이고 있다는 점에 있었다. 그것은 신중하고 진지하게 생각해야 할 문제이며, 그러기 위해서는 가능한 한 과학적으로 연구해야 할 일이라고 생각했던 것이 아니었을까? 그랬기에 아이린 갤레트는 초심리학 재단을 설립함으로써 심령 현상의 수수께끼를 해명하는 연구가 그녀의 사후(死後)에도 계속되어지기를 소원했던 것이다.

엔필드 소동의 전말(顚末)

1970년대 말 영국의 북부인 엔필드에 살던 일가(一家)를 습격한 폴터 가이스트의 공격! 언론을 시끄럽게 했던 이 사건의 수수께끼를 조사했던 심령 연구가들의 보고를 바탕으로 하여 해명해 나가도록 한다.

괴음(怪音)을 내고 옷장이 움직이다!

1977년 8월 31일 오후 9시 30분경. 런던 북부의 엔필드에 있는 공영주택 2층에서 하버 부인은 세 개의 방 가운데 한 침실에서 네 아이 중 두 아이를 재우고 있었다. 그때 열두 살인 자네트와 한 살 아래인 동생이 보통 소리가 아닌 이상한 소리에 귀를 기울이다가 엄마에게 무엇인가를 끌어내는 소리가 들린다고 말했다.

부인은 두 아이를 간신히 잠재웠다. 그리고 방에서 나오려고 했을 때 부인이 목격한 것은 상상을 초월하는 것이었다. 그 무거운 옷장이 50cm 정도나 방바닥 위를 미끄러져 오고 있는 것이 아닌가. 아이들이 발로 미는 것이 아님은 침대와 옷장의 거리가 떨어져 있는 것만 보더라도 분명했다. 부인은 얼른 옷장을 밀어 원위치로 갖다 놓았다. 그런데 그 다음에 옷장은 꿈쩍도 하지 않았으나 부인은 기묘한 소리를 들었다. 벽을 두드리는 노크 소리가 네 번이나 크게 들려왔던 것이다.

그러나 부인은 이웃집에서 나는 소리일 것으로 생각하고 상관하지 않기로 했다. 몇 해 전에 남편과 이혼한 부인으로서는 이 기묘한 사건에 대하여 털어놓고 이야기할 상대가 없었던 것이다.

그런데 부인이 거실에서 홀로 서 있자 이번에는 돌연 머리털이 곤두

설 정도로 공포감을 느끼기 시작했다. 무엇인지 예측할 수 없는 심령 현상과 같은 사태가 자기 집에서 일어날지도 모른다. 안절부절하던 하버 부인은 길 건너 여섯 번째 집에 살고 있는 오빠 존 버쿰에게 의논해야겠다는 생각이 들어 현관을 나섰다.

문득 이웃한 노팅검네 집의 창문을 보니 아직도 불이 켜져 있었다. 부인은 실례임을 알면서도 이웃집 초인종을 눌렀고 공포감을 호소했다. 이웃집 주인인 비크 노팅검은 처음에는 반신반의하다가 하버 부인이 너무나도 새파랗게 질린 표정이었으므로 아들과 함께 하버 부인네 집까지 가서 수상한 놈이 숨어 있지는 않은지 조사하기 시작했다. 대충 조사를 해본 비크가 계단을 내려가고 있을 때의 일이다.

"탕! 탕!……"

벽을 두드리는 소리가 들려왔다. 그 즉석에서 상식적으로 판단할 때 그것이 폴터가이스트에 의한 것으로 생각되지 않았던 것은 당연한 일인지 모르겠다. 그는 아들과 구역을 나누어 앞뜰과 뒤뜰을 회중전등으로 비추면서 샅샅이 조사했지만 수상한 사람의 그림자는 발견할 수 없었다.

즉시로 경찰에 연락을 하자 두 명의 경찰관이 달려왔다. 그 중 한 사람인 부인(婦人) 경찰관 캐롤라인 히프스는 그곳에서 상상 밖의 불가사의한 현상을 목격하게 되었다. 부인과 비크 노팅검으로부터 이야기를 듣고 있는 그녀의 눈앞에서 아무도 건드리지 않았는데 거실의 의자가 50cm나 미끄러지며 움직였던 것이다. 부인 경찰관 히프스는 경찰서로 돌아가자 보고서에 이 사건을 기록하여, 부인의 집에서 목격했던 불가사의한 현상이 거짓 없는 사실임을 공식적으로 입증했다.

하버 부인네 집에서 일어나는 기묘한 현상은 다음 날이 되자 더욱 심해졌다. 공기놀이하는 돌과 장난감 나무토막 따위가 상상이 미치지 못한 정도의 놀라운 속도로 날기 시작했던 것이다. 그 중 몇 개를 손으로 잡아 보니 이상하게 열이 나고 있었다.

이 이상한 공중난무(空中亂舞)는 3일간 계속되었으며, 하버 일가(一家)도 노팅검네 집안도 9월 4일 일요일까지는 두려움에 떠는 상태였다. 그들은 다시 경찰에 연락을 했고 교구(敎區)의 목사와 영능력자에게 해명을 요구했는데 모두 허사로 끝났다. 생각하던 끝에 떠오른 것이 〈데일리 밀러〉 사(社)에 전화를 걸어, 사실을 있는 그대로 호소해 보자는 것이었다. 부인은 결코 이런 일에 의해 이름을 얻고자 했던 것이 아니라 단지 사실의 규명을 요구했던 것이다.

더글러스 펜스 기자와 카메라맨인 그래함 모리스가 하버네 집을 방문하고 일요일 밤중까지 있었다. 두 사람이 오전 2시 30분경 부인의 집에서 물러나올 때까지 기묘한 현상은 일어나지 않았다. 그러나 그것은 결코 허위 정보가 이니었음이 그 이후에 증명되었다. 기자와 카메라맨이 부인의 집에서 나가자마자 공깃돌과 적목의 공중 난무가 시작되었기 때문이다. 두 사람은 즉시로 다시 불려 왔고 이 기묘한 현상을 자신들의 눈으로 목격했다.

허공을 헤치고 덤벼드는 물체

베테랑 카메라맨인 모리스는 있을 수 없는 광경을 보자마자 서둘러서 카메라에 광각(廣角) 렌즈를 장착했다. 그리고 셔터를 눌렀는데 그 순간 각(角)이 날카로운 장난감 나무토막이 날아와서 그의 이마에 명중했다. 그리고 잠시 동안 그이 이마에 생긴 상처는 가시지 않았다.

이 초상현상(超常現象)에 흥미를 가지게 된 것은 이 두 사람뿐만이 아니다. 선배격인 프로즈 기자도 그 중 한 사람이었는데 그는 하버 부인의 집에서 일어나는 일은 폴터가이스트, 즉 소리를 내는 심령이 아니겠느냐고 지적했던 것이다. 프로즈는 자진하여 하버 부인을 만났고 집을 옮길 의사가 없느냐고 물었다.

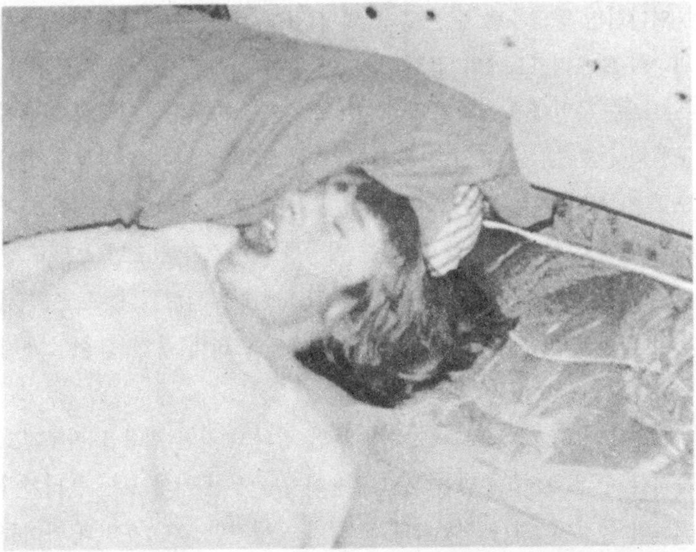

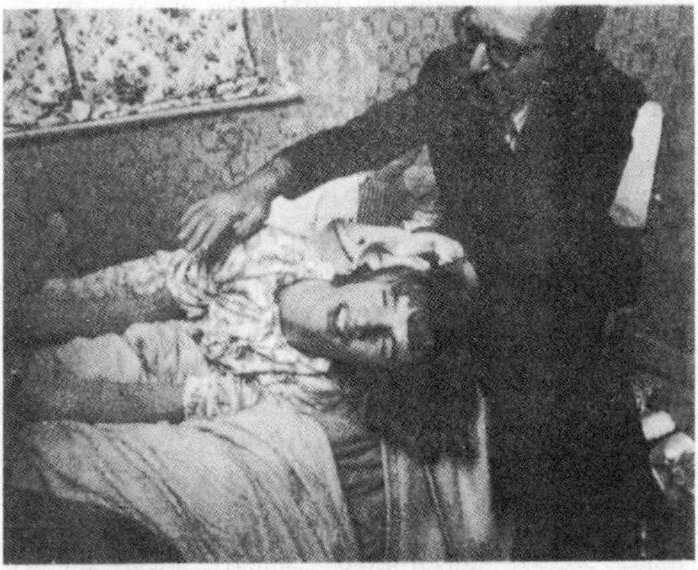

▲(상)자네트는 폴터가이스트의 힘에 의해 신음하기 시작했고 고함을 쳤다. (하)그녀를 필사적으로 누르는 사람은 영국 심령연구협회가 파견한 폴터가이스트 연구가인 모리스 그로스.

왜냐하면 공영주택 주인 중 몇몇 사람이 보다 넓은 집을 차지하기 위하여 일부러 '도깨비 집'을 만드는 일이 전에도 있었기 때문이다. 프로즈는 부인에게 이사갈 뜻이 없다는 것을 확인하자 영국의 심령연구협회(心靈硏究協會 : SPR)를 소개했다. SPR는 한때의 이상한 인연으로 이 사건에 깊이 관여하게 되었다. 회원인 모리스 그로스는 그 몇 개월 전에 자신의 조사할 수 있는 적당한 케이스가 있으면 소개해 줄 것을 협회 간사(幹事)인 엘레노아 오키프에게 부탁했었다. 프로즈 기자의 연락을 받은 간사는 즉시로 그로스에게 하버 부인 집을 소개해 주었다.

첫번째 방문 때 그로스는 하버 부인 집의 초자연 현상을 아무것도 목격할 수 없었다. 손님이 오면 조용해지는 것이 거의 모든 폴터가이스트의 특징 중 하나인 듯하다. 그렇기는 했지만 그는 부인과 아이들의 그 공포에 질려 있는 표정에서 이 사건이 결코 거짓이 아니라는 것을 직감했다.

그 그로스에게 화답이라도 하듯이 폴터가이스트로부터 큰 선물이 기다리고 있었다.

10시가 지나자 폴터가이스트는 손님인 그로스를 기다리고 있었다는 듯 초상현상을 일으키기 시작했다. 먼저 공깃돌이 바람을 가르며 날아왔다. 이어서 거실의 벽에 걸려 있는 차임이 앞뒤로 흔들리기 시작했다. 그것은 부속물인 벨이 울리는 때도 정상적인 상태에서는 흔들리지 않는 것이다.

또 불가사의한 현상이 일어났다. 삐걱삐걱 소리를 내며 아무도 없는 방의 문이 열렸다가 닫혔다가 했다. 문의 개폐(開廢)가 네 차례 계속된 다음 이번에는 부엌의 탁상(卓上)에 있던 세탁물더미에서 셔츠가 너울너울 공중에서 춤추다가 바닥으로 떨어졌다. 망연자실하여 그로스가 바라보는데 돌연 심장(心臟)이 얼어붙을 것 같은 차가운 바람이 발끝에서 정수리에까지 불어 닥쳤다.

그러는 사이에도 그로스는 주의깊게 하버 부인에게서 눈길을 떼지 않았다. 만약 어떤 농간이 있고 그 부인이 그 장본인이라면 그것을, 간파하지 못할 경우 자신은 웃음거리가 되겠기 때문이다. 그러나 하버 부인이 불가해(不可解)한 행동을 한 적은 없으며 어떤 농간이 있는 것 같지는 않았다(일찍이 폴터가이스트라 칭했지만 실은 아이들의 장난이었던 케이스가 있었다. 따라서 이럴 경우 그로스가 용의주도하게 관찰한 것은 당연한 일이었다).

1977년 9월 10일 엔필드 사건은 〈데일리 미러〉 지(紙)의 제1면을 장식했다. 사건은 LBC 라디오(런던 방송국)의 전파를 타고 흘러나왔으며 그로스와 하버 부인, 노팅검 부인 등 세 명이 특별 채널에 불려 왔다. 다음 날에는 BBC 텔레비전 4채널의 낮 뉴스에 카메라맨인 모리스가 출연하여 〈데일리 미러〉지가 적절히 제목을 붙인 '불가사의한 해프닝의 집'에서 실제로 경험했던 일, 즉 이마에 상처입었던 일을 상세히 보고했다.

이런 일련의 폴터가이스트 사건치고는 예외적으로 규모가 큰 보도를 보고 초상현상 연구가인 가이 프레페어가 모리스 그로스에게 자진해서 전화를 걸고 협력하겠노라고 청해 왔으며 그의 요청은 받아들여졌다. 다음에 소개하는 것은 가이 프레페어의 보고에 의한 하버 부인 집의 폴터가이스트 현상의 일부이다.

소령(騷靈)의 정체를 추적하다

—9월 11일 내가 하버 부인 집을 방문했을 때는 폴터가이스트의 멋진 공중 난무는 있지 않았다. 극적인 사건이 일어난 것은 며칠 후의 일이다.

"탕탕…… 탕탕……."

그로스와 내가 들은 것은 이처럼 벽과 마룻바닥을 두드리는 소리였다. 우리는 이곳 저곳 돌아다니며 벽과 마룻바닥에 귀를 댔다. 그 소리의 주인은 일종의 지능을 갖추고 있는 듯했다. 간단한 질문에는 소리로 응답했기 때문이다.

"탕!"

한 번만 치면 그것은 '노'이고

"탕탕!"

두 번을 치면 '예스'라는 식으로 말이다. 정체불명의 노크 소리가 들려 오는 밤을 우리는 '노크 파티'라고 이름 붙였다.

어느 날 밤 그로스가

"이 부인 집에 폴터가이스트가 몇 년 전부터 살고 있었는지, 그 노크 소리에게 물어 봅시다".

라고 말했다. 만약 심령이 지능을 갖추고 있다면 우리의 질문에 당연히 대답해 줄 것이다. 그로스가 그 질문을 했고 우리는 그 해답의 소리가 나기를 숨죽이며 기다렸다. 하버 부인과 아이들도 파랗게 질린 얼굴로 지켜 보고 있었다.

"탕!… 탕!… 탕!…."

소리가 나기 시작했는데 무려 53회나 나다가 그쳤다. 이 소리를 우리는 확실하게 녹음했다. 그러나 폴터가이스트는 그 이후 무슨 생각을 했는지 일정치 않은 리듬으로 두드리기 시작했기 때문에 그로스와 나는 우리를 조롱하는 것이냐고 소리칠 정도였다.

그리고 2초 후 골판지로 만들어진 장난감 상자가 그로스의 이마를 향해 날아온 것이다. 우리는 그것이 방 구석에서 구석까지 침대 위를 넘어 2.5m나 날았던 것을 나중에 확인했다. 우리의 보고를 듣고 BBC 텔레비전 취재반이 달려왔으나 폴터가이스트의 영상(映像) 촬영에는 실패했다.

▲(상)긴 의자가 날아서 넘어진다! (하)현상은 하버 부인네의 모든 장소에서 일어났는데 특히 딸 자매의 방이 마음에 드는 것 같았다. 침구가 떠오르기도 했으며 강한 힘으로 구겨 놓았다.

하버 부인 집에서 일어나는 기묘한 사건은 그 정도로 끝나지 않았다. 어느 때 나는 커다란 팔걸이 의자가 열두 살짜리 자네트의 뒤를 따라 마룻바닥을 미끄러져 가는 것을 목격했다. 그때 그녀는 일어서서 우리가 있는 쪽으로 걸어오려고 했으나 의자가 방해하여 엉덩방아를 찧고 말았다. 그 의자는 그 장소에서 비디오 테이프에 녹화되었다(폴터가이스트의 촬영은 보통사람의 경우 여간 힘드는 게 아니다. 그러나 이 방면에서는 베테랑 카메라맨인 모리스가 그 수완을 멋지게 발휘한 것은 특필할 가치가 있다).

'과학의 틀'도 도움이 안돼

심령 사진가에게 있어 큰 고민거리는 폴터가이스트가 카메라를 싫어한다는 점이다. 어느 날 모리스는 세 대의 카메라에 각각 플래시 건을 부착하고 리모콘으로 섬광(閃光)이 나오도록 세트해서 놓아 두었던 바 플래시는 세 개 모두 못쓰게 된 것을 알아냈다. 모리스는 인내력으로 버티며 노력한 결과 고속 플래시가 부착된 카메라에 의해 연속사진을 찍는 데 성공했으나, 세 개의 플래시가 왜 사용불능해졌는지에 대해서는 그 원인을 아직도 규명하지 못했다.

폴터가이스트의 영상 촬영에 정열을 쏟던 사람은 모리스만이 아니다. 어느 전기(電氣) 기구 메이커에서는 열심인 '도깨비잡이 팀'을 보냈었다. 그들은 적외선 감광(感光) 텔레비전 카메라를 가지고 왔다. 이 새 무기에 의해 우리는 하버 부인 집의 폴터가이스트가 전모를 드러낼 것으로 기대했지만 그것은 헛수고로 끝이 났다.

촬영과 동시에 전기선이 합선되고 비디오 본체가 고장나거나 테이프가 겉돌았기 때문이다. 고장난 것을 수리하기 위해서는 본체 모두를 분해하지 않으면 안 된다. 그리고 이와 똑같은 일이 후에도 모리스의 BBC 릴식(式) 테이프 리코더에서도 일어났던 것이다.

그로스와 내 카세트 테이프가 원인불명의 고장을 일으켜서 녹음을 한 소리가 모두 혹은 일부가 지워지는 등의 일은 하나하나 열거할 수 없을 정도이다. 아니, 지워지고 아는 정도라면 그래도 괜찮다고 보아야 한다.

어느 때는 테이프 리코더 자체가 없어져 버린 예도 있었다. 두었던 장소에서 분실되었고 모두가 이곳 저곳 찾아본 결과 한 시간쯤 후에 무거운 화장대 밑에서 발견되었다. 누가 그곳에 가져다 둔 일도 없으니 '범인'은 폴터가이스트 외에 달리 누가 있으리라고는 도저히 생각할 수 없는 일이다.

더욱 놀라운 일은 이 무거운 화장대가 열두 살짜리 자네트의 머리 위에 쓰러지면서 위험하게도 그녀를 짓누르려고 했던 일이다. 이 일만 보더라도 폴터가이스트는 상상 외로 방대한 에너지를 갖추고 있는 것으로 추측된다.

폴터가이스트를 진정시키기 위해서는 우선 그 정체를 알아내야 한다. 우리가 탐냈던 것은 그 과학적 데이터이며 그것이 똑같은 그 밖의 심령현상의 해명에 도움이 되는 것이어야 한다. 하버 부인 집 사람들은 어디까지나 보통 생활로 되돌아가기를 바라고 있었다. 우리는 폴터가이스트의 괴기 현상을 해명하도록 노력함과 동시에 하버 부인 집 사람들에게 하루하루의 평안함도 주지 않으면 안 되는 것이다. 그러기 위해서 우리는 여러 명의 유능한 영능력자의 협력을 바라고 있다.

1978년 10월 엔필드의 하버 부인 집—.

폴터가이스트는 최종적으로 종식되었다. 직접적으로 그 종식에 힘을 빌려 준 사람은 네덜란드의 젊은 영능력자 도노 호메리크 메이링이었다. 그러나 폴터가이스트의 과학적 규명에 있어 철저히 그 수수께끼를 추구했던 것은 주로 그로스와 프레페어의 공적이었다고 하지 않으면 안 된다.

하지만 2~3주간이나 같은 집에서 계속되는 일이 없었던 폴터가이스트 현상이 어찌하여 하버 부인 집에서는 좀처럼 끝나지를 않았던 것일까? 그것은 지금까지도 커다란 수수께끼에 싸여 있는 채로 남아 있다.

앞으로도 폴터가이스트의 기현상을 해명하는 데는 대단한 노력이 필요할 것이다. 왜냐하면 어떤 심령의 작용에 의해 불가사의한 현상이 일어나는 것인지를 해명하지 않는 한 당신의 집에서도 똑같은 일이 일어나지 말라는 법이 없기 때문이다.

◫ 심령 용어집(心靈用語集) ◫

—세계의 심령 연구 성과를 이해하는 데 필요한
심령 분야의 용어를 모아 본다—

(가나다 순)

공중음성현상(空中音聲現象 : Voice Phenomena)

영매의 주위에서, 그리고 아무것도 없는 공중에서 인간의 목소리가 들려 오고 교령회 출석자와 대화하는 현상. 골판지로 만든 메가폰을 준비해 두면 그것이 공중으로 떠올라 가고 그 속에서 사자(死者)의 목소리가 들려 오는 예가 많다고 한다.

교령회(交靈會)

여러 가지 심령 현상의 체험이라든가 사자(死者)와의 교신을 목적으로 하여 열리는 집회. 보통은 한 명의 영매를 여러 명의 출석자가 둘러싸고 행해진다. 심령 현상은 일반적으로 밝은 빛에 의해 방해되므로, 장소는 대개 어두운 실내가 선별되는데 밝은 조명(照明)이나 일광(日光)하에서 멋진 현상이 일어나는 예도 있다. 물질화(物質化) 현상은 특히 밝은 빛을 싫어하므로 방 한 구석을 커튼으로 막아서 소암실(小暗室 : 이것을 캐비닛이라고 한다)을 만들고 영매는 그 속에 앉는다. 교령회의 성부(成否)에는 영매와 출석자가 잠재의식의 레벨로 영위(營爲)하는 일종의 협동 작업이 크게 관계된다고 한다. 따라서 평소에 심령 현상을 조소적으로 본다거나 극단적으로 의심이 많은 사람이 있으면 현상이 잘 일어나지 않는다고 한다.

국제초상심리현상연구소(國際超常心理現象硏究所 : 파리)

1918년에 프랑스 정부로부터 공익기관(公益機關)으로 인가된 심령 연구 시설. 초대 소장(所長)은 구스타프 쥬레이로서 그의 시대에 에버 C라든가 크루스키 등을 대상으로 한 연구 실험이 있었다.

근사사체험(近似死體驗 : Near-Death Experience)

누가 보더라도 죽었다고밖에 볼 수 없는 상태라든가 의사(醫師)가 임상적으로 죽음을 선고한 상태에서 다시 살아난 사람들의 체험. 그들은 때로 자기네들이 '죽고 있었던 동안'의 기억을 선명하게 되살려 내는 수가 있으며 그 내용이 사후(死後)의 세계가 분명히 존재한다는 것을 아주 강하게 인상지어 주기 때문에 널리 관심을 모으고 있다. '임사체험(臨死體驗)'이라고도 한다.

기시감(旣視感 : Deja Vu)

프랑스어로 '이미 보았다'를 의미하는 심리학 용어이다. 실제로는 본 일이 있을 리 만무한 사물을 분명히 본 일이 있다고 강하게 느끼는 것을 말한다. 심령과학 분야에서는 무의식 중에 체외유리(體外遊離)했을 때의 기억이라든가 전세(前世)의 기억이 되돌아온 것이 아니겠느냐고 생각하고 있다.

냉기현상(冷氣現象 : Cold Winds)

유령이 나타날 때에는 그 직전에 강한 냉기(冷氣)를 일으키는 경우가 많은데 이런 현상은 영매(靈媒)에 의한 물리적 현상이 일어나기 전에도 생긴다. 또 폴터가이스트 역시 흔히 기온이 급격하게 떨어지는 현상을 수반하는데 이런 것들을 총칭하여 '냉기현상'이라고 한다. W. 크룩스는 D.D. 흄의 현상에 대하여 텔레키네시스가 일어나기 직전에 바람이나 기온의 급격한 저하가 일어나는 것을 정밀한 온도계로 계측하여 이 현상을 확인했다.

랩 소리(Raps)

물리학적으로 설명할 수 있는 작인(作因) 없이 발생하는 타음(打音 : 가구라든가 벽 등을 탕탕 두드리는 소리인 경우가 많다)으로서 배후에 분명한 지성(知性)의 기능이 확인되는 것. 영계(靈界)의 인격이 사용하는 이 세상과는 통신수단 중 하나일 것으로 생각되며 스피리츄얼리즘의 발전에 중요한 역할을 했다.

물리적 심령현상(物理的心靈現象 : Physical Phenomena)

물질화 현상이라든가 염사(念寫), 아포츠, 폴터가이스트, 발광현상(發光現象), 심령사진(心靈寫眞) 등 물리적인 작용과 변화를 수반하는 현상. 객관적 심리현상이라고도 한다.

물질화현상(物質化現狀 : Materiali-zation)

물질화현상이란 일반적으로 엑토플라즘에서 인체(人體)의 일부, 혹은 전부가 형성되어지는 현상을 가리킨다. 영계의 인격이 영매의 육체로부터 엑토플라즘을 유도해 내어 자기 모습을 보는 형태로 물질화하는 것이라고 생각된다.

미국 심령연구협회(美國心靈硏究協會 : ASPR)

1885년에 설립된 연구 단체로서 미국에서 하는 심령 연구의 중심이 되고 있다.

미래예지(未來豫知 : Precognition)

미래에 일어날 일을 안다든가 느끼는 등의 현상을 가리킨다. 예지의 정도는 여러 가지로 다르게 나타난다. 막연하게 예감될 뿐인 경우로부터 세부적으로 선명하게 지각(知覺)되어지는 경우까지 그 범위가 자못 넓다. 미래 예지의 사실은 자연 발생적의 사례와 실험적인 사례 등 두 가지에서 증명되고 있는데 초심리학 분야에서는 ESP의 일종으로 연구되어지고 있다.

바일로케이션(Bilocation)

한 인간이 동시에 다른 장소에 나타나는 것. 물론 한쪽은 육체를 가진 존재가 아니다. 옛날에는 '복체(複體)'라는 말이 사용되었다. 위기환상(危機幻想)이라든가 '체외유리'에서 유자(幽姿)가 나타나는 것으로 생각되어지고 있다.

발광현상(發光現象 : Luminous Phenomena)

빛을 발생시키는 심령현상. 영매에 의한 것으로는 D.D. 흄이 만들어낸 발광현상이 유명하며 그의 교령회에서는 아름답게 빛나는 빛의 덩어리가 소리도 없이 방안을 날아다니는 광경이 잘 보였었다고 한다. 그 밖에 유령도 흔히 괴광(怪光)을 수반하는 수가 있다.

방향현상(芳香現象 : Paranormal Perfumes)

영매의 주위에 강력한 방향이 생기는 현상으로서, W. 스틴턴 모제스의 교령회에서는 여러 가지 향기가 어디서 나는지 방안에 가득했었다고 한다. 아포츠의 일종이 아닌가 생각하고 있다.

변모현상(變貌現象 : Transfiguration)

영매의 용모가 사자(死者)와 똑같이 변화되는 현상. 1시간 반 사이에 15종류의 얼굴이 나타났던 예라든가, 남자의 얼굴이 여자의 얼굴로 변한 예 등의 기록이 있다.

부양현상(浮揚現象 : Levitation)

여러 가지의 물체, 혹은 인간의 몸이 중력(重力)의 반칙에 반(反)하여 공중에 떠오르는 것. D.D. 흄이라든가 파라디노의 주변에서는 흔히 가구(家具)가 부양했었다고 한다. 인체의 부양에 있어서도 흄은 가장 유명한

데 공중에 떠 있는 채로 3층 창문을 통해 밖으로 나갔다가 다른 창문으로 다시 방안에 들어왔던 일도 있었다고 한다.

빙 영현상(憑靈現象 : Possession Obsession)

살아 있는 인간이 영계의 인격에 지배당하는 것. 트랜스 상태의 영매에게 보이는 것이 그 전형(典型)으로서, 이 경우 뒤집어씌워진 인격이 영매를 완전히 지배한다. 그 밖의 경우는 빙의령(憑依靈)에 의한 지배에 갖가지 정도가 있는데 어쨌든 영이 붙은 사람은 이상한 상태가 된다고 한다.

사이코메트리(Psychometry)

물체를 손에 잡는다든가 몸에 붙이기만 해도 그 물체의 내력이 그대로 감지(感知)되는 현상. 이전에는 심령 감정(心靈鑑定)이란 역어(譯語)로도 사용되었다. 오래 전 다이아몬드 반지를 손에 들기만 해도 그 보석에 관계된 여러 가지의 비극이, 마치 영화를 보듯 눈앞에 재현된다는 등의 예가 그 전형적인 것으로서 실험하기가 쉽기 때문에 초심리학자들에게도 주목받고 있다.

사이코키네시스(PK : Psychokinesis)

물질에 직접 기능을 걸어 변화를 일으키게 하는 마음속의 미지의 힘이 작용하는 것. 초심리학(超心理學) 분야에서 일찍부터 중시해 온 개념으로서 주사위의 면(面)을 사이코키네시스로 변화시킨 J. B. 라인의 실험은 널리 알려져 있다. 유리 겔라 등이 해 보인 스푼 구부리기 현상도 사이코키네시스의 일종이라고 한다.

사후의 세계(死後世界 : Life After Death)

지금까지 해온 심리연구 성과는 사후의 세계가 엄연히 존재함을 입증하고 있는데 그것이 어떤 세계인지에 대해서는 확실하게 말할 수 없다. 영매(靈媒)를 통해 얻어지는 '영계통신(靈界通信)'은 많은데, 영매라는 인간을 통해서 전해지는 이상, 그 현재(顯在) 혹은 잠재의식에 의한 수식(修飾)을 배제할 수 없겠기 때문이다. 또 영계는 완전히 마음이 지배하는 세계로서 마음속으로 생각하는 대로 환경이 형성된다고 대부분의 영계통신은 전하고 있는데 이것이 만약 사실을 전하는 것이라고 한다면 특정한 통신자—즉 영계(靈界)의 인격—가 전해 주는 것은 전혀 그 사람의 사실(事實), 어디까지나 주관적인 사실이며 영계의 객관적 사실을 전해 주는 것은 아닌 것이다. 따라서 특정한 영매를 통해 특정한 통신자가 전해 준 영계 통신을 그대로 받아들인다는 것은 영계의 양상을 이중으로 오해하는 것이 되므로 충분한 주의가 필요하다.

수호령(守護靈 : Guiding Spirits)

이 세상의 인간을 배후에서 지켜 주는 영계의 인격. 주로 교령회에서 얻어지는 영신(靈信)으로 상정(想定)된다. 구미(歐美)에서는 혈연과는 관계없이 높은 영계로부터 수호의 임무를 띠고 온 영이라고 하는데, 동양에서는 수백 년 전에 세상을 떠난 조상의 영이라고 생각하는 것이 일반적이다. 그러나 단순히 자기보다 앞서서 세상을 떠난 가족(예컨대 부모·형제자매, 혹은 아내, 남편 등)의 영이 지켜 주며 인도해 주는 것으로 생각하는 것이 좋으리라.

스피리츄얼리즘(Spiritualism)

인간은 영적인 존재이며 그 영혼은 육체가 죽은 다음 저 세상에서 계속하여 살아가며, 이 세상에서 갖가지의 기능을 한다고 믿는 한편, 영계와의 교신(交信)으로 밝혀지는 계시의 실천을 창도(唱道)하는 일종의 종교적 사상운동. 1848년 하이즈빌 사건을 직접적 계기로 하여 발전되었다.

심령수술(心靈手術 : Psychic Surgery)

심령치료의 특수한 한 가지 형태로써 영매가 트랜스 상태에서 수술하는 것처럼 보이는 동작만을 하는 경우와 조잡한 기구, 혹은 맨손으로 인체를 실제로 절개(切開)하는(혹은 절개하는 것처럼 보인다) 경우가 있다.

심령치료(心靈治療 : Psychic Healing)

영계에 근원을 가지고 있는 미지의 힘에 의해 질병을 고치는 현상. 그런 기록은 거의 인간의 역사와 함께 시작되었으며 각종 종교와 밀접하게 연관되어 있다. 어떤 과정을 거쳐 치료가 되는지는 불명(不明)인데 의학적으로 보아 기적이나 바랄 수밖에 없는 환자가 심령치료에 의해서 회생된다는 것은 부정할 수 없는 사실이다.

심리적 심령현상(心理的心靈現象 : Mental Phenomena)

정신적 심령현상, 혹은 주관적 심령현상이라고 불리며 영시(靈視), 영청(靈聽), 영언(靈言), 자동서기(自動書記), 텔레파시 등이 이에 포함된다.

어포츠(Apports)

교령회장 등에서 갖가지 물건이 어디선가 모습을 나타내는 현상. 꽃·보석·조각(彫刻) 등 외에 동식물(動植物)도 나타난다. 다른 장소에서 일단 비물질화(非物質化)되었던 것이 옮겨져 와서 다시 물질화되는 것으로 생각된다.

엑토플라즘(Ectoplasm)

영매의 몸에서 유출되는 수수께끼의 물질로서 물질화 현상의 모체가 된다. 증기(蒸氣)와 같은 형태를 취하는 수도 있는가 하면 일종의 유동체(流動體)로 출현하는 수도 있다. 후자(後者)는 몸의 여러 개구부(開口部 : 입·코·귀 등)라든가 손가락 끝, 젖꼭지로 유출된다. 색깔은 거의 모두가 하얗다. 엑토플라즘은 마치 한 생명체처럼 움직일 수 있는데 때로는 한 순간에 위치를 바꾸면서 순식간에 인간의 손, 혹은 전신(全身)을 형성해 나간다. 한편 슈렝크 노팅은 엑토플라즘의 표본을 떠서 현미경 검사와 화학분석 등을 했다고 하는데 실제로는 그 표본이 진짜 엑토플라즘이었는지 아닌지는 밝혀지지 않았다. 즉 엑토플라즘의 정체는 아직도 완전한 수수께끼이다.

역행최면(逆行催眠 : Regression Hypnosis)

최면에 걸린 인간의 기억을 과거로 점차 거슬러올라가게 하는 심리학적 수법. 이 기억의 역행은 때로 출생시(出生時)를 넘어서 진행하여(전세의 기억) 기억을 더듬어 내는 수도 있다고 하는데 그런 설(說)을 뒷받침하는 것으로 보이는 사례는 수많이 보도되고 있다.

염사(念寫 : Thoughtgraphy)

물질에 직접 기능을 가하는 미지의 힘. 이른바 염력(念力)에 의해 사진 원판(필름)이 뜻한 바대로 감광(感光)되는 현상이다. 일본의 후쿠라이(福來友吉) 박사에 의해서 발견되었고 세계에 보고되었다. 마음속에 떠올린 문자라든가 도형(圖形) 등이 그대로 나타날 뿐 아니라 멀리 떨어진 장소의 광경이라든가 인물의 초상도 뜻대로 묘사해 낸다.

영국 심령연구협회(英國心靈硏究協會 : SPR)

1882년에 설립되었으며 세계에서 제일 오래된 심령 연구단체이다. 장기간에 걸쳐 세계의 심령과학을 이끌어 왔는데 과학적 비판 정신을 강조하는 나머지 심령세계의 참된 이해를 오히려 방해한다는 지적도 있다.

영능력자(靈能力者 : Paychics)

심령현상을 일으키거나 지각하거나 하는 능력(이것은 원래 누구나 다 갖추고 있다)이 유난히 강한 사람. 죽은 사람과 산 사람 사이를 연결하는 역할을 하는 영능력자를 특별히 영매(靈媒)라고 한다.

영매(靈媒 : Mediums)

여러 가지의 심령현상에 의해 죽은 자와 살아 있는 자 사이의 중개를 하는 특수 영능력자. 영매는 여성이 많고 선천적인 소질과도 관계가 있는 것으로 생각된다.

영시(靈視 : Clairroyance)

투시(透視), 천리안(千里眼), 영(靈)의 모습을 보는 것 등, 초상적(超常的) 시각현상(視覺現象)을 총칭하는 용어. 과거라든가 미래의 사건이 시각적으로 재현(再現)되는 것도 영시라고 한다.

영신(靈信 : Spirit Message)

영계(靈界)의 인격으로부터 오는 통신. 자동서기(自動書記)라든가 영언(靈言) 외에 텔레파시(즉 死者와 生者 사이의)와 같은 형태도 있다고 한다.

영자(靈姿)→**유체**(幽體)

영자(靈姿 : Spirit Form)

심령현상에 의해서 생기는 인간 혹은 동물의 환상을 가리킨다. 영자(靈姿)라고도 한다. 살아 있는 인간이라든가 이미 세상을 떠난 인간의 환상이 이상한 현실감을 수반하며 출현한다. 사자의 유자를 특히 유령이라고 한다. 유자는 꼭 보인다고는 말할 수 없고 물건의 소리, 목소리 혹은 손을 만지는 감촉 등으로 어떤 존재를 확인시키는 정도의 일도 많다.

영언(靈言 : Spirit Speaking)

트랜스 상태인 영매에게 영계(靈界)의 인격이 붙어서 이야기하는 현상. 우리나라의 무당이 하는 '공수'와 비슷하다.

영청(靈聽 : Clairaudience)

수백 km나 떨어진 장소에 있는 인간의 목소리라든가 사자(死者)의 영이 하는 이야기 등을 듣는 초상적(超常的)인 청각 현상. 영시(靈視)와 같은 종류의 심령현상인 것으로 생각된다.

영체(靈體)→**유체**(幽體)

위기현상(危機現象 : Crisis Aparitions)

중대한 위기나 극도의 정신 동요를 만난 인간이 먼 곳에 떨어져 있는 가족이나 친근한 사람 앞에 유자(幽姿)로 나타난다든가 멀리 떨어져 있는 현실의 위기적 상황이 환상(幻想)으로 눈앞에 전개되었을 때, 이를 위기 환상이라고 한다. 예로부터 그 사례가 가장 많았던 심령 현상이다. 한편 위기 환상은 어떤 존재를 나타내는 물건의 소리와 목소리, 혹은 어떤 접속감이 지각(知覺)되는 정도의 것이 많다. '환상(幻想)' 및 '유자(幽姿)'의 항목을 참조할 것.

위자반(Ouija Board)

자동서기(自動書記)의 용구(用具). 이전에는 알파벳의 26문자와 0에서 9까지의 숫자 및 예스냐 노냐 등의 간단한 단어를 쓴 카드를 늘어놓은 위에 유리판을 덮고 그 위에 하트 모양의 목판(木版)에 라샤를 바른 지시기(指示器)를 놓은 것이 널리 사용되었었다. 영능력자가 이 지시기 위에 손을 놓으면 그 손이 스스로 움직여 지시기를 이동시키고 그 끝에서 카드 위의 문자나 숫자를 가리킨다. 그것을 짜맞추면 자동서기가 된다.

유령(幽靈 : Ghosts)

사자(死者)의 영이 이 세상에 모습을 나타내는 것으로서 정확하게는 환상 속에서 보는 사자(死者)의 영자(靈姿)를 가리킨다.

유령현상(幽靈現象 : Ghost Phenomena)

유령은 그 모습이 목격되는 경우는 오히려 적고 물건 소리(옷자락을 끄는 소리, 창문이나 문을 두드리는 소리, 혹은 발짝 소리 등)라든가 사람의 목소리,

접촉감(接觸感 : 손을 잡는 촉감 등) 따위가 일어나는 일이 많다. 이런 현상을 한마디로 '유령현상'이라고 한다. 한편 이 유령현상은 이따금 냉기현상(冷氣現象)이라든가 발광현상(發光現象), 혹은 폴터가이스트를 수반하는 수가 있다.

유체(幽體 : Spirit Body)

유자(幽姿)의 출현이라든가 체외유리(體外遊離)의 경험 현상을 설명하기 위해 가정(假定)된 비물질적(非物質的 : 제 2의 몸)인 것으로서 육체가 죽은 후에도 영혼의 담당자로 계속 살아 있다고 한다. 영체(靈體)라고도 불린다.

유체이탈(幽體離脫)→**체외유리체험**(體外遊離體驗)

음악현상(音樂現象 : Paranormal Music)

어느 종류의 영매 주위에서는 공중으로부터 묘한 음악 소리가 들려온다든가 악기(樂器)가 홀로 아름다운 곡(曲)을 치는 등 초상적(超常的) 현상이 일어난다. 구미(歐美)에서는 D. D. 흄이라든가 스틴턴 모제스가 이 현상을 일으키기로 유명하다.

의식변용상태(意識變容狀態 : ASC, Altered States of Consciousness)

수면 직전의 몽롱한 상태라든가 최면(催眠) 중, 혹은 꿈을 꾸고 있는 상태 등, 보통 때와는 다른 의식상태를 총칭하는 용어. 여러 가지 종류의 심령 현상과 깊은 관계를 가지는 것으로 생각된다.

이동천리안(移動千里眼 : Traveling Clairvoyance)

영시(靈視)하는 능력자가 멀리 떨어져 있는 장소까지 날아가고 그곳 위에 떠 있으면서 보고 들은 것처럼 캐치하는 천리안. 체외유리(體外遊離)와 관련지어 생각하는 수가 많다.

ESP(Extra sensory Perception : 超感覺的知覺)

오감(五感)에 의한 기지(旣知)의 감각 기능에 의존하지 않는 지각 작용. 텔레파시, 투시(透視) 및 미래예지(未來豫知)를 포괄하는 초심리학(超心理學) 용어. 여러 가지 실험에서 그 존재가 확인되었다. 이른바 '예감(豫感)'은 그 전형적인 예이다.

자각몽(自覺夢 : Lucid Dreams)

자신이 지금 꿈을 꾸고 있는 것이라고 자각하고 있으면서 꾸는 꿈. 눈을 뜨고 있는 상태와 마찬가지로 선명한 기억을 남긴다. 이 꿈을 꾸고 있는 의식상태—잠에서 깨어 있는 상태가 많다—는 여러 가지 심리적 현상과 깊은 관계를 가지며, 특히 체외유리(體外遊離) 체험과의 관계가 주목된다.

자동구술(自動口述 : Automatic Speaking)

자기 자신의 의지와는 무관하게 발성기관(發聲器官)이 작용하여 말하는 현상. 여러 가지 의식상태에서 나타난다. 대부분은 잠재의식의 소행인데, 일부는 영격의 인격이 기능한다고밖에 생각할 수 없는 경우도 있다.

자동서기(自動書記 : Automatic Writing)

자기 자신의 의식과는 관계없이 손이 움직여 펜 등의 필기도구, 혹은 위자반(盤)이라든가 플랜셰트 등에 의해 문장(文章)을 지어 나가는 현상. 트랜스 상태에서도 각성상태(覺醒狀態)에서도 나타난다. 대부분은 잠재의식의 작용이라고 하는데 영계의 인격이 쓰도록 한 것이라고밖에 생각되어지지 않는 사례도 상당히 있어 영계의 양상을 알아내는 계기로서 중시되어 왔다.

전자음성현상(電子音聲現象 : Electric Voice Phenomena)

각종 전자 장치를 매개로 하여 영청(靈聽)이 생기는 현상. 제일 많이 알려져 있는 현상은 테이프 리코더에 죽은 사람의 목소리로 보이는 음성이 녹음되는 것으로서 전문적으로 연구한 콘스탄틴 라우디브 박사의 이름을 따서 '라우디브 보이스'라고 부른다.

재생(再生 : 轉生, Reincarnation)

한 번 죽었던 인간이 이 세상에 다시 태어난다는 것으로서 원래는 종교적인 개념이었는데 역행최면(逆行催眠)에 의해 전생의 기억을 더듬어 낼 수 있는 예가 보고된 이후로 심령 연구 분야에서 주목받게 되었다. 그 밖에 기시감(旣視感)을 바탕으로 한 연구도 이루어지고 있다. 이 세상의 불공평함을 해결해 주는, 다시 말해서 비록 지금은 불행하더라도 다음의 생(生)에서는 반드시 행복해진다는 희망을 주는 길로서 널리 사람들의 관심을 모으고 있는 테마이다.

접촉현상(接觸現象 : Touches)

유령의 손에 닿는 등의 현상을 가리킨다. 얼음처럼 차가운 유령의 손이 뺨을 어루만졌다는 이야기는 비교적 많은데 유령의 손이 닿았던 곳에 화상(火傷)과 같은 물집이 생겼다든가 그곳에서 피가 흐르며 멎지 않았다고 하는 이야기도 있다.

지배령(支配靈 : Control)

교령회(交靈會)를 진행시키는 영계의 인격으로서 영매(靈媒)에 의해 특정한 인격이 정해진다. 보통은 트랜스 상태의 영매에게 뒤집어씌워져서 출현한다. 교령회에서 생기는 현상을 설명하기 위해서 상정(想定)된 존재로서 그 진실성이 확인되어 있는 것은 아니다.

직접담화(直接談話 : Direct Voice)

영계의 인격이 영매의 발성기관(發聲器官)을 이용하지 않고 객관적인 음성을 발생시켜 이야기하는 현상. 전신 물질화상(全身物質化像)이 입을 열면 완전하고 간단 명료한 직접담화가 된다. 케티 킹의 직접담화가 유명하다.

직접서기(直接書記 : Direct Writing)

펜 등 필기도구가 눈에 보이지 않는 손에 의해 조종당하는 것처럼 움직인다든가 혹은 손만이 물질화상(物質化像)으로 조종당하거나 하여 문자가 필기되는 현상. 영계의 인격이 직접 문자를 쓰는 것으로 해석되고 있다. 엑토플라즘으로 지탱되는 필기도구가 문자를 쓰고 있는 장면을 찍은 사진도 있다.

천리안(千里眼 : Clairvoyance)

멀리 떨어져 있는 광경을 마치 그것이 바로 눈앞에 있는 것처럼 보는 영시(靈視)의 하나. 영시자가 그 장소에 날아가서 부근을 떠다니며 본 것을 받아들인다는 사례는 이동천리안(移動千里眼)이라고 부른다.

체외유리 경험(體外遊離經驗 : Out-of-the-Body Experience)

우리의 마음, 혹은 영혼이 육체를 떠나 활동하는 상태를 가리킨다. 육체를 벗어난 영혼이 가고 싶은 곳으로 자유로이 날아가는 상태가 선명하게 의식되고 기억되었다는 사례가 연구가들에게 수많이 수집된 결과 이 현상을 지칭하기 위해 고안된 용어. 유체(幽體) 혹은 '제 2의 몸'은 의식되지 않는 경우도 많으므로 '유체이탈'보다는 '체외유리' 쪽이 이 현상의 내용을 정확히 나타내는 것이라고 하겠다.

초심리학(超心理學 : Parapsychology)

인간 혹은 동물의 마음의 작용이 관계되는 것으로 보이는 여러 가지 초상현상(超常現象)을 주로 반복 실험해서 얻어 낸 데이터의 통계학적 분석에 의해 연구하는 학문. 미국의 J.B. 라인에 의해 확립되었다. ESP라든가 PK(사이코키네시스)의 존재를 전통적인 과학 세계로 인정케 한 공적은 크지만 그 순수 과학적인 방법론 때문에 우리의 최대 관심사인 인격의 사후 생존, 즉 영혼의 문제를 방치해 버렸다는 느낌을 부정할 수 없다.

테이블 실험(Table Experiment)

가장 손쉽고 간단한 영계(靈界)와의 교신법(交信法). 몇 명이 테이블에 둘러앉아서 두 손을 가볍게 테이블 위에 올려놓고 조명을 어둡게 한다. 테이블이 움직이거나 소리를 내기 시작하면 이쪽에서 문자를 쓰거나 말을 하고 반응을 기다린다.

텔레포테이션(Teleportation)

주로 인간이나 동물의 몸이 장거리를 한 순간에 이동하는 현상을 가리킨다. 아포츠 같은 메커니즘에 의해서 생기는 것으로 보인다. 제일 유명한 사례는 아포츠의 영매로 알려진 거피 부인이 런던의 자기 집에서 5km 이상 떨어진 집안으로 순식간에 이동한 것으로서 이것은 목격자도 많고 신빙성이 아주 높은 일이었다.

텔레키네시스(Telekinesis)

물리학적(物理學的)으로 설명할 수 없는 미지의 힘에 의해 영능자(靈能者)의 주변에서 물체가 움직이는 현상을 가리킨다. 초심리학적(超心理學的)인 견해에 의하면 사이코키네시스와 마찬가지인데 눈에 안 보이는 영의 움직임을 시사하는 사례는 수많이 보고되어 있다.

텔레파시(Telepathy)

어느 인간의 마음 상태라든가 생각하고 있는 것이 감각기관의 매개(媒介) 없이 다른 인간의 마음에 직접 전해지는 현상. 그 존재는 초심리학의 수법에 의해서도 완전히 입증되어 있으며 심령 연구 분야에서는 죽은 자와 살아 있는 자 사이의 텔레파시도 문제로 제기되고 있다. 또 위기환상(危機幻想)에는 이 텔레파시가 개재되는 것으로 생각되어지고 있다.

투시(透視 : X-ray Clairvoyance)

영시(靈視)의 일종. 물체를 뚫고 그 건너편에 있는 다른 물체를 보는 것. 이 현상에 대해서는 일찍부터 연구가 계속되어 왔는데 그 진실성이 입증되었다.

트랜스(Trance) **상태**

어떤 유(類)의 영매가 빠져든 수면과 비슷한 아주 특이한 의식 변용상태(變容狀態)로서 영계의 인격이 영매 자신의 인격으로 변하여 영언(靈言) 등 여러 가지의 심령 현상을 일으키게 한다고 한다.

폴터가이스트(Poltergeist)

독일어로 '시끄러운 유령'을 의미하는 용어로서 식기(食器)라든가 자구 등이 눈에 안 보이는 손에 의해서 던져지듯 공중에서 날아다닌다든가, 원인불명의 괴음(怪音)이 발생하기도 한다. 또 불시에 방의 온도가 내려가기도 하고 물건이 스스로 불타 버리기도 하며 혹은 인간의 몸이 공중에 떠오르기도 하는 일군(一群)의 심령 현상을 가리킨다.

플랜셰트(Planchette)

자동서기(自動書記)의 도구. 하트 모양의 나무 판 밑에 작은 다리 바퀴(캐스터) 두 개를 붙인 것으로서 뾰족한 부분에 뚫은 구멍으로 연필을 넣고 판 위에 손을 가볍게 놓은 다음 자동 필기가 시작되기를 기다린다.

하이즈빌 사건(Hydesville Episode)

1848년 봄. 미국 뉴욕주의 시골 마을인 하이즈빌에 사는 폭스네 집 자매(姉妹) 마가렛과 케이트의 주변에서 폴터가이스트가 발생했고, 두 자매는 이윽고 하찮은 계기로 랩 소리를 매개로 하여 죽은 자의 영과 교신할 수 있게 되었다. 이 전대미문(당시에는 그렇게 생각할 수밖에 없었다)의 사건은 온 미국을 흔들어 놓았으며 각지에서 교령회가 열려 스피리츄얼리즘의 발전을 가져 왔다. 이 폭스 자매의 주변에서 일어난 심령 사건을 '하이즈빌 사건'이라고 한다.

환상(幻想 : Apparition)

인간이나 동물, 혹은 무생물(건물·배 등)이 심령 현상에 의해 이 세상에 가짜 모습을 나타낸 것. 환상 중에는 유자(幽姿)가 포함되며 이 가운데 사자(死者)의 모습을 특별히 유령(幽靈)이라고 부른다. 환상이 어떻게 일어나는지는 완전한 수수께끼인데 위기 환상(危機幻想)에 대해서는 특수한 텔레파시의 개재가 같은 장소에서 같은 패턴으로 반복하여 나타나는 경우, 그 장소에 남겨진 어떤 '영적(靈的) 기록'의 재생(再生)일 것으로 생각한다. 한편 환상은 반드시 눈에 보인다고만은 할 수 없고 청각 또는 촉각적으로 어떤 존재를 확인시키는 정도의 일도 많다. '유령 현상' '유자' 및 '유체(幽體)'의 항을 참조할 것.

역자의 후기

—죽음에 대한 공포를 안심감·신뢰감으로 바꾸어 놓는 책

태어나서 살아가는 동안 자기는 어차피 죽게 된다는 것을 알고 있는 것은 인간뿐이다. 즉 인간만이 죽음에 대한 공포심을 가지고 있다는 말이다.

그럼 왜 죽음이 그토록 무서운 것일까? 그것은 죽음을 모르기 때문이다. 알지 못하기 때문이다. 사후 세계의 존재는 우리 인류가 태고(太古)의 옛날부터 가지고 있던 수수께끼이며 그와 동시에 최대의 수수께끼라고 해도 좋을 것이다. 우리 인류는 어느 사이엔가 영계(靈界)의 존재에 대해 공공연하게 말하지 않는다는 자기 기만적 태도를 몸에 익히고 말았다. 그런 까닭에 영의 세계가 존재한다는 명제(命題)는 가장 진부(陳腐)한 명제가 되고 말았다. 동시에 만약 그것이 확실한 지식이라면 그것은 금방 충격적인 대명제(大命題)화하고 말 것이다.

당신은 혹시 영의 세계가 존재한다고 생각하는가? 그렇다면 당신의 인생관, 즉 대인관계는 분명 변하게 될 것이다. 아니, 그 정도가 아니라 당신 자신의 존재, 그 자체가 바뀌어 버릴지도 모른다.

그럼 영의 세계가 존재한다는 것은 확실한 지식일까? 만일 그것이 확실한 지식이 아니라면 어느 정도의 지식일까?

분명 아직 사후의 세계, 다시 말해서 영의 세계는 체계를 이룬 학문은 아니다. 그럼 사후의 세계란 것이 존재하지 않는다면 이 방대한 심령(心靈) 현상의 기록은 무엇이란 말인가?

오늘날의 물리과학(物理科學)으로 설명할 수 없다고 해서 이런 사상(事象)들을 묵살해서는 안 된다. 심령 문제에 대해서는 과거 130여 년 동안에 걸쳐 진지하게 다투면서 연구해 온세계 일류의 과학자들이 많이 있다.

오늘날 심령과학이란 이름하에 주야로 연구하여 그 실적을 쌓아 나가고, 그 결과 서서히 진실이 해명되어 가고 있는 것은 독자 제현들도 익히 알고 있을 것이다. 주관적, 객관적으로 보더라도 영(靈)의 능력을 가진 사람들이 존재한다는 것, 이것이 우선 기본적 사실을 확인하는 제일보이다.

심령 연구가는 이런 초상현상(超常現象)들이 생기는 배후에는 목적이 있으며 그것 또 한 가지의 세계가 이 세상으로 보내는 영계 존재의 메시지라고 말하고 있다. 나는 그것에 동의한다.

그럼 우리는 이제 슬슬 근대적 과학주의의 속박에서 벗어나, 솔직하게 현상을 살펴보기로 하자. 옥스퍼드 대학, 케임브리지 대학의 일부 학자들을 중심으로 하여, 이미 1백여 년 전부터 조직적으로 행해진 심령 현상의 과학적 연구는, 보다 계몽적이고 보다 실천적이어서 수많은 과학자들의 눈을 뜨게 하는 데 공헌했다.

그러나 갤럽 연구소가 이번에 실시한 근사사체험(近似死體驗)의 극명한 조사는 과학자뿐 아니라 일반 대중의 눈도 저 세상의 존재에 무리 없이 향하도록 했다.

그와 동시에 큰 홍미를 불러일으켰고 사후 세계의 아름답고 빛나는 전망을 기대하도록 하여, 죽음에 대한 공포를 안심감과 신뢰감으로 바꾸어 놓았다. 그뿐 아니라 인생 그 자체에 여유와 동정심이 스스로 용솟음치게 하여, 남과 나 모두 만족하는 화려한 인생을 살아갈 수 있도록 해준 것은 틀림없다 하겠다.

죽음, 그 다음의 세계

1994년 7월 1일 초판인쇄
1994년 7월 15일 초판발행
저 자 / 갤 럽
편 자 / 안길환
발행자 / 김동구
발행처 / 명문당
등 록 / 1977년 11월 19일 제1－148호
대 체 / 010041－31－0516013
주 소 / 서울시 종로구 안국동 17－8
전 화 / 733－4748(편집부), 734－4798(영업부)

값 5,000원

* 잘못 만들어진 책은 바꾸어 드립니다.

ISBN 89-7270-382-6 03180